JN493303

youth culture theory

청소년문화론

김연서 노미향 백지원 유현숙 이자리 장혜숙 노병일 공저

양성원

불법복사는 지적 재산을 훔치는 범죄행위입니다.

저작권법 제136조(권리의 침해죄)에 따라 위반자는 5년 이하의 징역 또는 5천만 원 이하의 벌금에 처하거나 이를 병과할 수 있습니다.

머리말

문화는 한 사회에서 공유하고 있는 총체로서 집단구성원 간에 공통되기도 하지만, 개인의 경험으로 형성되는 총체적인 삶의 방식이라고도 할 수 있다. 때문에, 사회 속에서 인간은 다양한 환경에 의해 다양한 문화를 창조하며 살아간다. 특히, 현대사회의 문화는 혁신적인 과학의 발전과 세계화로 인해 급진적이고 전면적인 변동을 겪고 있다. 오늘날의 모든 사람은 글로벌 공동체의 구성원으로서 나날이 변해가고 발전하는 문화의 세계화를 누리고 있으며, 이런 급변하는 문화의 홍수 속에서 청소년들은 기성세대와는 다른 사회를 경험하면서 문화 또한 다르게 형성해간다.

시대적으로 빠르게 변화하는 청소년 문화는 기성세대의 관점에서 보면 불안하거나 주류문화에 반항적인 모습으로 다가올 수 있고, 청소년 역시도 자신들의 문화에 대해 부정적으로 바라보는 경우도 있다. 이러한 혼란을 예방하고 청소년에게 가까이 다가가기 위해서는 청소년이 공유하는 문화를 청소년의 관점에서 접근할 필요가 있다. 기성세대가 바라보는 청소년의 문화가 비록 미숙하고 저항적인 부분 등이 있다고 할지라도 청소년의 관점에서 이해하고자 하지 않는 한 청소년의 문화를 바로 알기는 어려울 것이다. 그런 의미에서 이 책은 청소년의 문화를 최대한 청소년의 관점에서 바라보고자 하였다. 구체적으로 청소년이 직면하고 있는 다양한 문화, 그러한 문화가 만들어지게 된 과정과 원인, 청소년이 이러한 문화를 받아들이는 방식과 청소년이 다양한 문제를 현실 속에서 부딪혔을 때 주체적인 한 인격체로서 대응하고 극복해 나가는 방안에 대해 살펴보았다.

이 책은 이러한 시대적 환경 변화를 반영하여 최근의 통계자료와 참고문헌 등을 제시하면서 모두 13장으로 구성하였다. 제1장에서는 급변하는 현대사회를 먼저 조명하면서 현대사회와 문화의 세계화를 살펴보았으며, 제2장과 제3장에서는 청소년의 정의와 특징, 청소년기 문화의 개념 등을 살펴보았다. 제4장에서는 현재 학교에서의 청소년문화를 전반적으로 살펴보았으며, 제5장에서 제12장까지는 세부적으로 영역을 나누어서 각 분야에 대한 주제를 다루었다. 제5장에서는 현대사회의 대중문화와 청소년에게 미치는 영향과 대중매체를 통해 새롭게 만들어지는 청소년의 대중문화에 대해 살펴보았으며, 제6장에서는 청소년 사이버공간속에서의 사이버문화의 유형과 바람직한 방향에 대해서 알아보았다. 제7장에서는 성적 발달특성을 이해하고, 이성 관계와 사이버문화 속에서의 청소년 성문화를 집중적으로 다루었으며, 제8장에서는 청소년의 여가문화를 이해하면서 그 현황과 여가 문화 활동의 개선 방안을 제시하였다. 제9장에서는 청소년 소비자의 특징과 바람직한 청소년의 소비문화 방향에 대해 살펴보았으며, 제10장에서는 청소년의 생활 속 언어문화를 들여다보면서 현재 변화되어가는 신조어 등을 다루었다. 제11장에서는 청소년 또래집단문화의 영향과 과제를 살펴보았으며, 제12장에서는 빠르게 변동하고 있는 다문화사회 속에서 청소년들이 익히고 배워나가야 할 다문화 수용성을 조명하였다. 마지막으로 제13장에서는 청소년문화 정책의 과제와 방향을 제시하였다.

이 책은 미래세대의 주인공인 청소년들의 문화와 생활세계를 이해하기 위한 '청소년문화'의 주교재로 활용될 수 있도록 편집되었다. 그리고 '청소년지도사'가 되기 위한 미래의 청소년지도자들에게 도움을 주고자, 각 장의 마지막에는 '연습문제'를 제시하면서 마무리하였다.

이 책이 출간될 수 있도록 아낌없이 지원하고 협조해주신 양성원 관계자 여러분께 감사드린다. 또한 저자에게 소중한 사진자료를 제공해주신 김현중님과 교재집필을 위해 도와주신 모든 분께 고개 숙여 감사드린다.

청소년문화를 이 세대에 맞게 분석하고 서술하는 작업은 어려운 일이었다. 청소년문화의 다양성과 현장의 생생함을 모두 담지 못한 아쉬움은 남지만, 청소년이 문화의 중심이 되는 청소년문화에 관한 스토리를 풀어나간 이 책이 청소년문화를 이해하는데 도움이 되기를 바란다. 또한 청소년들 각자의 개별성을 인정하고 존중하며 발달특성에 맞는 맞춤지도를 통하여 청소년의 성장을 돕는 일에 그 실제와 전문지식이 활용되어지길 기대한다. 우리 청소년들의 심장이 살아 움직여야 희망이 있는 것처럼, 이 책을 읽는 모든 분들이 청소년문화를 보다 쉽게 이해하고 공감하며, 청소년들이 직면한 문제를 함께 풀어갈 수 있기를 소망한다.

2021년

새해를 맞이하며 저자 일동

차 례

chapter 04 청소년 학교문화 / 81

chapter 05 청소년과 대중문화 / 99

chapter 06 청소년 사이버문화 / 119

chapter 07 청소년과 성문화 / 145

chapter 08 청소년의 여가(놀이·게임) 문화 / 173

chapter 09 청소년의 소비문화 / 191

chapter 10 청소년 생활 속 언어문화 / 213

chapter 11 청소년 또래관계와 또래집단문화 / 233

chapter 12 청소년과 다문화 / 253

chapter 13 청소년문화의 발전과제와 전망 / 287

01 사회와 문화

1. 사회에 대한 이해
2. 현대사회 가족의 변화
3. 문화에 대한 이해

youth culture theory | chapter 01

사회와 문화

1. 사회에 대한 이해

인간은 사회를 구성하는 요소이며, 사회 속에서 생활하면서 다양한 환경에 의해 다양한 문화를 창조하며 살아간다. 결국 인간은 사회를 떠나서는 인간답게 살 수 없는 존재이며 사회 속에서만이 인간다운 기능을 수행하여 인간의 가치를 발휘할 수 있다. 사회는 인간의 삶의 터전이며, 인간의 삶을 규정하고 사고와 생활양식을 변천시키며 인간의 능력을 개발하는 계기를 마련한다. 그래서 사회는 인간의 보호자이며 후원자이기도 하다(이인성, 2009).

1) 근대사회의 변화

오늘날과 같이 급속히 변동하는 세계화를 이해하기 위해서 근대사회의 변동을 일으키는 요인에 대해서 알아보기로 한다(Giddens, 2011).

① 문화적 요인: 문화적 요인 중에서 과학의 발전과 사고의 세속화는 각각 비판적이고 혁신적인 근대사회의 특징을 형성하는 데 기여했다. 우리는 더 이상 오래된 관습이나 습관이 단순히 권위를 가지고 있기 때문에 받아들이지는 않는다.
② 경제적 요인: 가장 원대한 영향을 미친 것은 자본주의의 발전이다. 지속적인 생산 기술의 발전과 확장은 정보통신 수단의 혁신으로 우리가 세계에 대해 생각하고 느낄 수 있도록 새로운 방식으로 발전되었다.
③ 정치적 요인: 새로운 정치발전은 사회의 변화를 일으키며 인구 대중의 생활에 영향을 미친다. 세계 대부분의 지역에서 사회변동을 추동하고 있다.

2) 현대사회의 속성

현대사회로 접어들면서 변화의 속도, 진폭 및 양상이 문명사적 전환이라고 불릴 만큼 급진적이고 전면적이다. 현대사회는 아래와 같은 속성들로 특성화시키기도 한다(김문조, 2018).

① 초시간성: 현대사회를 정보교류, 의사결정 및 작업수행과 같은 제반활동에서 민첩한 사람이 우대되어, 속도가 선택이 아닌 성공의 필수요건이 된다.
② 탈공간성: 재택근무나 온라인을 활용한 원격근무의 증가, 온라인 - 오프라인 공간의 경계를 허무는 인터넷 쇼핑 등 공간에 대한 고정관념마저 해체시킨다.
③ 유연성: 창의적 기획력에 대한 높은 사회적 요청, 비판적 판단, 환경적응력 및 대인 교섭력 등을 지닌 인물, 놀이와 학습의 경계를 넘나드는 에듀테인먼트(edutainment), 생산자와 소비자 역할의 혼재를 뜻하는 프로슈머(prosumer), 사실

과 허구의 이질적 집합인 팩션(faction)과 같은 용어로도 표현된다.

④ 접속성: 링크 가치(link value)가 사회적 성격을 좌우하는 초연결 사회, SNS와 같은 빠르고 간편한 교류를 조장하는 접속적 연결성이 면대면 관계를 대체한다.

⑤ 혼종성: 세계화 추세와 함께 국제 이주자가 늘어나고 다문화주의가 확산되면서 혼합, 혼성, 변성 및 신생적 창발을 특징으로 한다.

⑥ 가상성: 뉴미디어가 우리를 가상공간이라는 새로운 세계로 인도하고, 현실적 질곡을 벗어나기를 원하는 사람들의 탈주적 욕망을 자극하기도 한다.

⑦ 경박성: 부드러운 것이 경직된 것을 지배하는 소프트 시대로 진입하면서, 영민함을 뜻하는 스마트 추세가 상품, 주거, 금융, 근로생활, 여가생활 등 도처에 풍미함은 물론이요 바람직한 덕목으로 찬양받고 있다.

⑧ 개체성: 급변하는 세상을 살아가는 현대인은 정보를 적극적으로 생산하고 소비하는 능동적 존재로 탈바꿈하며, 가상공간에서 자신만의 새로운 세상을 구축한다.

3) 현대사회의 특징

(1) 세계화(Globalization)

우리는 변혁의 세계 속에서 살아가고 있다. 매클루언(McLuhan, 2012)은 20세기 중반 '지구촌(global village)'이라는 용어를 사용하여 세계화 과정에 대한 자신의 시각을 밝혔다. 그는 매체의 발전과 그 영향으로 인해 지구 전체에 삶의 방식의 변화가 발생하는 것이 세계화과정이며, 그 변화의 결과로 형성되는 긴밀하게 연계된 하나의 마을이 지구촌이라고 정의하였다. 세계화는 인간의 제반 사회적 활동과 관계가 국경 너머 초대륙 차원에서 연결되는 현상으로도 정의될 수 있으며(Held et al., 1999), 기든스(Giddens)는 세계화가 경제적일 뿐만 아니라 정치적이고 기술적이며 문화적인 현상이라고 주장한다. 우리 모두가 더욱 더 '하나의 세계'에 살게 되고, 그래서 개인들, 집단들, 국가들이 상호의존하게 된다는 사실을 지칭한다.

세계화는 인간역사의 매우 긴 시간에 걸쳐 발생했고, 정치적, 사회적, 문화적, 경제적 요소들이 함께 등장해 만들어졌다. 이는 근대화의 복합적인 힘으로서 새로운 세계질서를 구축하고, 정부 권력과 세계 정치를 변화시키고 있다. 일부 학자들은 세계화는 서양문명의 보편화의 형태로 획일성을 증대시키지 않으며 오히려 여러 유형의 상호편입과 재창출을 통해 인류문명의 다양성은 유지될 것이라고 하였다(Ronald, & Baker, 2000). 세계은행의 수석 부총재였던 스티글리츠(Stiglitz)는 휴머니즘적 세계화 방안을 제안하고 있다. 그는 시장만능주의를 악령과의 계약이라고 생각하면서도, 세계화의 불가피성을 전제하고 그에 대한 대안적 '인간화'의 여러 방안들을 제안하기도 한다(Stiglitz, 2008). 세계화는 정체성의 상실을 의미하지도 않으려니와 문화의 동질화, 획일화, 표준화를 의미하지도 않는다. 우리가 경험하고 있는 세계화는 여러 가지 점에서 새로울 뿐만 아니라 혁명적이라고 말할 수 있다. 여기서 세계화를 촉진시키는 요인들에 관해 알아보기로 한다.(공유식, 1995; 현택수, 2004; 이종구 외, 2005; Anthony, 2000).

① 정보 통신 기술의 등장

전 지구적인 통신의 폭발적인 과학 기술과 전 세계 텔레커뮤니케이션 하부시설의 발전에 의해 촉진되었으며, 통신 체계의 영향력은 전 세계인구의 인터넷 사용량의 증가를 보더라도 경이적이다. 전 지구적인 시야로의 변화로 사람들은 점차 글로벌 공동체의 구성원으로서 사회적 책임이 국경에서 멈추지 않고, 국경을 초월한다는 것을 인식한다. 또한 글로벌 시각은 사람들이 자신들의 정체감을 형성하는 데 점차 민족 국가 이외에서 정체성의 근거를 찾고 있다는 것을 의미한다. 이것은 세계화 과정의 산물이자 세계화를 촉진시키는 현상이다. 유튜브를 통해 순식간에 전 세계로 퍼져 나간 우리나라 가수 싸이(Psy)의 '강남 스타일'은 정보 통신 기술 발달의 한 사례이다. 한 지역의 문화가 국경을 넘어 순식간에 전 세계로 퍼져나갈 수 있었다는 것은 매우 새롭고 놀라운 현상이다. 한 지역의 문화가 복잡한 통관 절차 등을 거치지 않고 바로 다른 나라의 대중을 만날 수 있게 된 것이다.

[사진 1-1] [대전비엔날레 2020 인공지능] 인공지능과 예술의 새로운 융합 전시회를 관람 중인 청소년들

② 경제적 요인들

세계경제의 지속적인 통합에 의해 진전되고 있다. 글로벌 경제의 움직임은 정보화 시대에 일어난 많은 변화를 반영한다. 경제의 많은 부분들이 이제 국경에서 멈추기보다는 국경을 가로지르는 네트워크를 통해 움직인다. 특히 '전자 경제'는 경제적 세계화를 뒷받침한다. 이로 인해 세계 경제가 더욱 통합되면서, 지구 한 편의 금융문제가 멀리 떨어진 나라의 경제에 엄청난 영향을 미칠 수도 있다. 이처럼 경제활동의 초국적화가 진행되면서 지역 또는 세계를 단위로 하는 시장통합도 촉진된다. 북미자유무역협정(NAFTA), 유럽연합(EU), 태평양경제협력체(APEC), 동남아국가연합(ASEAN), 세계무역기구(WTO)의 성립 등이다.

③ 정치적 변화

국경을 초월하고, 기존 정치구조의 범위를 넘어서는 도전들을 발생시키고 있다. 개별 정부들은 이러한 초국적인 문제들을 다룰 수 없기 때문에 전 지구적인 문제들을 전 지구적인 방식으로 제기할 수 있는 새로운 형태의 글로벌 통치가 필요하다. 국제적·지역적 정부 기제의 성장과 정부 간 기구[internaional governmental organizations, IGOs; 유엔, 유럽 안보협력기구(OSCE), 유럽위원회(COE), 국제노동기구(ILO), 국제형사경찰기구(INTERPOL) 등], 국제 비정부 기구(internaional non-governmental organizations,

INGOs; 그린피스, 세계 야생 생물 기금, 지구 환경 네트워크, 적십자, 국제 인권 위원회 등)에 의해 추진되고 있다.

최근 세계화는 열띤 쟁점이 되었다. 대부분의 사람들은 우리를 둘러싼 중요한 변화가 일어나고 있다는 것을 인정하고 있지만, 이러한 변화들을 '세계화'로 설명하는 것이 어느 정도 타당한지에 대해서는 논란이 많다. 일부 학자들은 세계화가 총체적인 세계적 다양성이 상호교류 형태의 상생적 존립방식을 추구하는 것이라고 주장한다. 이러한 시각에서는 세계화가 매우 이상적인 것이라고 할 수 있다. 그러나 실제로 진행되는 세계화의 현상은 매우 복잡하고 다원적인 딜레마들을 포함하고 있다. 지구적 과정이 전 세계에 걸쳐 삶의 많은 측면에 큰 영향을 주고 있지만, 이것이 세계 사회를 완전히 변형시키는 것은 아니라는 것이다.

(2) 문화의 세계화

문화의 세계화는 오늘날 세계화 논쟁에서 가장 민감한 영역에 속한다. 그것은, 문화의 문제는 바로 '가치의 문제'이기 때문이다. 문화적 세계화의 현상은 매우 복잡하며, 다원적인 딜레마들을 포함하고 있다. 문화의 세계화란 문화적 대상물과 가공물이 국경 너머 대륙 차원에서 연결되고 교류되는 것을 말하며, 교류의 대상물은 각종 도서와 문헌자료 외에 음악 영상 예술의 문화적 가공물, 그리고 기호나 이미지 등에 이르기 까지 매우 다양하다. 문화의 세계화로 인하여 오랜 세월 독자성을 유지해 오던 각국의 민족 문화와 지방 문화가 타 문화와 비교되고 타 문화와 경쟁하면서 재조직되는 과정을 거치고 있다. 이런 세계화 과정 가운데 한 국가의 문화정체성이 훼손당하고 붕괴되는 것이 아니라 그 정체성이 변화하면서 새로운 정체성이 형성되기도 한다.

기든스(2011)는 세계화가 여러 곳에서 지방의 문화적 정체성이 부흥하는 이유가 된다고 말한다. 이질적 문화 사이에 모방, 선별적 수용 또는 동질화의 과정이 발생하면서 전체적으로 인류사회의 문화적 진화가 빠르게 진행되어 왔다고 할 수 있다. 문화는 부단히 형성되는 가소성을 내포하며 정치 또는 사회경제제도와 같은 여건에 따라 함께 변화하는 동시에 사회구조 변화의 원인이 되는 것이다. 세계화 시대의 문화는 중요한 이해의 관건이 되었다. 이렇게 급속한 문화의 세계화를 이루는 현상에 대해서 살펴보고자 한다(차하순, 2002; 현택수, 2004; 송준, 2013).

① 지역 정체성을 부흥시킨다.

지역문화의 정체성은 세계화로 인해 부흥하고 발전한다. 전 지구적으로 확산하는 세계화의 '탈지역성'은 '지역성'의 부흥을 가져왔다. 즉, 개별 국가 및 지역 국가들의 문화를 동질화하려는 세계화에 대해 배타적이고 지역문화보호주의적인 입장에서 지역화가 나타나고 지역정체성이 강조되는 것이다. 문화의 세계화는 이런 지역화 현상과 병렬적으로 진행되고 있다.

② 특수성과 보편성을 지향한다.

문화의 세계화 추세는 문화의 특수성을 위협하는 것처럼 보이나 오히려 그것을 고양시킨다. 프리드만(Friedmam)에 따르면 세계적인 것은 지역적인 것과 균형을 이루고, 지역적인 것은 본질적으로 세계적인 것에 포함된다. 세계화는 전통과 지방성의 창조와 관련되어 있다. 지방성과 토착성의 개념도 세계화나 제국주의 문명의 영향과 상호작용 아래 발전되어진다고 한다(Friedmam et al, 2000). 세계화에 따른 중심부 문화가 주변부 문화로 확산하면 주변문화권 국가들은 문화 정체성 상실의 위기의식을 느껴, 주변 국가들은 민족 문화의 복원을 주장하며 문화적 정체성을 지키려고 세계화에 반발하고 저항한다. 이렇게 지역적 특수성은 세계화로 인해 유발되고 강화된다.

③ 언어 구조의 발달이다.

세계 각 지역에 존재하는 문화적 대상물과 가공물이 공통의 언어로 소통될 수 있도록 하고 있다. 이질적인 문화 사이의 교류에 있어 공유 언어가 중요한 매개 수단임은 틀림이 없다. 지구적 언어 체계의 중심에 영어가 존재하고 있고, 영어가 세계 공용어로서 확산되고 있는 것은 문화적 세계화의 언어 하부 구조를 구축하는 중요 경로가 되고 있다. 예를 들어, 미국의 문화산업의 발달과 세계 문화 시장 지배에 대한 위기감이다. 즉, 강력한 미국문화가 주변 국가에 침투하여 문화 종속 내지 문화식민주의를 구축한다는 것이다(미국 드라마, 맥도날드, 코카콜라, 헐리우드 영화, 나이키, 스타벅스 등). 영어의 세계화 속에서 민족어들이 급격한 혼종화가 이루어지고 소수민족어의 소멸 속도가 점점 빨라지고 있는 것도 하나의 양상이다. 하지만 문화에는 내부 논리가 작동하는 자율성의 영역이 존재한다. 문화를 단지 중심과 주변 또는 지배와 종속의 단선적인 관계로 파악하는 것은 문화의 현실을 고려하지 못하는 것이다.

④ 탈중심화되고 혼융화 되어 간다.

세계화는 위계질서로부터 문화의 탈분화와 문화의 탈영토화로 진행된다. 그리고 세계 도처에서 타자성과 차이를 인정하고 포용하는 다중심적 문화가 출현한다. 와터스(Watters)는 문화의 세계화 현상을 상품화, 시장화, 탈영토화로 본다(Friedmam et al, 2000). 문화의 탈중심화(decentralization)는 문화의 상호침투성을 의미하기도 한다. 홀(Hall)은 세계화와 포스트모더니즘의 결과 민족문화 정체성이 소멸되어 가는 한편 이에 대한 반발과 저항으로 지역적, 민족적 또는 혼융적인 새로운 문화정체성이 동시에 형성되고 있다고 본다(Hall et al., 2000). 문화의 혼융화(hybridization), 융합주의(syncretism)는 문화의 차이와 혼합이 세계화의 동일시가 아니라 지역정체성의 실천의 차원에서 이루어지고 있음을 보여주는 현상이다. 마야인과 하와이인의 민족주의를 혼융적 문화의 예로 들 수 있다.

문화산업과 다국적 기업의 발달로 인해 문화 산업과 기업에서 제작되고 배급되는 문화 콘텐츠는 원격 통신 체제를 통하여 빠른 속도로 세계 시장에 공급되고 있다. 이를 통해 서로 다른 나라의 경제, 정치, 문화 등이 전 세계적으로 뿔뿔이 흩어지는 현상이 나타나고 있다. 문화의 세계화가 증대되고 있는 것은 세계화 시대에 탈규제화와 자유화의 흐름 속에서 일반 시민의 정치적 비중이 커지고 그만큼 대중문화의 중요성이 증대된 것과 무관하지 않다. 세계화 시대에 엄청나게 증가한 해외여행의 기회도 개개인이 외국 문화를 직접 체험하는 주요 계기가 되었다. 2001년 11월 2일 프랑스 파리에서 열린 유네스코(UNESCO) 총회에서 채택된 '세계 문화다양성 선언문'도 문화를 시장의 논리, 즉 가격에 의해 수요와 공급이 결정되는 단순한 상품으로 인식하면 안 된다는 것을 강조하고 있다. 즉, 문화적 다양성을 보호하는 것이 윤리적 의무이자 또한 인간 존엄성과 관계되는 것임을 알리고 있다(송준, 2013).

(3) 정보화 사회

현대의 정보 기술은 지난 수세기 동안 산업 사회를 주도해 온 산업 기술과 근본적으로 다르다. 정보화 사회란 정보의 생산과 유통이 사회의 중요한 요소가 되어 가치 창조와 사회 발전을 가능하게 하는 사회, 즉 정보가 전체적으로 큰 비중을 차지하는 사회를 정보화 사회라고 말한다. 구체적으로 정의하자면, 컴퓨터, 반도체, 광섬유 및 인공위성 기술 등 이른바 첨단 과학적 지식이나 기술을 이용한 정보의 생산과 유통이 사회 발전과 가치 창조를 가능하게 하는 사회를 말한다. 현대사회에 정보화 시대가 시작되면서 우리의 생활은 상상할 수 없을 만큼 달라지고 있다. 새로운 과학 기술의 발달로 정보의 생산과 유통의 속도는 엄청나게 빨라졌으며, 정보 산업의 발달을 통해 사회 구조는 고도의 지식 사회로 바뀌고 있다. 그 특징을 살펴보고자 한다(이종구 외, 2005; 이항우 외, 2011)

① **문화적 측면의 변화이다.**

3차 산업, 즉 서비스산업이 부가가치의 원천을 이룬다. 가정과 직장에서 자동화가 이루어져 노동 시간이 단축되고 고된 노동으로부터 해방되고 있다. 인간은 더욱 많은 여가 시간을 갖게 된다. 그리고 여가 시간이 늘어남에 따라 개별적인 문화 향유의 기회가 증가될 것이다. 또한 이동 통신, 화상전화 등과 같은 기술의 발달로 화상 통신회의, 통신 의료와 가정 진료, 가정 영화 관람, 통신 교육, 가정 구매가 가능해지기 때문에 교통난이 해소되고 삶의 질이 향상된다.

② 전문가 집단의 영향력이 확대된다.

전문직, 기술직, 연구원 등 지식을 다루는 전문가 집단의 영향력이 확대되며, 개인의 지위나 권위는 지식과 기술을 기초로 한 개인의 능력에 따라 결정되는 개방 사회이다. 따라서 실질적인 성의 평등화도 이루어지고 있다. 그러므로 정보화 사회에서는 개인의 창조성과 개성이 발휘될 수 있다.

③ 탈대량화이다.

정보가 대량 생산되고 대량 소비된다. 산업사회에서는 신문이나 잡지는 일반적인 정보 전달 수단이었다. 그러나 정보화 사회에서는 통신망을 통해서 누구나 손쉽게 정보에 접근할 수 있으므로, 정보의 생산과 소비에서 탈대량화가 두드러진다. 대량 생산에서 다품종 소량 생산으로 전환되고 있다. 생산, 소비 생활 방식, 가치관 등 모든 면에서 탈대량화와 탈규격화가 이루어지고 있다. 그뿐만 아니라 공장 자동화, 사무 자동화, 가정 자동화 등을 통해 생활의 편리와 효율성이 증가하고 있으며, 과학 기술의 발달로 인해 환경 문제나 자원 문제도 해결되고 있다.

④ 상호 소통성이다.

산업 사회에서는 정보가 일방적으로 전달되는 한계가 있었다면, 정보화 사회에서는 쌍방향으로 정보를 소통할 수 있는 매체가 등장했다. 컴퓨터통신이 그 대표적인 사례이다. 현재 정보화 소비자는 수동적인 수용자에서 능동적으로 전환되고 있다.

⑤ 민주화의 진전이 가속화된다.

시민이 국경의 벽을 넘어 사회활동을 전개할 수 있는 가능성을 확대시켰다. 정보화

사회가 되면 더욱 참여적인 의사 결정이 가능하고 지역 또는 국가 단위의 문제보다 전 인류, 전 세계적인 차원의 문제가 중요해지므로 시민들의 자발적인 협력이 중요하다. 세계화와 함께 새로운 집합적 주체로 주목되고 있는 비정부조직(NGOs)은 가상공간을 활용하여 세계적인 시민운동의 네트워크를 조직하고 있다. 정보화는 세계시민사회의 형성을 지향하는 사회운동을 촉진하는 결과를 가져오고 있다.

⑥ 정보화로 인한 사회 문제의 발생이다.

사회의 구조적 불평등이 존재하는 가운데 진행되는 정보화는 비인간화와 사회적 불평등의 심화를 조성할 수 있다. 정보의 생산과 유통이 대량화・가속화되면서 정보 격차는 더욱 심각한 사회 불평등의 원인으로 작용할 가능성이 커지고 있다. 사회적으로는 무엇보다도 정보망의 발달로 인한 사생활의 침해도 우려된다. 정보 기술을 독점한 지배 세력은 개인 신상에 관한 정보를 수집하고 관리하면서 개개인의 사생활을 침해하여 인권을 빼앗을 수 있다. 또, 개인주의가 극단화될 우려도 무시할 수 없다. 정보화 사회는 산업사회의 개인주의를 극도로 심화시킬 수 있다. 출근하지 않고 집에서 컴퓨터 통신망을 통해 업무를 보는 재택근무의 확대 같은 것은 좋은 사례다. 그러나 개인주의적 경향은 이기주의로 심화되고 결국 사회 갈등을 증폭시킬 수 있는 것이다. 그리고 문화 산업의 발달은 소비적이고 향락적인 환경을 조성시킬 수도 있다.

우리는 알게 모르게 컴퓨터의 도움을 받으면서 살고 있다. 정보화 사회를 위해 정보통신은 이제 국내뿐만 아니라 국외로도 그 영역이 넓어지고 있다. 특히 인터넷 사용자가 급증하면서 정보관리는 중요한 문제로 대두되고 있다. 컴퓨터를 이용하는 사람들의 올바른 가치관 정립과 건전한 정보 문화를 이루기 위한 정보의 공공성과 개방성의 확립이라는 정보 공개념이 자리 잡아야 한다. 나아가 이러한 공개념이 제도적으로 보장될 때만이 정보화는 우리의 인류 생활에 긍정적으로 기여할 수 있을 것이다.

2. 현대사회 가족의 변화

가족은 사회의 기본적인 집단으로 인간은 가족 속에서 태어난다. 가족은 모든 문화에서 찾아볼 수 있는 사회제도로서 출산과 다른 사람들과 관계를 맺는 방법을 배우도록 도와주는 사회화(socialization), 사회의 가치를 가르치는 문화화(enculturation), 가족 구성원을 보살피는 보호, 지지의 기능을 하는 제도이다(노병일 · 노대겸, 2017). 가족을 이루는 원칙과 가족의 형태는 사회마다 차이를 보이며 발전하고 있으며, 가족은 그 사회의 지속과 생존에 불가피한 역할과 기능을 수행하고 있다. 특히 1960년대 이후 활발하게 전개되어 온 한국사회의 산업화 과정은 정치 · 경제 · 사회문화 등 다방면으로 변화를 초래하였으며, 이와 같은 다양한 변화는 가족구조와 기능에도 많은 변화를 초래하였다.

1) 가족의 변화

현대사회의 가족은 후기 산업사회로의 변화 속에서 탈제도화, 다양화, 개인화 등 다양한 차원의 변화를 경험하고 있다. 점차 대가족을 기반으로 한 가족구조에서 소규모의 가족구조로 변화하고 있으며, 노동시장을 중심으로 조정되는 생활방식 속에서 대규모 집단이나 공동체보다는 개인의 이동성이나 유동성을 강조하는 개인화 경향이 뚜렷하게 나타나고 있다. 또한 가족구성이나 형태가 다양화되고 있는데 이와 같은 변화는 가족을 둘러싼 의식의 다변화 등 가치관의 변화와 맞물려 일어나고 있다. 특히 가부장 중심의 수직 위계적 가치관이 흔들리기 시작했으며 가족별로 여러 층위의 가치관이 혼재하는 상황이 되고 있다(윤홍식 외, 2011). 특히 청소년의 발달적 특성과 산업사회에서 나타나는 가족의 모습은 가족이 정서적 지지기반이며, 결속력이 강한 사회 기초집단으로서 청소년들의 안식처 역할을 하고 있다고 보기 어려우며, 고도로 근대화된 사회에서는 계층 간 관계, 가족 간의 결속 그리고 전통적인 연대가 점차 약화되고 있다고 볼 수 있다(Coleman & Hendry, 2006).

2) 가족의 변화와 청소년기

가족관계는 자녀가 성장함에 따라 끊임없이 변화한다. 발달적 특성상 자녀가 아동에서 청소년으로 성숙됨에 따라 청소년 자녀와 가족 구성원과의 관계도 커다란 변화를 겪는다. 청소년기에 나타나는 생물학적 · 인지적 · 정서적 변화에 기인하여 가족에게서 벗어나려는 시기이며, 부모에 대한 의존성이 낮아지고 부모의 가치나 의견에 대해 덜 복종적이며, 점차 자기만의 시간을 가지고 싶어 한다. 또한 청소년기의 양면적 특성은 부모와의 관계에서도 나타난다.

부모와의 가치관의 차이로 내적갈등을 경험하는 시기로서 부모와의 의사소통이 줄어들어 갈등이 증폭되며 자신을 부모와는 다른 독특한 인격체로 인식하여 자율적인 의사결정을 하는 시기이다. 또한 또래친구들과의 관계를 더 친밀하게 형성하여 부모의 영향에서 벗어나려고 하는 독립의 욕구가 강한 경향이 많다. 이 시기에 부모와 안정적인 애착을 형성한 경우에는 자신과 타인에 대해 긍정적으로 자기만족도와 타인신뢰도가 높아 불안이나 우울감이 완화되며, 적응적이고 효율적인 자아탄력성으로 역경에 잘 대처하여 편안한 대인관계를 맺을 수 있으며, 부모로부터 받는 도움에 만족하여 감정적으로 평안하고 안정될 수 있다(송선희 외, 2018).

가족의 변화와 관련하여 최근 들어 주목할 만한 사항은 이혼이나 별거 등으로 인한 가족구조의 변화이다. 20세기 후반에 들어 가족에 대한 이해방식은 크게 변화하였다. 오늘날 상당수의 청소년들은 한부모 가정에서 자라고 있으며, 이 때문에 이전과는 다른 환경 속에서 생활하고 있다. 특히 부모의 이혼은 청소년 자녀에게 많은 영향을 미친다. 그러나 그 영향은 모든 청소년들에게 동일하게 나타나지 않으며, 자녀의 발달단계에 따라서도 다른 효과를 나타낸다는 점에서 복잡한 양상을 띠고 있다. 또한 청소년들의 가족에 관한 태도나 가치관도 변화하고 있다. 헤더링턴(Hetherington, 1993)의 보고에 의하면 청소년기 이전에 부모의 이혼을 경험한 이들은 청소년기로 이행하더라도 적응장애가 계속된다고 한다. 어릴 때 이혼을 경험한 청소년들은 그때에는 어려움을 인식하지 못하더라도 청소년기에 들어서서 어려움을 경험한다고 한다. 특히 한쪽 부모에 의해서만 생계가 꾸려지는 가족에게 있어 이혼 후에 발생하는 빈곤, 불이익의 영향을 고려할 필요가 있다(Furlong & Cartmel, 2008).

3. 문화에 대한 이해

문화는 고양시키고, 교육하고, 유혹하고, 소비하고, 확산하고, 은폐하고, 침묵하고, 강요한다. 문화는 우리의 삶이며, 의미를 생산하는 장이다. 문화, 참으로 복잡하다. 문화는 치열한 전투의 장이며, 물고기에겐 물과 같은 것이고, 우리에겐 매일 들여 마시는 공기와 같은 것이라고 한다(Hall et al., 2001). 문화는 사회의 발전과 밀접한 연관이 있다. 사회 구성원에 의해 후천적으로 습득되어 공유되는 지식, 신념, 행위의 총체, 즉 인간과 환경의 상호 작용으로 형성된 생활양식 전반이라고 볼 수 있다. 우리는 일상생활에서 하루에도 여러 번 '문화'라는 단어를 듣게 되고 사용한다. 문화인, 문화생활, 문화민족, 문화시설, 문화계, 문화유산, 동양문화, 서구문화, 음식문화, 의복문화, 교통문화, 화장실문화 등 좁은 의미로, 때로는 넓은 의미로 널리 사용되고 있으며, 특정한 인간 집단 또는 한 지역이나 나라에서 특징적으로 나타나는 생활양식을 총괄해서 지칭하는 말로 사용되기도 한다. 또한 그 구성요소도 다양하게 언어, 관념, 신앙, 관습, 규범, 제도, 기술, 예술, 의례 등 뿐만 아니라 광고, 영화, 미디어 음악 등 대중문화는 물론이고 의식주, 취미활동, 요리나 쇼핑 같은 일상적 활동의 유형까지 포괄적으로 포함하고 있다. 사람들이 특정한 방향으로 문화를 만드는 이유는 인간의 삶 자체가 다양하듯이 일관된 모습이 아닌 상태에서 다양하게 변형된 형태로 만들어지게 되기 때문이다. 이와 같이 우리는 일반적으로 한 사회의 구성원들 간에 찾아볼 수 있는 관습적인 행위 및 그러한 행위의 산물을 문화라고 부르고 있다(한상복 외, 1985).

가장 오래된 문화(culture)의 의미는 이 단어가 곡식을 재배하거나 가축을 기르는 것을 언급하기 위해 사용되었던 15세기의 저작에서 찾아볼 수 있다. 이러한 의미는

'농업(agriculture)'과 '원예(horticulture)'와 같은 단어에서처럼 동시대 영어에서도 여전히 남아 있다. 당시의 인간생존과 생활전반은 농작물을 경작하고 재배하는 인간행동이 가장 중요한 시대였다. 문화는 인간의 작용과 변화의 산물을 총칭하는 것으로 인간이 이뤄 낸 역사적, 사회적 산물을 뜻한다(Hall et al., 2001). 즉, 인간이 사회 속에서 살아가는 삶의 형태와 내용이라고 할 수 있다.

1) 문화의 정의

'문화란 무엇인가?' 라는 질문을 던졌을 때 가장 간단한 대답은 "그것은 한 인간집단의 생활양식이다"라는 대답이다. 문화에 대한 학자들의 정의를 알아보고자 한다(한상철, 2007; 남상우, 2018; Hall et al., 2001).

첫째, 테일러(Tyler)는 문화에 대한 정의를 사회구성원으로서 인간이 획득한 지식, 신앙, 예술, 법률, 도덕, 관습 및 기타 모든 능력과 기능을 포함하는 복합적 총체라고 규정하였다. 문화는 생득적인 것이 아닌 후천적으로 획득되어지는 것으로 사회적 존재로서 문화의 이해를 강조하고 있다.

둘째, 해리스(Harris)는 문화란 집단을 이룬 사람들이 사회적으로 획득한 삶의 방식이자 생활스타일의 총체라고 정의하였다. 특정 사회 내 집단구성원이 지니는 특성, 즉 생각, 감정, 행동방식이 반복적으로 유형화되어 문화가 구성된다고 한다.

셋째, 클락혼(Kluckhon)과 켈리(Kelly)는 명시적이거나 암시적이거나 합리적이거나 비합리적이거나 주어진 특정한 시간에 인간행동의 잠재적 지침으로 존재하는, 역사적으로 이루어진 모든 생활의 설계라고 정의했다. 이들은 문화를 세 가지로 나누어서 정의하고 있는데, 하나는 고급문화로서의 문화다. 둘은 삶의 총체로서의 문화다. 셋은 정체성 형성의 장의로서의 문화이다.

넷째, 윌리엄스(Williams)는 '문화는 영어단어 중에서 가장 복잡한 두세 개 단어 중 하나이다'라고 말하며, 문화를 삶의 방식 전체로 보면서, 문화를 자연이나 과학과 구분되는 다음의 세 가지로 정의한다(Baldwin et al, 2008; Story, 2012).

가. 지적 산물이나 지적 행위, 특히 예술 활동으로서의 문화다.

일상적인 대화에서 사람들은 문화를 지적이고 예술적인 활동의 실천이나 작품으로 이루어진 것이라고 생각하게 된다. 이런 경우 문화는 음악, 연극, 발레, 오페라, 영화, 문학, 회화 등을 지칭하는 단어가 되고, 흔히 교양 있는 사람들이 관여하는 세련된 활동을 뜻한다. 문화가 내포하고 있는 세련성 혹은 긍정성으로 인해 '문화'라는 단어가 들어간 지역이나 상호는 그 이름으로 인해 꽤 격조 있는 것으로 받아들여지고 있는 것은 이 때문이다. 이 경우 문화는 '의미를 나타내는 실천행위(signifying practices)'라고 할 수 있다.

나. 한 인간이나 한 시대, 혹은 한 집단의 사람들이 살아가는 특정한 삶의 방식으로서의 문화다.

문화는 우리가 일상에서 부딪히는 문제를 효율적으로 해결하는 방식의 하나로, 앞선 세대에 의해 만들어져 사회생활 곳곳에 펴져 있다. 결국 삶이란 문화의 유형을 만들어 내는 일이다. 또한 세대 속에서 끊임없이 이어지고 전수되고 학습된다. 각 나라마다 풍습, 신앙, 종교적 축제, 고유의 의상, 음식, 생활양식, 스포츠 등이 다름을 알 수 있다. 이것은 보통 생활 문화 또는 문화적 관습으로 불리어진다.

다. 지적 · 정신적 · 심미적 능력을 계발하는 과정과 발전으로서의 문화다.

자연이 저절로 이루어진 야만적 상태를 지칭한다면 문화는 자연에 인간의 의도와 작용이 가미되어 조작되고 변화된 상태를 말한다. 즉, 사회화의 한 과정으로 간주할 수 있다.

다섯째, 김영찬(1994)은 문화는 사회의 성원이 공유하고 있는 것이며, 역사적으로 전승된 것이며, 학습된 것이며, 사회성원의 행동지침이며, 한 통합된 체제 또는 형태이며, 사회성원의 경험조직의 표준 등 6가지로 정의하였다.

이처럼 문화의 개념은 학자에 따라 매우 다양하게 정의되고 있으며, 강조점에 따라 다르게 접근되어 왔다. 2000년대를 지나면서 문화의 개념은 시대적으로 변천해 왔으며, 학문 분야에 따라서도 다양하게 정의되어 왔다고 할 수 있다(조혜영, 2016). 문화의 개념에 대한 입장은 어느 것이 옳고 어느 것이 틀린 것이라는 주장은 있을 수 없고, 그들이 각기 설명하려고 하는 대상에 따라 견해를 달리하고 있을 뿐이라는 것을 염두에 두어야 한다.

2) 문화의 유형

어떤 유형의 문화이든 모든 유형의 문화는 상징의 집합체일 뿐만 아니라 사회체제이다. 다만 각 문화유형들은 주요 문화 참여자들, 즉 예술가, 사업가, 수용자 그리고 비평가들이 서로 어떻게 상호작용하는가에 따라 상이할 뿐이다(강현두, 1998).

(1) 민속 문화(Folk culture)

민속 문화에서는 예술가와 수용자와의 관계가 중요하다. 예술 사업이나 비평은 어떤 역할도 하지 못한다. 나이지리아의 이그보(Igbo)라는 한 전통사회의 음악이 아주 대중성을 갖는 이유는 음악과 무용의 전문가와 아마추어 사이에 아무런 차이점이 없으며, 예술은 삶의 일부이며 분리되지 않기 때문이다. 아프리카의 오비모(Obimo)지방에는 높이 평가받는 음악이나 전문 음악가가 있지만, 주민들은 누구도 부락 음악가들을 직업적 계층이나 전문가로 간주하지 않는다. 오늘날 도시의 낡은 건물 벽이나 담에 그림(graffiti)을 그려 놓았던 무명의 화가들도 민속 예술가이다. 민속 문화는 반드시 전통사회에만 있는 것은 아니다. 우리가 눈사람을 만들거나 크리스마스 트리를 장식하거나 스스로 수를 놓고 헝겊으로 장식을 하는 많은 행위들이 민속 문화에 속한다. 민속 문화가 다소 그 활력을 상실하였다 해도 공장의 대량 생산이 민속 예술을 완전히 궤멸해 버린 것은 아니었다.

(2) 파퓰러 컬처(Popular culture)

나이(Nye)는 파퓰러란 '일반적으로 많은 사람들에게 넓게 확산되어 있으며, 그들에 의해 동의되고 있는'이란 의미로 규정하고 있다. 현대의 테크놀로지와 화폐경제에 의해서 민속 문화가 변질되어서 나타난 문화형태로서 경멸적인 대중의 개념 대신 중립적이거나 긍정적인 의미의 성격을 띠고 있다. 다수에 의해 일반적으로 동의되면서 인기가 있는 문화로서 문화의 소비 내지 수용 과정에 초점을 맞춘 개념이다. 파퓰러 컬처의 예술가들은 반드시 예술 활동만 하면서 사는 예술가들은 아니지만 전문적인 예능인으로서 특징적인 역할을 갖는다. 이들은 수용자들과 직접적인 접촉을 가질 수 있었고, 수용자와의 참여적 특성을 가질 수 있다. 예를 들어, 1960년대 미국 샌프란시스코 록 음악, 패밀리 도그(Family Dog) 댄스 기획사의 댄스경연대회나 영화가 여기에 속한다.

(3) 매스 컬처(Mass culture)

매스로서의 대중은 한 집단의 성원이나 구성하는 개인들이라기보다는 무차별적인 집합체를 의미하며, 불특정 다수에 의해 향유되는 문화를 의미한다. 사회학자 불럼러(Blumler)는 매스의 특징으로, 첫째, 대중은 모든 신분의 사람들을 포함한다. 둘째, 그 성원들은 익명적이다. 셋째, 그 성원들은 서로 고립되어 상호작용이 없다. 넷째, 대중은 사회조직성을 갖지 않는다고 말한다. 매스 컬처는 이 무리의 문화부재를 의미하는 것이다. 대중을 분리적 고립적인 존재로 인식하고 주체성을 가지지 못했으며 비합리적이고 열등한 집단이라고 보는 경멸적인 성격을 띠고 있다. 이전에 있었던 예술가와 수용자의 직접적 관계는 사업가에 의해 붕괴되고 사업가가 결정적인 인물로 등장한다. 자신의 이윤을 극대화하기 위해 사업가는 분산되어 있고 이질적인 시장의 요구에 맞추어 문화 생산물을 만들어 낸다. 예술가와 수용자는 분리되고, 수용자의 직접적인 피드백은 사라진다. 열등한 집단의 저속한 문화이며 상업주의와 획일성의 특징을 가진다.

(4) 엘리트 문화(Elite culture)

엘리트 문화에서는 예술가와 비평가의 관계가 두드러지며 중요하다. 엘리트 문화의 예술들은 일련의 심미적 기준에 의해 형성된다. 이렇게 세워진 심미적 기준들을 마음속에 간직하면서 예술가들은 자기표현을 최고도로 유지한다. 오로지 엘리트 문화에서만 '예술을 위한 예술'이란 개념이 의미를 가질 수 있을 것이다. 엘리트 문화의 예술이 대중성에서 문제가 제기될 때, 대다수의 예술가들이 이 대중성을 경멸하는 것은 아니다. 다만 대부분의 예술가들은 대중적 수요자 확보를 목표로 하지 않았을 뿐이다. 이러한 자율성은 다른 어떤 종류의 문화보다도 엘리트 문화에서 특히 강하다.

이상의 네 가지 문화들은 따로 구분된 것이 아니라 실제로는 하나의 연속체를 형성하는 이념형(ideal type)의 개념들이다. 특히 민속 문화와 파퓰러 컬처, 그리고 파퓰러 컬처와 매스 컬처의 경계선은 중복될 수 있다. 사람들은 이 문화들 모두에 참여할 수도 있고, 각 문화양식은 하나의 사회 내에 서로 공존할 수 있다.

3) 문화의 구성체계

문화의 구성체계는 몇 가지 유형으로 구분하여 설명되기도 한다(신국원, 2001).

(1) 관념체계로서의 문화

관념적인 영역만을 문화로 간주하는 입장으로서 누구나 무한정으로 소유할 수 있는 수양의 세계로 알려져 있다. 가치, 신념, 기준 등 정신문화로서 이것은 인간의 정신 속에서 존재하는 가치로서 삶의 방향을 제시한다고 보고 있다. 올바른 가치관을 정립시키며 예의를 숭상하고 전통을 지켜 가도록 하는 작용을 하게 해 준다. 성취하는 목표를 정하여 노력하는 사고와 정신 상태를 말한다. 관념문화는 개인주의와 우월주의에 기초하며 인격을 도야시켜 사회화와 교육을 중시하는 문화이다. 즉, 한 사회 성원들의 생활양식이 기초하고 있는 관념체계 또는 개념체계를 문화로 간주하고 있다. 바라는 자에겐 누구나 누릴 수 있는 정신적 충족물이기도 하다.

(2) 적응체계로서의 문화

적응문화란 인간과 자연의 유기적인 상호작용을 통해서 생성된 생활의 양태로 본다. 적응문화는 사회적이고 지적인 기술의 표현이며 기술의 성장과 생활양식의 개선을 의미한다(자동차, 여객기, 우주선 등). 문화를 변증법적 발전에 기초한 것으로 보며 가치와 지향점이 없다.

(3) 구조체계로서의 문화

사회구성원을 조직하고 사회질서를 가능케 하는 장치로서, 사회마다 규범과 조직은 다른 특성을 지니고 있다(규범, 규칙, 제재, 선악의 기준 등). 사회구성원이 추구하고 지켜 가는 보편적인 행동의 틀 속에서 살아가기 마련이다. 인간관계는 시공(時空)을 초월한 보편적인 체계를 지니고 있을 뿐 문화우월주의와 열등주의는 존재하지 않는다.

(4) 상징체계로서의 문화

집단구성원이 공유하고 있는 상징과 의미체계로서의 문화에 중점을 둔다. 예컨대, 특정상황이나 사건에 참여하고 있는 구성원들은 벌어지고 있는 일련의 행위나 사건들에 의미를 부여하며, 공유하게 된다.

인간집단의 행동유형과 커뮤니케이션 방식은 상징에 의해서 이루어진다. 사회구성원의 경험을 해석하고 행동을 유도하고 규제하는 의미와 상징을 말한다. 상징과 의미는 사회구성원들이 공유하는 공통된 합의이다. 종교의 이념 같은 것은 이념체계로 볼 수 있으며, 문학, 예술, 철학 등과 같이 인간의 정신적 삶을 풍요롭게 하는 표출적 문화이다.

(5) 사회범주로서의 문화

다문화 집단이나 청소년이 만들어 내는 문화는 어떤 기준을 적용해서 해석하지 말고 총체적인 생활의 전체를 포함해서 해석해야 한다는 주장이다. 문화는 특정집단이 유지되는 총체적인 삶의 모습을 뜻하는 것으로 질서와 통합에 한계가 있으며 포스트 모더니즘적인 접근을 시도하며 문화의 다원주의 입장을 추구하고 있다.

4) 문화의 특징

문화는 그 자체가 하나의 유기체로서 다음과 같은 특징을 지니고 있다(김용석, 2001; 성열준 외, 2016).

(1) 보편성

문화는 모든 인간집단이 소유하고 있는 생활양식이며, 문화는 문명사회든 미개사회든 모든 사회에 존재한다. 시대와 사회를 뛰어 넘어 모든 사회에는 공통적인 요소가 나타난다. 예를 들어, 어느 사회에서나 결혼을 하게 되면 결혼식 문화가 존재한다. 이것은 문화가 보편성을 지님을 의미한다. 문화는 특정한 감성적 도덕적 기준으로는 가치를 평가할 수 없다.

(2) 다양성

나라마다 사회마다 환경이 다르기 때문에 문화는 인간의 다양한 사고방식과 의식주, 관습 등의 다양한 환경의 영향에 의해 형성되므로, 이것을 문화의 특수성이라고도 한다. 개인이 자기 나름의 가치관과 행동유형을 갖고 살아가듯 집단적 삶의 총체적 유형인 문화 역시 다양한 형태를 띠고 있다. 예컨대, 각 나라마다 인사법, 식사예절, 전통의상 등 표현방식이 다양함을 알 수 있다. 즉, 문화는 특정사회에서 공유되어지고 누적되어지는 것인 동시에 특정사회 내의 다양한 하위집단들은 그들의 독특한 문화를 만들어 내기도 하며 이러한 다양한 문화들은 하위문화라는 이름으로 서로 공존하거나 갈등하기도 하고, 경쟁 상태에 있거나 서로 혼재되어 존재하게 된다. 또한 문화의 진정한 다양성은 문화가 소유의 지배에서 벗어나서 해방된 인간적 활동으로 바뀔 때 비로소 기대할 수 있다. 한 문화의 고유성과 독창성, 역사성을 존중하고 타 문화를 자신의 시각에서 평가절하하지 않는 것을 문화상대주의(cultural relativism)라 한다. 반면에 문화의 다양성과 상대성을 무시하고 자기 민족 중심으로 문화를 이해하려 할 때는 문화우월주의에 빠질 수 있다.

(3) 사회성

문화는 역사적 산물이다. 문화는 사회 속에서 인간에 의해 창출된다. 오랜 역사적 흐름 속에서 인류가 창조해 낸 산물이며 사회경험의 축적이다. 하루 이틀 만에 만들어 진 것이 아니라 수년 혹은 수세기에 걸쳐 축적되어 온 사회적 산물이며 사회적 유산이라고 부르기도 한다. 인간이 사회생활을 하면서 창조한 정신적, 물질적 산물인 것이다. 이렇게 문화란 집단구성원이 합의해서 그들 나름대로의 목적과 가치를 실현하기 위해 도출한 사회제도로서, 모든 사회제도는 구성원의 집단적 행위의 결과이며 문화의 한 유형이라고 할 수 있다.

(4) 학습성

사람은 처음부터 특별한 문화를 몸에 익힌 채 태어나지는 않는다. 문화는 태어난 후에 학습하는 것이며, 주변의 많은 학습 요인(부모, 친구, 책, 매스컴 등)에 의해 형성된다. 그때부터 사람은 그가 접하는 사람과의 상호작용을 통해 문화를 학습하는 것이며, 학습은 평생을 통해서 이루어진다. 결국 사람은 출생 후 본인이 꾸려 나가는 사회생활의 맥락 속에서 문화를 습득하며, 한번 획득한 문화는 학습의 과정을 거침으로써 다음 세대에 전승된다. 이처럼 인간이 한 집단의 문화 내용을 배우면서 그 집단의 생활에 적응해 나가는 과정을 사회화 혹은 문화화 과정이라고 한다.

(5) 공유성

문화는 사회구성원들과 사회집단에 의해 공유된다. 그 어떤 누구도 자기 혼자만의 힘으로 집단의 문화를 바꿔 놓을 수 없다. 개인의 행위는 단지 개인의 습관일 뿐이지 문화로 간주되지는 않기 때문이다. 한 사회의 구성원들은 개별적으로 독특하게 지니고 있는 취향이나 버릇, 기질과는 다르게 다른 집단의 것과 구별될 만한 공통적인 성향을 가지는데, 이처럼 사회구성원들에 의해 공통적으로 나타나며, 인정되는 문화라고 할 수 있다. 문화는 사회집단의 특성으로 나타나며, 사회구성원들에게 비슷한 사고방식, 행동양식을 형성시켜 주므로 공유될 수 있다.

(6) 체계성

문화는 상호 긴밀한 관계를 유지하면서 하나의 전체(a whole) 또는 체계(system)를 이루고 있다. 편리성, 경제성, 사회적 상징성 등이 체계를 이루고 있다. 문화는 사회적 조건과 자연적 조건이 관련되어 체계를 이룬다. 각각의 문화요소들 간에 상호 유기적 관계를 이루면서 전체로 나타난다. 다른 요소와 아무런 관계없이 독립적으로 존재하는 문화는 없다. 그러므로 전체 속에서 다른 것들과 관련되어 존재한다.

(7) 축적성

문화는 한 세대에서 다음 세대로 전승하며, 시간이 지남에 따라 각 세대에서 이루어진 지식들이 추가되고 생활방식이 쌓이면서 문화가 이어져 간다. 새로운 기술은 옛것의 기반 위에서 새로운 생활양식을 낳는다. 자연물이 아닌 인위적 결과로서의 문화는 시간의 경과에 따라 축적되고 전수된다. 문자의 등장으로 문화가 책이나 문서의 형식으로 저장될 수 있게 되면서 문화적 지식은 축적이 용이해졌다. 특히 정보 통신 기술의 혁명으로 많은 지식 정보가 축적되고 있다. 이로써 인류 집단은 진화의 과정을 밟아 왔고 삶이 풍요로워졌다. 한 사회의 문화는 구성원들이 그 집단을 떠난 뒤에도 존재하게 되는데, 이는 문화는 구성원들에 의해 학습되어지며 또한 사회적으로는 축적되어지기 때문이라고 할 수 있다.

(8) 가변성

문화는 정체된 것이 아니라 사람 사이의 사회관계에 끊임없이 개입하고, 그 내용에 따라 서로 다르게 변하고 있다. 문화는 축적되고 연속적으로 계승되어 왔지만, 그 과정에서 정지 상태에 있지 않고 세대와 세대 사이를 흘러가며 움직이며 전승되고 항상 변화를 수반하고 있다.

5) 문화의 변동

현대사회의 문화변화는 매우 급속하며, 커다란 도전을 제공하고 있다. 문화는 하나의 형태로 영원히 유지되지는 않는다. 정지해 있지 않고 움직이며, 또한 변화한다. 한 번 형성된 문화라 하더라도 주변의 상황과 상호작용하면서 그리고 다른 문화와 융합 혹은 충돌하면서 일정한 모양으로 변동해 나가는데, 이를 문화변동이라 한다. 현대사회는 급속한 문화변동에 따라 계속적인 경험을 통해 새로운 지식과 문화를 습득해 나가야 한다(한상철, 2007).

(1) 문화접변(cultural acculturation)

상이한 문화 간의 접촉으로 한 문화가 다른 사회에 전파됨으로써 나타나는 문화변동으로 특정문화 유형이 다른 문화유형과 상호작용을 거쳐 또 다른 제3의 문화유형을 만들어 내는 현상을 말한다. 예를 들면, 한식과 서양 음식의 접촉으로 '불고기버거'와 같은 새로운 음식 문화의 등장인 '문화융합'이 있을 수 있다.

문화접변에는 이민 간 한국인들이 외국의 문화를 익히는 경우처럼 두 문화가 지속적으로 접촉하여 자연스럽게 문화 변동이 발생하는 '문화 공존'의 경우와 일제 강점기 시대에 일본식 성명 강요처럼 정치·군사적으로 지배적인 사회의 문화가 피지배

사회에 강제적으로 전파되어 나타나는 '문화 동화'가 발생하는 경우 등으로 나누어 볼 수 있다.

(2) 문화전계(cultural transmission)

한 사회에 태어난 개인이 그 사회의 문화를 내면화하는 과정으로, 새로운 세대는 항상 앞선 세대가 가지고 있는 문화를 지도와 학습을 통하여 획득하며, 특정문화가 세대와 세대에 걸쳐 전승되는 현상을 말한다. 문화의 전달은 한 사회의 문화적 특성을 존속시키는 데 있어서 필수적인 역할을 한다. 즉, 문화의 세대 간 전수라 할 수 있다.

(3) 문화이식(cultural transplantation)

한 지역 또는 집단의 지배문화가 다른 지역 또는 집단에게 급속하게 전파되는 현상을 말한다. 전쟁이나 식민 지배 등을 통해 일정 거리를 뛰어넘어 문화가 빠르게 전해지는 현상을 의미하는데, 대개의 경우 이는 강제적인 방법이 동원되어 일어나는 현상이기도 하다. 예를 들어, 대항해 시대에 유럽 문화가 라틴 아메리카 지역에 전파된 사례를 들 수 있다.

(4) 문화결핍(cultural deprivation)

개인의 발달에 필요한 행동형성의 준거가 되는 문화적 요소가 부족하거나 박탈되어 있는 상태를 '문화결핍' 또는 '문화실조'라고 한다. 문화결핍은 대개 출신가정의 사회적 · 경제적 지위가 상대적으로 낮은 계층의 청소년에서 많이 발생하며, 언어장애와 학업부진, 중도탈락, 비행 등의 주요 원인으로 지적되고 있다. 문화결핍자는 사물이나 사회현상에 대하여 부정적인 태도를 취하거나 반감을 갖는 것으로 나타나고 있다. 우리나라 빈곤아동 · 청소년들에게 문화적인 결핍의 발생이 우려될 수 있으므로 학교교육복지나 지역아동센터, 청소년방과후아카데미 사업 등을 통해서 많은 문화향상프로그램을 할 수 있도록 실시하고 있다.

(5) 문화지체(cultural lag)

문화지체이론은 오그번(Ogburn)이 사회변동론에서 주장한 이론이다. 문화를 물질문화와 비물질문화로 구분하고, 문화 변동 과정에서 물질문화의 변화속도에 비추어 비물질 문화의 전파와 변동속도가 느림으로써 문화를 구성하는 요소 간의 변동의 차이로 인해 시간이 경과함에 따라 이 문화요소 간의 간격이 점점 더 벌어지는 현상을 '문화지체'라고 하였다. 예를 들어, 운전 중 휴대 전화 사용에 따른 교통사고 증가 등이다. 또한 인터넷과 관련한 기계 기술의 진보를 그 운용 기술이 뒤쫓아 가지 못하고 있는 것을 들 수 있다. 이 같은 하드웨어와 소프트웨어의 불균형이다. 기술은 앞서가고 있지만 그것을 이용하는 우리의 의식과 제도, 가치, 교육과 윤리는 한참 뒤처져 있는 현상이다. 익명성을 악용한 스팸 메일, 거짓과 부정확한 정보의 확산은 합리적인 이성과 신뢰까지 위협하고 있으며, 바이러스와 해킹, 사이버 테러, 개인 정보 유출 사고 등으로 폐해가 늘어나고 있다. 이와 같은 문화지체 현상은 현대사회의 가장 큰 특징 가운데 하나이며, 문화지체를 극복하기 위해서는 교육활동을 통해 물질적 변화에 따른 가치관과 의식 개선을 위한 캠페인과, 법·제도의 개선, 아울러 기술적인 연마를 시도할 필요가 있다.

(6) 문화확산(cultural diffusion)

문화가 한 지역에서 다른 지역을 향해 서서히 전파되는 현상을 말하는데, 사회 내부가 아닌 외부의 타 문화 요소에 의해 일어나는 문화변동이다. 미국의 청바지 문화가 전 세계로 퍼져 나간 사례를 들 수 있다. 우리나라는 우리의 문화확산을 위해, 문화체육관광부 해외문화홍보원(2018)은 우리 문화의 해외 진출을 위한 국내외 기반 확립과 유관 기관 간 협력 방안을 담은 '한국문화의 글로벌 확산 전략'을 발표하기도 하였다.

Plus Point

2020 10대 문화예술 트랜드 분석 및 전망(한국문화관광 연구원, 2018)

- 시간 민감성의 시대 여가를 즐기자.
- 일상 속 생활문화, 스며들다.
- 각 이코노미와 예술인이 일하는 법
- 1인 크리에이터, 전문가로 인정받다.
- 혐오가 가져온 토론 문화, 우리의 다양성을 드러내다.
- 실패자가 아니에요. 문화적 응원
- 예술가는 젠트리파이어? 예술가의 생존법 찾기
- 남북 교류, 문화교류에서 남북 합작으로
- 문화 분권, 지방자치 분권의 길을 열다.
- 새 예술정책 시대로의 과도기

youth culture theory 연습문제

01 대중문화의 유형에는 매스 컬처(mass culture)와 파퓰러 컬처(popular culture)가 포함된다. 매스 컬처와 파퓰러 컬처에 관한 설명으로 옳은 것은?

> ㄱ. 매스 컬처는 열등한 집단의 저속한 문화로서 불특정 다수에 의해 향유되는 문화이다.
> ㄴ. 파퓰러 컬처는 다수에 의해 동의되면서, 긍정적인 의미의 성격을 띠고 있는 문화이다.
> ㄷ. 매스 컬처는 문화부재와 비합리적이고 열등한 집단이라는 경멸적인 성격을 띠고 있다.
> ㄹ. 파퓰러 컬처는 수용자들과 직접적인 접촉을 가질 수 있었고, 수용자와의 참여적 특성을 가질 수 있다.

① ㄱ, ㄴ ② ㄱ, ㄷ ③ ㄴ, ㄷ ④ ㄱ, ㄴ, ㄹ ⑤ ㄱ, ㄴ, ㄷ, ㄹ

02 문화는 그 자체가 하나의 유기체로서 그 특징을 지니고 있다. 문화의 특징이 아닌 것은?

① 총체성 ② 보편성 ③ 사회성 ④ 고정성 ⑤ 가변성

03 다음이 설명하는 문화변동 현상은?

> 오그번(Ogburn)이 주장한 이론으로서, 문화 변동 과정에서 물질문화의 변화속도에 비추어 비물질 문화의 전파와 변동속도가 느림으로써 문화를 구성하는 요소 간의 변동의 차이로 인해 시간이 경과함에 따라 이 문화요소 간의 간격이 점점 더 벌어지는 현상이다.
> 익명성을 악용한 스팸 메일, 바이러스와 해킹, 사이버 테러, 개인 정보 유출 사고 등으로 폐해가 늘어나고 있다.

① 문화이식 ② 문화지체 ③ 문화확산 ④ 문화전계 ⑤ 문화접변

정답 | 1. ⑤ 2. ④ 3. ②

youth culture theory | chapter

02 청소년의 특징과 가치관

1. 청소년의 정의
2. 청소년의 특징
3. 청소년의 가치관

youth culture theory | chapter 02

청소년의 특징과 가치관

1. 청소년의 정의

청소년은 가장 복잡한 발달 과정을 보이는 시기이다. 이러한 측면에서 청소년의 정의를 먼저 알아보고 신체적 성장과 정서적 발달 과정을 통해서 나타날 수 있는 가장 두드러진 특징 네 가지인 정서적, 신체적, 사회적, 종교적 측면에서 청소년의 특징을 정리한다.

1) 학문적 정의

청소년이란 부모의 보호와 의존을 전적으로 필요로 하는 아동이 독자적이고 자립적인 생활을 할 수 있는 성인으로 성장해 가는 인생의 발달 단계에 놓인 사람이다. 그리고 아동기와 성인기의 중간 단계에 있는 자로서 신체적, 인지적, 사회적으로 성숙해지는 과정에 있는 사람이다.

일반적으로 심리학 분야에서는 청소년기를 14~15세경부터 22~23세까지로 본다. 청소년은 국가나 지역사회 및 성인의 보호와 지지를 바탕으로 독자적이고 자립적인 사회・경제적으로 생활이 가능한 성인으로 성장해 가는 과정 중에 있는 사람이다(김진화, 2002).

2) 사회복지적 정의

청소년의 정의에서 사회복지적 정의에 대해서는 다양한 견해가 존재하지만 그중에서 사회복지와 관련하여 정의한 두 가지만 소개하고자 한다.

첫째, 청소년복지는 아동복지와 구별되는 독립된 사회복지 분야 중의 하나로서 청소년의 기본적인 욕구 충족과 건강한 성장과 발달의 촉진이 목적이다. 물론 청소년이 현재 사회구성원의 한 사람으로서 주체적인 삶을 영위하도록 하고 더 나아가서는 청소년을 중심으로 한 환경들이 청소년의 성장을 돕기 위해서 최적의 기능을 발휘할 수 있도록 한다. 청소년과 가정, 학교, 사회를 통해서 직・간접적으로 제공하게 되는 모든 사회정책과 관련된 제도 및 전문적인 활동이다.

둘째, 사회복지적 정의의 개념적인 틀 안에서 해석하면 사회복지가 인간의 행복을 실천적으로 추구하게 되는 활동이라는 점에서 볼 때, 청소년복지는 청소년이 행복하게 잘 살아갈 수 있도록 도와주는 제도와 실천적인 기술이다.

이러한 정의의 공통점들은 사회복지적 측면에서의 한 분야로서 청소년을 대상으로 그들의 복지증진을 목적으로 국가를 비롯한 사회구성원 전체가 행하는 접근이라는 것이다. 따라서 청소년의 특징에 대한 사회복지적 기본이념이나 가치, 방법 등을 그대로 이어받지만 청소년기의 특징과 가치는 청소년이라는 계층에 초점을 맞추어서 다른 분야와는 차별되는 독특성을 갖는다(홍봉선, 2009; 노혁, 2009).

2. 청소년의 특징

청소년의 특징은 청소년의 정서적 특징과 청소년의 신체적 특징, 청소년의 사회적 특징 그리고 청소년의 종교적 특징으로 구분하고 다음과 같이 설명할 수 있다.

1) 청소년의 정서적 특징

정서란 인지・신체・행동의 증상으로 표현하게 되는 지속적인 마음의 상태이다. 이것은 오랜 시간을 걸쳐 형성하게 되며 시간이 경과된 후에도 별다른 변화가 없다는 특징을 갖는다.

또한 청소년기에는 정신적으로도 상상력이 풍부해지면서도 불안정한 시기이다. 이때는 정서가 급격히 발달하게 되는 시기로서 감수성이 예민해지고 정서에 대한 체험도 강렬해진다. 따라서 청소년의 정서는 과격하게 변하기 쉽다. 청소년들은 쉽게 화내고 상처받기도 하고 감정의 변화 폭이 매우 크다. 특히 청소년기는 여러 가지 생활에서 정서적 감정이 발달하므로 더욱 정서의 문제가 심각하게 나타난다.

이런 시기의 자아존중감은 미래의 정서에 큰 영향을 미치기 때문에 사회에서는 청소년들의 자아존중감에 영향을 미치는 요소, 즉 생활환경 및 사회관계, 성격 등을 신중한 태도로 접근하여야 한다.

이렇게 청소년기는 신체적이나 지적, 정서적으로 급격한 변화를 경험하게 되는 시기로서 '질풍노도(疾風怒濤)'의 시기라고 표현하기도 한다. 이 시기에 형성될 수 있는 정서 중 하나인 자아존중감은 자신의 특성이나 능력을 긍정적이나 부정으로 평가하게 되는 요소이며 긍정과 부정적 가치를 가름하게 되는 신념이 되기도 한다(김인설 외, 2014; 강석기, 2003).

2) 청소년의 신체적 특징

신체적 변화(physical changes) 특징 중에서 가장 핵심적인 것은 성적으로 성숙하는 사춘기(puberty)라는 현상이다. 남자는 11세에서 13세경, 여자는 9세에서 11세경으로 꾸준히 성장하면서 20세 전후가 되면 키의 성장은 멈추면서 성장의 개인차에 따라서 다르게 나타나기도 한다.

일반적으로 남자는 어깨가 넓어지고 근육이 발달하면서 남성으로서의 신체적 체형이 변하게 된다. 여자는 골반 부분이 넓어지고 피하지방이 축척되면서 여성으로의 신체적 체형으로 변하게 된다.

이렇게 빠른 청소년들의 신체적 변화들은 성숙과 미성숙에서 오는 불균형으로 인하여 갈등과 혼란이 생기게 된다. 이런 청소년들의 신체적 특징들은 자기 신체에 대한 관심과 청소년기에서 볼 수 있는 다양한 정서적 특징들을 만들게 되는 기초가 되는 것이다. 그러므로 청소년의 신체적 성장의 개인차를 자신의 외적인 변화에 적용하여 민감하게 반응하기보다는 내적인 성숙에 노력을 기울이고 자신의 신체를 소중하게 여김으로서 긍정적으로 형성할 수 있도록 노력해야 하는 것이다(한국교육학술정보원, 2014).

3) 청소년의 사회적 특징

청소년의 사회적 특징은 사회적 환경에서 본 생태체계학적 차원에서 모든 청소년들에게 소중하고 독특하게 고려되어야 한다. 이것은 청소년과 사회생활 환경의 하위 체계 간에 있어서도 교류 및 상호작용 역시 독특하게 이루어져야 한다고 하였다. 이러한 청소년은 또래집단 → 직접 대면하는 사람 → 전문가 집단 → 학교 또는 생활환경 → 부모와 시민 또는 정책과 자문 집단 → 외부자원과 시민의 변화매개 체계 → 일반적 사회와 정부기관 순으로 이루어진다고 보았다.

또한 청소년기에 아이들은 가족이라는 울타리를 넘어서 또래와의 관계를 중요한 사회적 관계 중심으로 이루어지게 되고, 학년이 올라갈수록 부모나 친척, 선생님보다는 친구들에게 중요한 타인으로서의 지위를 부여하게 된다. 이것은 청소년들이 친구들과의 관계를 통해서 사회적 관계를 형성하고 유지, 발전시켜 나가는 데 필요한 의사소통 기술과 갈등해결 방법 등을 배우게 되기 때문이다.

이러한 부분은 청소년들이 집단생활 속에 속하고 싶어 하는 강한 욕구와 함께 독립에 대한 욕구도 동시에 강하게 나타나고 스스로 결정하려는 윤리적인 자주성의 성향을 느끼게 된다. 이것은 아동기의 자기중심적인 도덕관에서 벗어나 상대적이고 타인중심적인 도덕관으로 변화되고 도덕에 대한 판단의 기준도 동료집단 속에서 찾게 되는 것이다(홍봉선, 2009; 이규미 외, 2001; 김국환, 1993).

4) 청소년의 종교적 특징[1)]

정서생활과 관련이 있으며 종교적인 측면에서 볼 때, 청소년의 자기 인생 목적과 방향성에 대하여 커다란 관심을 가지게 되는 기간이 된다. 이것은 청소년의 종교적인 문제와 자기 인생의 생활문제 중에서 한쪽을 택해야 하는가에 대한 생각이 자리 잡게 된다.

이렇게 청소년들은 많은 갈등과 혼란 속에서 자신을 반성하게 되고 돌아보게 되며, 자신을 새로운 방향에서 바라보고 새로운 삶의 태도를 형성해 가게 되는 시기로써

1) 출처: https://sophiako.tistory.com/82, chohamuseum.net

본질적인 태도의 변화는 청소년의 종교적 경향이나 태도에 따라서 직접적인 영향을 미치게 되며 결과적으로 청소년기에 종교적 특징은 독특하게 나타나는 종교성을 형성하게 되는 것이다(김국환, 1993).

Plus Point

- "청소년"이라는 단어에서 알 수 있듯이 청소년은 청년으로 성장하는 단계를 말한다.
- 청소년은 가정과 학교 그리고 사회의 환경에 따라서 신체와 정신이 성장을 통해서 조금씩 어른의 몸으로 변화하는 과정을 통해서 그들만의 특징과 가치관을 형성하게 된다.

3. 청소년의 가치관

청소년의 가치관이 중요한 문제로 다가오는 이유는 가치관과 인간행위 간에 있어서 직·간접적 인과 관계에 있기 때문이다. 인간의 행위는 청소년들의 가치관에 상당 부분 의존하게 된다. 또한 가치관이 일정 기간 지속되는 안정성을 가지고 있다면 어떠한 가치관이 언제 형성되느냐의 문제는 인간 행위의 설명에 중요한 기능을 하게 되는 것이다. 이러한 청소년의 가치관을 개념적 정의와 가치관의 유형으로 정리하면 다음과 같다.

1) 가치관 개념적 정의[2)]

가치관의 적용 방식에 따른 구분을 살펴보면 인간의 가치관은 그 적응 방식에 따라 작용적(operative) 가치, 관념적(conceived) 가치 그리고 객관적(objective) 가치로 나누어 볼 수 있다. 각각의 가치들에 대한 개념적 정의는 다음과 같다(김택길, 1982).

2) 출처: 국가청소년위원회, 한국청소년정책연구원(2007).

(1) 작용적(operative) 가치

선택 가능 대상이 실제로 제시되었을 때, 현실적으로 나타나는 선택 유형을 작용적 가치라고 한다.

(2) 관념적(conceived) 가치

마음속으로 일정한 행위의 결과를 예상함으로써 나타나는 선택 유형을 관념적 가치라 한다.

(3) 객관적(objective) 가치

당사자의 의지와는 관계없이 제3자가 객관적으로 보았을 때, 당사자에게 사실상 가치가 있다고 생각되어 발생하는 선택 유형을 객관적 가치라 한다.

2) 청소년의 가치관 유형

청소년의 가치관 유형에는 도덕적 · 윤리적 가치관, 외모에 대한 사회문화적 가치관, 개인적 가치관으로 나눌 수 있고 이것을 설명하면 다음과 같다.

(1) 도덕적 · 윤리적 가치관

도덕적 · 윤리적 측면에서 가치관을 볼 때, 선(善)과 악(惡), 의(義)와 불의(不義) 그리고 미(美) 등에 대한 관념, 즉 무엇이 바른지, 옳은지, 그른지 그리고 아름다운지에 대하여 개인이 명확한 관념을 가지고 있는 상태를 의미한다. 이러한 가치관은 가치에 대한 관점이라고 볼 수 있는 것이다. 즉, 인간이 자기 자신을 포함한 세계나 그 속에서 일어나는 생활과 생각들에 대하여 가지게 되는 평가의 근본적 태도인 것이다. 그러므로 가치관은 실제 생활에서 어떤 선택의 상황에 처할 때, 특정한 행동 양식이 다른 행동 양식보다 더 낫다고 생각하고 판단함으로서 선호하도록 기능하게 되는 것이다(임희진 외, 2009).

(2) 외모에 대한 사회문화적 가치관

청소년들의 외모에 대한 사회문화적 가치관을 다음과 같이 설명할 수 있다(최원기 외, 2000; 신효정, 2002; 홍금희, 2008; 심우섭, 2012).

첫째, 청소년들의 자기 신체의 외모에 대한 평가는 기존 사회의 가치관이나 통념에 의해서 많은 영향을 받는다. 그러나 애석하게도 현재의 우리나라 사회는 외모지상주의 사회라 불릴 정도로 신체적 외모의 중요성이 높다. 청소년들의 집단주의적인 문화적 특징과 학교생활의 통제와 입시 등 사회의 제도적 원인으로 인하여 다양한 청소년만의 문화생활에 대한 접촉의 기회와 여유를 가질 기회가 많지 않은 환경이다. 그러므로 기성세대의 외모중시 문화로 인한 영향은 청소년문화에 그대로 가중되고 있는 현실에 놓여 있게 되는 것이다.

둘째, 청소년의 외모만족도에 영향을 주는 중요한 사회문화적 요인 중에서 대표적인 것은 미디어를 들 수 있다. 미디어는 현대사회 전반에 지대하고 광범위하게 영향을 주고 있다. 한편, 대부분의 여가 시간을 미디어와 함께하고 있는 청소년의 경우, 문화형성에 미디어가 가지게 되는 영향력은 다른 연령층에 비해 매우 크다고 할 수 있다. 이런 미디어는 외모에 대한 고정관념을 청소년에게 무의식적으로 인식시키고 있으며 미디어에 의해서 이상적으로 제시하게 되는 모델을 자신과 비교함으로써 자신의 외모평가를 저해시키는 요인으로 작용하게 되는 것이다.

셋째, 외모에 대한 사회문화적 가치관에 대한 태도에서는, 미에 대한 사회적 기준이며 이런 태도는 개인의 신체이미지를 형성하게 되는 데 큰 영향을 주게 된다. 이것은 사회문화적 가치관에 대한 태도의 내면화가 클수록 신체에 대한 잘못된 인식이 많이 일어나게 된다. 그러므로 이상적인 미에 대한 내면화 요인으로써 특히 외모에 대한 관심과 체중에 대한 관심은 자아존중감에도 영향을 미치게 되는 것이다.

이렇듯 외모에 대한 청소년의 사회문화적 가치관은 자신의 능력과 전문적 기술보다는 외모에 의해서 그 자신의 가치가 평가되고 있다고 믿는 경향성을 보이고 있다.

하지만 청소년들은 미래의 사회적 기둥으로써 사회문화적 가치관은 배움과 지식의 경험을 통해서 자신의 능력과 전문적 기술이 더 중요하다는 것을 알 수 있도록 하여야 한다. 이것은 가정과 학교의 교육 및 국가의 사회적 정책 환경이 뒷받침될 수 있도록 하여야 할 것이다.

(3) 개인적 가치관

청소년의 개인적 가치관은 개인의 태도와 행동을 이끄는 근본적인 기준 혹은 표준으로서의 역할을 하며 환경 행동에 영향을 미치는 직접적인 변수가 아닌 태도를 매개로 하는 원칙으로서 지속적 신념이다(박경윤, 2000). 또한 내면적 본질로써의 개인적 가치관은 지속적이며 하나의 신념이면서 또한 행동 양식이나 최종 상태를 나타내고 있으며, 대상에 대한 선호의 개념을 다음과 같이 구분하였다(박경윤, 2000).

첫째, 지속성이다. 신념은 인식체계의 가장 기본적인 요소이며 지속성의 관점에서 보게 되면 가치관은 지속적이라 할 수 있다. 그러나 현실적으로 만약 가치관이 완전히 불안정하거나 완전히 고정적인 성격을 가진다고 한다면 사회는 발전할 수 없을 것이며 또한 계속성도 없을 것이다. 그러므로 청소년 개인적 가치관은 변화는 할 수 있되 천천히 변화하면서 지속성을 가지고 있다고 할 수 있다.

둘째, 하나의 신념이다. 신념은 규범적 또는 제약적 신념의 일종으로 어떤 수단이나 행동결과(end of action)가 사회적으로나 개인적으로 바람직함의 여부를 판단할 준거기준이 된다. 신념의 하나인 가치관은 인지적(cognitive), 감정적(emotional), 행동적(behavioral)인 측면을 지닌다. 인지적 측면의 가치관은 바람직한 것과 바람직하지 못한 것을 알 수 있게 하는 것이고, 감정적 측면의 가치관은 어떤 사물에 있어서 정서적 감정을 느끼게 하는 것이다. 또한 행동적 측면의 가치관은 활성화될 경우 행동으로 유도될 가능성을 가지는 것으로 볼 수 있다.

셋째, 어떤 대상을 개인적으로나 사회적으로 선호하는 개념이다. 가치관은 개인적으로나 사회적으로 그 적용 대상에 있어 차별적이다. 예를 들어, 어떤 것이 어른들에게는 적용 가능하지만 청소년에게는 적용이 불가능하다든지 나에게는 가능하지만 타인에게는 불가능하거나 그 반대일 수도 있다. 그러므로 가치관은 개인이나 사회적으로 적용대상의 차별에 있어 이중적 또는 복수적 표준이 될 수 있는 것이다.

이렇듯 청소년들의 개인적 가치관은 어떤 상황에서 달라지겠지만 환경에 대한 행동의 영향을 받으면서도 개인적 가치관은 하나의 신념으로서 유지하게 되는 것이다.

(4) 가치관 발달과정의 이론적 접근

청소년기의 가치관 발달 과정을 이론적 접근으로 설명하게 되면 크게 세 가지로 구분할 수 있다(문화관광부 · 한국청소년개발원, 2001; 임희진 외, 2008).

첫째, 정신분석학적 측면에서 볼 때 가치관의 발달은 초자아(super-ego)의 발달이라고 볼 수 있다. 초자아는 자기 스스로 자신의 행동 부분에 대하여 일정한 상과 벌을 줄 수 있는 개인의 내적인 기준으로써 양심 발달의 기초가 된다. 따라서 자기 자신을 부모와 같은 권위의 소유자와 동일시하게 되는 초자아의 발달 과정이 곧 가치관의 형성 과정이라고 할 수 있다.

둘째, 학습이론적 관점에서 볼 때 청소년의 가치관 발달은 기본적으로 개인의 경험과 강화에 달려 있다. 이것은 청소년이 성장하는 과정에서 유의미한 타자(significant other)를 모방하고 관찰함으로서 가치관이 형성된다고 설명한다.

셋째, 생태체계학적 관점을 포함하여 지각적 측면에서 볼 때 환경의 영향을 강조하는 것을 들 수 있다. 즉, 청소년이 환경과 상호작용하는 과정 속에서 그 결과물로 가치관이 형성된다고 보는 것이다. 그러므로 청소년의 가치관의 발달 과정은 자신의 행동과 사회 환경을 내적으로 통제할 때 비로소 형성하게 되며 이러한 측면에서 내적 통제력 정도가 높은 청소년일수록 명료한 가치 체계를 가진다고 볼 수 있다.

넷째, 그리고 이러한 청소년기의 가치관 발달 과정을 알아보기 위해서 비행 청소년과 일반 청소년의 가치관에는 어떤 발달과정의 차이가 있는지를 알기 위하여 청소년들의 특정 행동을 설명하기 위한 청소년의 개인적 가치관을 파악한 연구 결과에 의하면, 청소년기의 가치관의 발달 과정은 청소년 자신이 스스로의 행동을 이해하거나 합리화하는 과정에서 사용된 가치가 내면화되어 가치관으로 정립되기도 하지만, 상당 부분은 부모와의 관계 및 가정환경, 학교 교육, 사회 및 문화 속에 내재한 가치들이 청소년의 의식으로 자리매김하면서 발달한다고 하였다.

Plus Point

- 청소년의 가치는 작용적 · 관념적 · 객관적 가치로 구분하여 정리할 수 있다.
- 도덕 · 윤리적 가치에서는 무엇이 바른지, 옳은지, 그른지 그리고 아름다운지에 대하여 개인이 명확한 관념을 가지고 있는 상태를 말한다.
- 외모에 대한 사회문화적 가치관은 청소년이 미래의 사회적 기둥으로서 배움과 지식의 경험을 통해서 자신의 능력과 전문적 기술이 더 중요하다는 것을 말한다.

youth culture theory 연습문제

01 「청소년 기본법」 상 청소년의 연령기준은?

① 15세 이하
② 18세 이하
③ 19세 이하
④ 24세 이하
⑤ 29세 이하

02 기본적 가치관에서 내면적 본질로써의 가치관은 지속적이며 하나의 신념이면서 또한 행동 양식이나 최종 상태를 나타내고 또 대상에 대한 선호의 개념이다. 해당되지 않은 것은?

① 가치관은 지속적이다.
② 가치관은 하나의 양심 속에 속해서 나타나는 것이다.
③ 가치관은 행동의 양식이나 존재의 최초의 상태를 나타낸다.
④ 가치관은 선호의 개념이다.
⑤ 가치관은 어떤 대상을 개인적으로나 사회적으로 선호하는 개념이다.

03 청소년의 특징이 아닌 것은?

① 정서란 인지적, 신체적, 행동적 증상으로 표현되는 지속적인 마음의 상태로 오랜 기간에 걸쳐 형성되며 시간이 경과된 후에도 별다른 변화가 없다는 특징을 갖는 것이다.
② 신체적 변화(physical changes) 특징 중에서 가장 핵심적인 것은 성적으로 성숙하는 사춘기(puberty)라는 현상이다. 남자는 11세에서 13세경, 여자는 9세에서 11세경으로 꾸준히 성장하면서 20세 전후가 되면 키의 성장은 멈추면서 성장의 개인차에 따라서 다르게 나타나기도 한다.

③ 청소년의 사회적 특징으로 사회적 환경에서 본 생태체계에서의 구성요소는 모든 청소년들에게 소중하고 독특하게 고려되어야 하고 청소년과 사회생활 환경의 하위체계 간에 있어서도 교류 및 상호작용 역시 독특하게 고려되어야 한다.

④ 종교적인 특징은 정서생활과 관련이 있으며 종교적인 측면에서 볼 때, 청소년의 자기 인생 목적과 방향성에 대하여 커다란 관심을 가지게 되는 기간이 된다.

⑤ 청소년의 특징은 인간의 행위가 청소년들의 가치관에 상당 부분 의존하게 되고 또한 가치관이 일정 기간 지속되는 안정성을 가지고 있다면 어떠한 가치관이 언제 형성되느냐의 문제는 인간 행위의 설명에 중요한 기능을 하게 된다.

정답 | 1. ④ 2. ② 3. ⑤

03

청소년기와 청소년문화

youth culture theory | chapter 03

청소년기와 청소년문화

1. 청소년기의 개념

1) 청소년기의 등장

청소년기(adolescence)라는 용어는 20세기 초에 홀이 처음으로 제시한 것으로 알려져 있다. 비교적 최근에 들어서야 청소년기를 별도의 발달단계로 인식하기 시작하였음을 알 수 있다(노병일 · 노대겸, 2019).

전통적인 사회화의 관점 때문에 청소년은 불완전한 성인, 삶이 무엇인지 이해 못하는 그 자체로서, 성인들보다 주변상황이나 환경에 대해 덜 알고 있는, 존재가치를 인정받지 못하는 사람으로 취급되었으며, 청소년기가 누구에게나 있는 인생발달의 한 단계라고 해서 모든 청소년이 사회적으로 이 단계를 인정받으며 성장하는 것은 아니었다. 확실한 점은 역사의 발전에 따라 인생에서 청소년기와 사회 안에서의 청소년 존재의 의미와 중요성이 점차 확산되어져 왔다는 점이다(최윤진, 1998).

[사진 3-1] 놀이를 즐기고 있는 청소년기의 아이들

2) 청소년기의 정의

인간발달 단계를 명확하게 구분하기는 쉽지 않은 것처럼, 청소년기의 정의 또한 간단해 보이지만 청소년기에 대해 분명하게 정의하는 것은 쉬운 일이 아니다. 청소년기의 정의에 대해 알아보고자 한다.

① 브리태니커(Britannica)백과사전에 의하면, 청소년기는 아동기와 성인기 사이에서 성장하고 발달하는 중간 단계를 말한다(노병일 · 노대겸, 2019).

② 정신분석용어사전(미국정신분석학회, 2002)의 정의에 의하면 청소년기는 사춘기와 함께 시작되며, 성숙을 위한 변화를 수용하기 위해 심리적 재구조화가 필요한 기간을 말한다. 이 기간은 성적 성숙에 적응하는 과정이 발생하는 기간이다.

③ 한국청소년정책연구원(2007)에 의하면 청소년기란 자의식이 형성되기 시작하는 사춘기에서부터 독립된 인격체로서의 성인이 되기 전까지를 지칭한다.

2. 청소년문화

청소년집단은 민족, 성, 연령, 종교, 교육, 사회계층, 지역, 특수성 등 청소년의 배경에 따라 그 나름대로 독특한 가치와 표현방식을 가지는 다양한 하위집단을 포괄하는 복합적인 성격을 띠게 된다. 이러한 청소년집단을 반영하는 청소년문화는 그 형태, 성질, 내용에 있어서 동일하지 않고 다양하게 나타난다. 따라서 청소년은 자신들이 처해 있는 특수한 환경과 상황에 따라 각기 다른 문화 정체성을 가지게 된다(박성희, 1992).

1) 청소년문화의 개념

청소년문화는 청소년의 생활경험의 모든 측면을 다 포함하는 포괄적인 개념일 뿐만 아니라 무척 이질적이고 다양하기 때문에 청소년 문화의 개념을 한마디로 정의하기가 무척 힘들다. 일반적으로 사용되고 있는 개념에 대해 정리해 보고자 한다(조용수, 2001; 조혜영, 2016).

첫째, 청소년문화란 오늘날 청소년 집단만이 가지는 독특한 문화로서 청소년들이 살아가는 총체적 삶의 유형을 의미하는 용어로 사용된다.

둘째, 일반적으로 한 집단 구성원들의 생활 유형은 함께 공유하는 가치관, 윤리의식과 규범, 태도, 언어, 몸짓, 패션, 음식, 음악, 행동, 인간관계, 오락 및 여가생활 등 그들의 내면적인 사고방식뿐만 아니라 외면적인 생활양식이나 행동양식까지 다 포함하게 된다.

셋째, 신세대가 기성세대로부터 전수받은 전통 문화적 특성을 토대로 그들 나름의 이질적인 문화 특성을 가미해서 만들어 낸 결과물이다.

2) 청소년문화의 일반적 특성

청소년문화에는 모순되어 보이면서도 공존을 가능하게 하는 특성이 있다고 본다. 전체 사회의 주류문화의 테두리 속에서 주류문화의 영향을 받으면서 하나의 독특한 생활양식을 발전시키는 주변문화이기 때문에 성인 사회의 문화의 일면을 반영하기도 한다. 따라서 청소년들은 전체사회의 다른 모든 구성원들과 함께 주류문화의 특질을 공유할 뿐만 아니라, 특정 환경에 반응하여 나타난 결과물로서 자신들이 속해 있는 청소년 집단의 독특한 문화적 특성을 가진다. 그 특성들에 대해서 알아보고자 한다(조용환, 2000; 김혜영, 2002; 변윤언, 2006; 박성미, 2007; 박진규, 2007; 정재민, 2007).

(1) 개인주의적 · 현실주의적 성향이다.

청소년이 속한 사회에 적응하는 하나의 양식으로서 개인 중심의 문화 향유가 점점 늘어나고 있다. 사회적으로는 90년대 들어 나타나기 시작한 노래방 이후로 비디오방 등의 소집단적인 문화공간이 제공되고, 현재는 컴퓨터, 스마트폰 등의 문화기기가 개인화되면서 문화 활동이 소집단화 또는 개별화되고 있다. 이러한 소집단 또는 개별적인 문화 활동은 개인적으로는 자신의 문화생활을 전문화시킨다는 점에서는 긍정적으로 볼 수 있지만, 사회성 함양과 같이 시민사회에서 필요한 공동체적 문화 활동이 줄어들고, 덕목 형성을 어렵게 한다는 점에서 청소년에게 부정적인 영향을 미칠 수 있다.

(2) 감각적 행복의 추구이다.

청소년 문화 활동은 대부분 감각 위주의 기호성 문화인 경우가 많다는 것이다. 특히 요즘은 과거에 비해 성의식이 개방되고 자유분방하기 때문에, 청소년들이 즐겨 찾는 공간이 성인을 위해 제공되는 공간이나 대학가와 같은 소비풍조가 많은 곳이라는 것과 관련이 있어 더욱 청소년과 어울리지 않는 공간이 될 수도 있다.

(3) 소비의 사회화와 물질주의적 경향을 띠고 있다.

청소년의 문화 활동이 대부분 생산적인 활동이기보다는 문화교류와 행위의 양식이 다양하게 나타나는 스트레스 해소를 위한 소비성 문화일 가능성이 크다(노래방이나 오락실, PC방, 영화관, 공연장 등). 특히 80년대를 거치면서 10대 청소년층은 유명 브랜드의 패션과 스타일, 레저 활동, 음악, 콘서트의 유행으로 새로운 소비자 집단으로 등장하여 청소년을 대접해 줄 수밖에 없는 소비문화집단이 되었다. 이렇게 대중문화 시장의 판도가 변화하기 시작하였다.

(4) 학교에서의 생활양식이 영향을 미친다.[1)]

청소년은 학교라는 환경과 밀접한 관련성을 맺고 있으므로 준거문화와 같은 학교문화에 영향을 받으며, 학교문화의 일면을 공유하면서도 그들이 속해 있는 청소년집단의 독특한 문화적 특질을 가지려 한다. 여기서 청소년집단의 독특한 문화적 특질은 때로 전체 사회문화 혹은 학교문화의 규범이나 기준에서 벗어날 경우가 흔하다. 그로 인해 학교문화와 청소년문화 간에 격차가 발생할 수 있으며, 이 격차가 커지게 되면 갈등 이상의 대립관계를 형성하게 되는 것이다. 지금까지 학교에서 형성되어 온 문화적 풍토가 청소년의 전인적 성장을 이끌지 못하고 오히려 청소년문제의 방출요인이 되고 있다. 즉, 학교문화는 입시위주 문화를 발달시킴으로써 청소년으로 하여금 높은 스트레스를 야기시킴은 물론 잘못된 방식으로 자신을 소외시키거나 가치와 판단의 혼란을 야기시키기도 한다.

(5) 사이버문화를 주도하고 있다.[2)]

청소년 세대는 디지털 시대의 새로운 미디어인 인터넷, 게임 및 스마트폰의 이용으로 영상 문화화를 주도하고 있으며, 청소년 세대를 문화의 소비자이면서 동시에 생산

1) 이 부분은 '4장. 청소년 학교문화'에서 자세하게 다룬다.

2) 이 부분은 '6장. 청소년 사이버문화'에서 자세하게 다룬다.

자인 문화실천의 자리에 올려놓음으로써 청소년 문화를 새롭게 바라보게 한다(변윤언 · 이광호, 2004).

① **생비자**(prosumer)

미래학자 앨빈 토플러(Alvin Toffler)가 『제3의 물결(1980)』에서 처음 사용한 생비자는 제공받는 문화에 대한 소비자로서 뿐만 아니라 문화를 새롭게 만들어 가는 생산자로서의 역할을 동시에 수행하는 사람을 나타내는 말이다. 디지털 환경의 발달과 함께 웹의 미디어적 특성을 이용하며, 다양한 방법으로 직접 또는 간접적으로 자신의 의견을 생산에 반영하고 있다. 생산소비자 또는 참여형 소비자라고도 한다. 청소년은 그들만의 문화적 코드와 상징을 동시에 생산해 내는 프로슈머적 역할을 하고 있다.

② **사이버 커뮤니티**(cyber community)

인터넷 생활이 보편화되면서 일방향이 아닌 쌍방향으로 소통한다. 단순한 청소년들의 모임이 아닌 가상공간에서 공통의 관심사, 가치관, 라이프스타일 등을 상호작용하는 청소년들의 집단으로, 공동의 관심과 이익을 중심으로 형성된 사회적인 공동체이며 구성원들 사이의 상호작용이 끊임없이 일어난다.

③ **사이버 노마디즘**(cyber nomadism)

정보화 시대를 살고 있는 사람들의 문화성향을 대변하는 키워드로, 서로 간 취향을 공유하면서 링크(link)를 중요하게 여기며, 특정한 삶의 방식에 매달리지 않고 새로운 정보를 통해 끊임없이 삶을 탐구하고 창조해 나가는 경향성이 강하다. 즉, 특정한 삶의 가치나 방식에 얽매이지 않고 끊임없이 새로운 자아를 찾아가려는 사고방식이다. 유목민(nomad)적인 삶과 사유를 말한다. 그러다 보니 공동체 안에서 비교적 높은 친밀도를 유지하기 어려우며, 이합집산이 빠르고 다양할 수 있다. 이 개념에서는 고정된 중심에서 탈피하여 이동하는 것이 강조되고 있는데, 이때 '이동'이란 물리적 이동만을 의미하는 것이 아니라 기존 영역을 횡단하여 새로운 가치를 창조하는 정신적 이동을 함께 의미한다.

(6) 청소년문화는 대안문화로 볼 수 있다.

청소년문화를 대안문화로 보려는 입장에서는 학교문화에 대한 반문화로 인식되어 왔던 청소년 문화에서 오히려 교육적 시사점을 발견할 수 있다고 본다. 이는 청소년문화를 재해석한 시도로써 청소년문화가 청소년의 발달적 특성에 기인하는 것으로 보고 있다. 즉, 청소년은 주변인의 위치에서 자신의 존재와 위치에 대해 의문을 갖고 이에 자신의 존재를 시위하고 싶은 충동에 의해 청소년문화를 형성한다고 본다. 이는 청소년이 보여 주는 자연스러운 표현 양식으로, 이제 청소년문화는 사회의 문화를 창조하고 그 문화를 통한 산업을 창출하며 특정사회를 대표하는 대안문화로 자리잡고 있다.

[사진 3-2] 제19회 대한민국 청소년영화제 무대 공연사진

3) 청소년문화를 바라보는 관점

요즘 청소년문화를 바라보는 시각과 관심이 증대하고 있지만 아직 논란의 여지가 많이 남아 있다. 청소년 문화의 존재를 인정하지 않는 기성세대는 청소년은 미성년자이기 때문에 여전히 성인 세대에 종속적이거나 과도기적인 존재로 바라보면서 보호와 육성의 대상으로 파악하고 있기 때문에, 청소년문화란 존재하지 않으며, 이러한 시각에서 그 성격이 규정되는 측면이 있다. 동시에 청소년문화의 독자성을 인정하고

성인이 접근할 수 없는 그들만의 문화적 공간과 영역을 새로운 변화의 돌파구로 바라보는 관점도 있다. 청소년문화에서 제기되고 있는 관점에는 어떠한 것이 있는지 정리해 보고자 한다(박성희, 1992; 조성남 · 박선웅, 2001; 김성애, 2014).

(1) 미숙한 문화(immature culture)로 보는 관점이다.

성인들이 보는 입장에서 청소년이 만들어 내는 삶의 양식은 성숙하여 독립된 문화이기보다는 아직 모자라고, 정신적으로 미성숙한 것이며, 사회적으로 그들에게 기회가 주어지지 않았으므로 준비하는 단계의 문화로 본다. 청소년문화에 대한 전통적인 관점이라고 할 수 있다.

(2) 비행문화(flight-culture)로 보는 관점이다.

청소년문화는 사회의 주류문화의 규범이나 기준에서 벗어날 경우가 흔히 있으며, 또한 주류문화와의 거리가 너무 커져서 갈등이상의 대립관계를 빚으므로 서로 병존하기 어려운 양상을 보이는 비행문화로 발전할 수 있는 가능성도 충분히 있다. 청소년은 보편적으로 규범을 벗어난 행동을 하면서(술, 담배, 오락, 게임, 음란물, 비디오방, 디지털성범죄 등) 쾌감을 느끼고, 공부나 주어진 과제를 열심히 하기보다는 놀기를 더 좋아한다고 믿는 관점이다. 그러므로 항상 기성세대의 감독이 필요하다고 보는 입장이다.

(3) 하위문화(sub-culture)로 보는 관점이다.

하위문화는 한 사회의 포괄적인 문화 내에서 특정한 사회집단의 문화행태를 말한다. 청소년 집단은 한 사회 내에서 연령계층적인 특성을 갖는 하위집단으로서, 한 사회의 문화체계를 형성하는 하위 문화적 성격을 가지게 된다. 전체 사회의 주류문화 속에서의 하나의 하위문화로 다른 하위문화와 밀접한 상호작용적인 관계를 맺음으로써 서로 영향을 주고받기 때문에 청소년은 청소년문화뿐만 아니라 다른 여러 하위문화의 구성원 중의 하나라고 본다. 또한 하나의 하위문화로서 주류문화뿐만 아니라 다른 하위문화와도 밀접한 관계를 가지고 서로 끊임없이 영향을 주고받을 수 있다. 대표적으로 60년대 뉴욕에서 시작된 비 - 보이(B-boy)문화가 있다. 이들은 지배문화를 때로는 수용하고, 변용하고, 저항하는 실천들의 문화적 산물이다.

(4) 저항문화 혹은 반(反)문화(rebellious-culture)로 보는 관점이다.

오늘의 청소년 세대와 그들이 만들어 내는 청소년문화는 부모세대와는 다른 삶의 방식을 추구하면서, 자유로움과 해방의식으로 무장하고 있으며, 자신들의 새로운 문화를 대안으로 내세우며 개혁과 변화를 요구하고 있다. 기성세대의 지배문화(주류문화)에 반대하고 적극적으로 도전하려는 반문화 혹은 대항문화적인 특성을 지니고 있다. 지배문화의 입장에서 본다면 대항문화는 일탈적이고 비정상적, 병리적 현상으로 간주되지만, 이러한 대항문화적 실천행위는 자신들의 행동이 옳다는 것을 가정함으로써 지배문화에 대한 우월성, 정당성을 전제로 한다. 1960년대 성인들이 도저히 이해하거나 받아들일 수 없는 옷차림과 행동으로 세계를 휩쓴 젊은이들의 돌풍 '히피(hippy)문화', '록(rock)문화' 등이 대표적이다.

(5) 새로운 신세대 문화로 보는 관점이다.

다른 집단들이 저마다의 독특한 문화를 만들어 유지하는 것처럼 세대가 바뀜에 따라 신세대인 청소년들 역시 새로운 집단들이 새로운 문화를 창조하며 살아간다는 관점이다. 결국 청소년이 각 영역에서 이루어 내는 새로운 삶, 그 자체가 하나하나 모여 새로운 청소년문화를 일구어 내고 있다는 것이다. 그러므로 기성세대와는 다른 행동양식, 정서, 경험, 가치관 및 신념이나 사회현상을 인지하는 방식이 특정한 유형으로 나타나는 사회적 · 역사적 의식생산의 문화지대이다. 신세대의 특징은 지루한 건 못 참고 동시에 여러 감각을 사용하고 일을 할 수 있는 능력을 가지고 있다. 특히 90년대 등장한 '서태지'의 댄스음악은 신세대문화를 표출하며 기성세대에 대한 저항과 다른 사람과 차별화된 독특한 개성으로 군림하였다. 최근 상승세를 타고 있는 한류 열풍의 저변에는 소비에서뿐만 아니라 문화 창출 과정에서도 막강한 영향력을 발휘하는 십대가 있다는 점이 지적되면서 신세대에 새로운 관심이 집중되고 있다.

4) 청소년문화의 구성요소

청소년문화는 수많은 구성요소들로 구성되어 있다. 청소년들은 이 문화의 구성요소에 의하여 사고하고 행동하게 된다. 청소년문화 구성요소에서 가장 중요하게 꼽히는 것으로는 가치, 규범(관습), 언어, 상징, 이데올로기 등을 들 수 있다(이진숙, 2015; 남상우, 2018).

(1) 가치를 지닌다.

가치(values)란 옳고 그름, 선과 악, 바람직한가 또는 바람직하지 못한가의 문제에 대해 한 사회의 구성원이 공유하는 평가기준이나 신념체계, 그리고 행동을 지배하는 중요한 감정의 체계를 말한다. 이 가치에 따라 행동이 이루어지고 그렇게 공유된 행동이 문화를 형성한다. 미국 애플사는 '혁신'을 기업의 가치로 삼았고, 세계적인 패스트푸드 회사 맥도날드는 고객에게 최대한 빠른 시간에 좋은 음식을 제공하는 기업가치를 세웠다. 미국인들은 자유로운 개인에 가치를 부여하는 반면, 한국인들은 '우리'라는 '집단'을 중요시한다. 운동선수에게는 '승리'가 중요한 가치이다.

(2) 규범이 존재한다.

사회에 존재하는 여러 장에는 또한 이러한 가치를 바탕으로 형성된 규범이 존재한다. 규범(noms)이란 사람들이 다른 사람과의 관계에서 따라야 할 행동의 판단 기준이다. 법과 제도와는 다르다. 이 규범에 따라 사람들은 특정한 상황에서 해야 할 또는 해서는 안 될 규범을 습득할 수 있다.

(3) 언어를 사용한다.[3)]

언어(languages)는 단순한 의사소통 이상의 기능을 수행하는 문화의 기초단위이다. 언어는 표기되는 방식뿐만 아니라 공동체 구성원 간에 자신이 속한 사회를 정의하는 기표들이다. 즉, 청소년기의 특징 중 하나로써 날로 늘어 가는 문자, 또는 인터넷 신조어, 은어, 비속어, 유행어 등을 통해서 새롭고 과장된 표현을 사용하려는 욕구와 또래집단 내에서 동질성을 형성하는 욕구를 표출하려는 의도로 보인다. 이런 점에서 사용 언어의 변화는 문화의 변화를 의미한다. 하지만 이런 언어들은 주로 청소년기에만 습관처럼 사용되고 사라질 가능성이 크기 때문에 청소년기의 특징 가운데 하나로 바라보아야 한다는 관점이다.

(4) 상징으로 표현된다.

상징(symbols)이란 추상적인 개념이나 가치를 구체적인 사물로 나타낸 물질이다. 무엇을 나타내는 대상물이나 몸짓, 소리, 색깔 또는 디자인을 말하는 것으로, 무의식적 배경에 대한 어떤 단서를 제공해 주는 의식의 내용이다. '비둘기'는 '평화'를 상징하고, '클래식 음악'은 '교양'을, '붉은색'은 '열정' 등을 상징한다. 청소년이 즐겨 입는 패션, 은어나 속어, 춤 등이 문화의 상징적 표시에 속한다.

(5) 이데올로기 기능을 지닌다.

이데올로기(ideology)란 사회가 돌아가는 방식을 이해, 정의, 파악, 설명하고자 다양한 계급과 사회 집단이 사용하는 정신적인 틀인 언어, 개념, 범주, 사유의 상, 재현 체계이다. 많은 문화연구자들이 문화를 바라보는 기본 관점이 바로 '이데올로기로서의 문화'다. 문화가 산업이 되면서 이런 이데올로기적 기능은 더 강해졌다. '문화 산업(culture industry)'이다. 문화 산업은 대중이 적극적으로 소비함으로써 유지되는 영역이다.

---

3) 이 부분은 '10장. 청소년 언어문화'에서 자세하게 다룬다.

5) 청소년문화의 속성

청소년문화의 유형별 속성을 알아보고자 한다(박성희, 1992; 정재민, 2007).

(1) 공유성

청소년문화는 청소년에 의해 창조되고 선택되며 향유되기 때문에 모든 청소년들은 다 같이 청소년문화를 공유하고 있다. 청소년의 공통적인 본능의 요구에 응할 수 있는 어떤 공통적인 가치관과 청소년의 생활 속에 있어서 보편적인 필요 및 상황을 다루는 공통적인 행동양식, 사고방식 및 생활양식을 공유할 수 있다.

(2) 가변성(변동성)

청소년문화는 모든 청소년들에게 공통적으로 나타나는 보편성을 가지고 있지만 이와 동시에 청소년의 배경에 따라 상당히 이질적이고 다양하게 나타나는 변동성을 가지고 있다. 이는 청소년문화가 정체되어 있는 것이 아니라 항상 변하고 있다는 것을 의미한다. 청소년들의 본성 자체는 같으나 시간과 장소에 따라 상대적이므로 역시 일반 문화에 비해 더 지속적으로 변화하는 차별화된 속성을 보인다. 최근에는 노트북, 모바일 기기뿐만 아니라 스마트폰, 인터넷을 활용하여 기성세대들이 따라가기 힘든 새로운 문화들을 만들어 내고 있다는 점을 쉽게 알 수 있다.

(3) 총체성

청소년문화는 청소년 세대들만의 문화로서 하나의 독립적인 것이 아니라, 전체 사회의 문화체제 내에서의 하나의 하위체제로서 그 사회의 문화와 밀접하게 관련되어 있고 또 그 사회의 문화를 반영하게 되므로 총체성을 가지게 된다. 따라서 청소년문화를 이해하기 위해서는 사회의 다양한 측면이 유기적으로 연관되어 있음을 주목해야 한다.

(4) 축적성

청소년들은 청소년집단에 대한 연대의식 및 소속감을 부여할 수 있는 청소년문화만의 독특한 특질과 가치를 가지고 있다. 그들이 참여하는 동아리, 동호회, 인터넷 공간 등은 나름대로의 집단문화를 공유하고 있으며, 그 소속 집단의 규칙이나 관행 등의 형태로 축적될 것이기 때문에 이와 같은 문화의 축적성이 고려되어야 한다.

(6) 확산성

청소년문화는 정태적이지 않고 움직이고 있으므로 특정인에게 영향을 주는 확산의 속도와 가치는 빠르게 진행될 수 있다. 인터넷 혹은 네트워크의 발달로 청소년은 문화생산에 필요한 도구를 갖추고 있고 그 문화를 전파 확산시킬 충분한 영향력을 행사하고 있다. 특히 UCC(user created contents)를 통해 청소년문화는 더욱 빠르게 확산되고 있는 추세이다.

3. 청소년문화에 대한 이해

1) 청소년문화의 연구

(1) 청소년문화 연구의 등장

청소년문화 연구는 역사적 발달과 밀접한 관련이 있다. 역사적 발달에 따른 청소년문화 연구의 등장을 알아보고자 한다(정유성 외, 2002; 김옥순, 2013; C. Barker, 2009).

첫째, 제2차 세계대전 이후 1950년대 중반 영국을 중심으로 서구세계는 젊은이와 관련된 독특한 음악 형태, 패션양식, 레저 활동, 춤, 언어의 출현과 확산으로 특징지어져 왔다. 이러한 젊은이의 삶의 특징은 기성세대로부터 인정을 받기보다는 사회문제의 하나로 인식되어, 이에 대한 해결책의 일환으로 청소년문화 연구가 시작되었다. 이 시기 연구의 주된 테마는 학교를 벗어난 청소년들이 직업세계로 이행하는 과정의 문제와 노동력에 관한 것이었다.

둘째, 1960년대에 문화연구의 다른 시각이 등장하면서 본격화되기 시작하였고, 청소년을 바라보는 관점이 청소년문화의 일탈적이고 하위문화적 취향과 스타일에 대해 다른 시각으로 바라보기 시작하여, 청소년 삶을 총체적으로 그려 내는 작업으로 진행되었다. 특히 미국은 청소년들의 폭력, 이주 청소년들의 갱 집단에 대한 연구가 주를 이루었다고 본다.

셋째, 1980년대 들어 성(gender)과 인종에 따른 청소년문화 연구로 진화하여, 청소년들의 의상, 음악, 필름 등 청소년들의 기호를 해석하고 분석하는 문화연구로 관심이 이동되었다.

(2) 한국 청소년문화 연구의 영역

외국의 청소년문화 연구의 등장과 함께 한국의 청소년문화 연구는 어떻게 진행되어 왔는지 그 영역을 파악하고자 한다(김옥순, 2013; 조혜영, 2016).

첫째, 1990년대 이전의 문화연구들은 문화를 인간사회의 전반적인 삶이라고 하는 광범위한 틀 속에서 바라보기보다는 예술분야로 국한하여 연구한 것이 대부분이었다.

둘째, 1990년대 이후 한국사회에서 청소년학이 응용학문으로 자리 잡고 명맥을 이어온 지 20여년이 지났지만, 청소년문화에 대한 심층 기술과 이론 수립에 대한 연구보다는 청소년집단을 대상화하여 이들의 생활실태를 파악하고 그들의 문제가 무엇인지를 이해하고 이끌어 내기 위해, 청소년의 단체 활동, 여가 활동, 비행과 일탈 행위에 대한 전반적인 성장 지원, 문제 개선을 위한 정책 연구가 주를 이루어 왔다.

셋째, 2000년대에 들어서면서 사회적 구조와 이에 따른 청소년문화의 변화, 청소년의 인터넷 중독증 등, 청소년문화를 사회문화적으로 접근하고자 노력함으로써 기술발전과 문화의 변화라는 사고의 틀 속에서 청소년문화를 연구하였다.

넷째, 한국 청소년문화 연구의 부진은 청소년에 대한 개념과 문화 개념 정의의 다양성과 모호함으로 더욱 가중되고 있으므로, 청소년문화 연구의 범위를 어디까지 설정할지에 대해서는 명쾌한 가이드라인을 얻기 힘들다.

(3) 한국 청소년문화 연구의 방향

한국 청소년문화 연구에 대한 영역을 파악하였으니, 청소년문화 연구가 앞으로 나아가야 할 방향성에 대해 살펴보고자 한다(정유성 외, 2002; 최윤진, 2002; 김인설, 2016).

첫째, 청소년문화 연구의 문제의식 자체가 일반적인 여론으로 형성될 수 있도록 문화연구가 기초를 제공해 주고 방향을 잡아 가야 할 필요가 있다.

둘째, 청소년문화를 연구할 때에는 청소년문화 그 자체에만 한정하지 말고 청소년문화를 조성하고 유지하는 그 사회 전체의 문화구조를 먼저 파악하고 이에 비추어 청소년문화를 파악하고 분석해야 한다.

셋째, 청소년들은 문화가 생활이자 곧 변화 그 자체로 청소년들의 삶을 형성해 가도록 하면서 세대 간의 구분을 없애도록 해야 한다.

넷째, 청소년문화의 장래와 학교교육을 연계할 필요성이 있다.

다섯째, 문화에 대한 개념으로 교육, 복지, 인권으로까지 영역을 넓힐 필요가 있다.

여섯째, 독특한 학문적 영역으로 자신의 정체성을 찾아가려는 노력보다는 인간을 위한 도구로 사용되는 지식을 추구하는 진정한 인간학의 학문으로, 모든 주변학문과 통합하는 분야로 자신의 정체성을 확립하는 것이 필요하다.

일곱째, 청소년문화에 대한 연구는 거시적 차원에서 이루어지는 하위문화 연구가 아닌 보다 구체적이고 개별적인 라이프스타일 연구가 이루어져야 할 것이다.

여덟째, 청소년문화 연구는 기존의 연구방식이 아닌 '실행연구(action research)'로서 청소년들이 연구의 대상이 아닌, 성인 연구자와 동등한 위치인 공동연구자로서 자신들과 관련한 중요한 문제를 함께 조사하고, 분석하고, 협력하여 문제 해결 방안을 찾는 방식으로 진행하기를 원한다. 그럼으로써 청소년들의 참여활동을 적극적으로 고

무시키는 교육방법 중 하나로 볼 수 있다.

2) 청소년문화를 이해하기 위한 자세

청소년문화는 청소년을 이해하는 매우 중요한 접근이다. 청소년문화에 대한 바르지 못한 이해로 인해 발생한 저항과 갈등은 이미 세대를 거듭하면서 겪어 왔으며, 그것이 매우 소모적인 싸움이라는 것도 우리 모두 알고 있다. 청소년을 위한 사회의 노력은 바로 청소년에 대한 근본적인 이해로부터 출발해야 한다(변윤언, 2006; 정재민, 2007; 조혜영, 2016).

(1) 청소년문화가 생성되는 다양한 문화의 특성을 알아야 한다.

청소년들이 원하는 문화는 청소년들이 즐겁고 편리하며 재미있는 휴식을 위한 공간 활용, 대중과 함께 호흡하는 대중성, 누군가가 간섭하고 보여 주기식의 형태가 아닌 자율성, 형식적인 틀을 벗어난 자유로운 비정형화된 문화 등의 특성을 가진다. 이러한 청소년문화에 대한 특성을 이해하는 노력이 필요하다.

(2) 청소년의 입장에서 청소년문화를 파악해야 한다.

기성세대는 청소년기에 청소년 스스로가 원하는 정체성의 변화가 무엇인가를 이해하려는 노력이 필요하다. 청소년은 내적 변화에 대한 고민으로 자신이 살아갈 미래는 어떠한 모습으로 이끌어 갈 수 있는지 등에 대해 주체적 자아를 인지하기란 쉽지 않다.

(3) 지속적으로 변화하는 과정임을 인식해야 한다.

청소년의 미래는 자신의 진로와 직접적으로 연결되어 있음에도 확실하게 정해진 것이 없다. 학생으로서의 역할을 충분히 해야 하지만 미래가 보장된 것도 아니다. 선택의 시기에서 결정을 강요받는 이들이기에 청소년문화의 특성도 지속적이지 못하고 변화하고 있는 것이다. 그들의 범주 내에서 단일하거나 동질적인 것이 아니며, 또 일정한 경계를 가지고 지속적으로 유지되기보다는 다양한 특성들과 스타일을 가지고 끊임없이 해체되거나 다시 통합되고 있다. 즉, 청소년문화 내의 다양성, 변화가능성, 청소년문화 간의 경계 약화 등을 들 수 있다.

(4) 청소년문화 형성과정에서 청소년은 행위자, 의지를 가진 주체임을 고려한다.

청소년 자신이 스스로 의사를 결정하여 선택하도록 하는 기회는 많지 않다. 쉽사리 자신만의 독립적 생각을 표현하는 행태를 적극적으로 만들지도 못한다. 그만큼 주변 상황의 영향을 강하게 받기 때문이다. 이제는 청소년문화를 만드는 청소년은 주변인(marginal)이 되어서는 안 될 것이다. 문화적 자아가 찾아가는 문화적 자아의 자기재구성이 자리하고 있는 것이다.

(5) 청소년기에 대한 다원적이고 융통성 있는 접근이 필요하다.

청소년들이 비슷한 생애주기 단계에 있다고 하더라도 이들이 같은 사회경험을 가진 것으로 보아서는 안 된다. 부모의 사회경제적 배경, 성별, 지역차 등은 같은 청소년 집단 내의 분화를 이끌고 있다. 결국 청소년문화를 이해하고자 할 때 청소년들의 공유된 시대 경험과 의식을 파악하는 것과 함께 청소년이라는 범주 내에 존재하는 다양한 하위범주, 개별적인 주체의 행위 양상 등도 함께 고려하여야 할 것이다.

(6) 지배문화와의 관계 속에서 역동적으로 표출된다는 것을 알아야 한다.

청소년들은 사회구조에 저항하는 과정에서 기존에 유지되고 있던 전통적인 윤리의식과 규범에 반대하며, 지배문화에 저항하여 경제적, 정치적 착취와 그로 인한 문화적 불평등에 대한 거부 등을 나타낸다. 그러므로 기성세대들은 주류문화에 대항하여 청소년들이 표출해 내는 언어, 패션, 음악, 레저 활동, 일탈적 행위 등에 의미를 부여할 수 있어야 한다.

(7) 우리 사회를 대표하는 주류문화로 도약할 수 있음을 인정해야 한다.

청소년문화를 하위문화의 영역으로만 국한할 수 있는 시대는 이미 지나 버렸다. 언제든지 청소년문화가 그 시대를 대표하는 주류문화로 도약할 수 있고, 기존의 주류문화로 올라서기 위해 청소년문화가 움직이고 있음을 인정해야 한다.

3) 최근 나타나고 있는 청소년의 문화양식

전 세계가 점점 세계화, 국제화 되어감에 따라 문화 간 접촉의 양이 급격히 증가하고 있다. 청소년들은 일상 거주지에서도 국경을 넘는 네트워크와 관련되어지고 있으며, 글로벌화의 양상을 띠고 있다. 한 국가 내에서도 다양한 집단의 청소년들은 글로벌 대중문화 수용과정에서 다양한 모습으로 하위문화를 드러내고 있으며, 다양한 분야에서의 변화를 청소년이 주도하였다. 청소년이 우리 사회의 문화지형을 변모시키는 문화세력으로 부상한다는 것을 의미한다(김미윤, 2003; 윤경원, 2004; 조혜영, 2016).

(1) 글로벌화

지구화 과정 및 국경을 넘는 교류와 관련해서 청소년문화는 최전방에 있다고 할 수 있으며, 청소년은 글로벌화를 통해 새로운 문화를 형성해 가고 있다. 특히 국가 간 이주민 증가로 글로벌화의 흐름은 청소년의 일상에 접목되고 있다. 청소년들은 새로운 문화요소들을 받아들여 기존의 것과 혼합하여 새로운 것을 만들어 내는 데 능숙하며, 청소년의 아이디어와 관련 상품들은 쉽게 국경을 넘나든다. 현재 우리는 KPOP 스타 방탄소년단(BTS)의 BT21캐릭터 상품 사례를 주변에서 쉽게 접할 수 있다.

(2) 혼종화

세계와 지역의 다양한 문화적 결합 과정이며, '문화를 넘나드는(transcultural) 정체성'으로도 불린다. 직접적인 이주를 통해 이주 청소년들이 기존의 문화와 새로 이주해 간 사회의 문화와 혼합되면서 지속적으로 만들어지는 청소년문화를 가로지르며 혼종된 문화를 형성해 간다.

(3) 정보화

정보화의 가속화로 청소년들의 삶은 지구화의 흐름을 반영하게 된다. 사이버공간 경험은 청소년들의 삶에서 시공간의 제약을 극복하는 소통 공간의 역할을 하고 있다. 인터넷의 확산과 더불어 본격화된 사이버 공간에 대한 일상 의존도 증가 과정에서 청소년들은 행위 양상의 다양성과 체험의 독특한 특징을 보인다. 사이버 공간은 기존의 시간적 공간적 한계를 넘어서 자아를 변형시킬 수 있다는 가능성을 제시하고 있으며, 청소년들은 규범적 테두리에서 벗어나 훨씬 다양하고 풍성한 가치관이나 태도를 습득하게 되었다.

(4) 탈연령화

아동기와 성인기 사이에 놓인 청소년기는 아동기의 단축과 성인기 진입의 지연으로 확장되는 경향이다. 과거에는 10대 후반에 성인기 진입이 본격화되었다면 이제는 20대 중・후반까지 연장되고 있는 실정이다. 또한 청소년문화와 특정 연령대의 결합이 해체되고 있는 현상이 일어나면서, 청소년문화에서 보였던 스타일이나 표현양식들은 점차 여러 세대에 걸쳐 나타나고 있다. 예를 들면, 청소년들의 전유물로 여겨졌던 컴퓨터 게임이나 대중음악, 여가 패턴이나 라이프 스타일 등이 특정 연령범주에 국한되어 나타나는 행위나 표현 양상이라기보다는 여러 세대들이 향유하고 있는 실정이며, 세대를 구분하는 경계는 점차 모호해지고 있다.

Plus Point

포스트모더니즘(Postmodernism)

- 용어: 라틴어의 전철 'post'와 근대를 의미하는 'modern'의 결합어
- 1960년대에 들어서면서 포스트모더니즘은 '모더니즘(modernism)', 곧 근대성에 대한 논쟁과 밀접하게 연관
- '해체주의', '후기구조주의(신구조주의)', '포스트구조주의' 등 사용
- 포스트모더니즘의 등장은 사람들의 인식에 근본적인 변화를 초래
- 변화는 예술과 문학을 비롯한 모든 영역으로 확산
- 진리의 절대성보다는 상대성에, 역사의 중심세력보다는 주변집단에 관심을 기울였던 철학 사조
- 문화의 다양성과 상대성이 강조
- 청소년문화에 대한 접근도 새롭게 시도되어야 한다는 의견이 대두
- 사상적 토대에 기여한 철학자는 푸코(Foucault)
- 현대 한국사회의 권위적인 사회구조에 저항하는 새로운 삶을 가능하게 하는 문화 논리
- 개인의 자율적이고 개성 있는 삶, 다양하고도 실험적인 삶을 가능
- 문화적 다양성과 문화상대주의, 지배문화에 대한 거부 또는 진리와 지식의 가변성, 주체의 '탈중심화', '탈절대화', '경계 해체화' 등 문화적 위계질서의 거부 등과 관련된 문화이론 (신승환, 2003; 정재민, 2007; 김영란 · 김민, 2008).

youth culture theory

연습문제

01 다음의 설명과 관련된 문화이론은?

> • 문화의 다양성과 상대성이 강조되었으며, 문화적 위계질서의 거부 등과 관련된 문화이론이다.
> • 이 철학 사조의 변화는 예술과 문학을 비롯한 모든 영역으로 확산되었으며, 개인의 자율적이고 개성 있는 삶, 다양하고도 실험적인 삶을 가능하게 하였다.
> • 이 접근의 사상적 토대에 기여한 철학자는 푸코(M. Foucault)이다.

① 다다이즘(Dadaism)
② 모더니즘(Modernism)
③ 팬덤(fandom)
④ 포스트모더니즘(Postmodernism)
⑤ 루키즘(lookism)

02 다음 문화와 관련된 이론으로 맞는 것은?

> • 유목민적인 삶과 사유를 말한다.
> • 특정한 삶의 가치나 방식에 얽매이지 않고 끊임없이 새로운 자아를 찾아가려는 사고방식이다.

① 테일러이즘(taylorism)
② 리얼리즘(realism)
③ 아놀디즘(arnoldism)
④ 맥락주의(contextualism)
⑤ 노마디즘(nomadism)

03 다음 개념이 설명하는 것은?

- 앨빈 토플러가 『제3의 물결(1980)』에서 처음 사용하였다.
- 생산 소비자 또는 참여형 소비자라고도 한다.
- 청소년만의 문화적 코드와 상징을 동시에 생산해 낸다.
- 1차적 텍스트를 가공하여 2차적 텍스트로 생산한다.
- 팬문화와 문화소비자로서의 청소년을 표현할 수 있는 용어이다.

① 블루슈머(bluesumer)
② 스타덤(stardom)
③ 프로슈머(prosumer)
④ 사이버 커뮤니티(cyber community)
⑤ 체리피커(cherry picker)

정답 | 1. ④ 2. ⑤ 3. ③

04

청소년 학교문화

1. 청소년 학교문화의 이해
2. 청소년의 학교문화 부적응 및 문제점

youth culture theory | chapter 04

청소년 학교문화

1. 청소년 학교문화의 이해

청소년은 학교라는 환경과 함께 밀접한 관련성을 맺고 있다. 준거문화와 같은 학교문화에 영향을 받으며, 학교문화의 일면을 공유하면서도 그들이 속해져 있는 청소년 집단의 독특한 문화적인 특질을 통해서 청소년 학교문화를 이해하고자 한다.

1) 청소년 학교문화

(1) 지식 중심의 학교문화

청소년 문제의 근본을 청소년 학교문화로 귀인(歸因)시키는 것은 청소년 문제를 이해하는 데 있어서 중요한 근간이 된다. 그러나 청소년 집단의 독특한 학교의 문화적 특질은 단지 준거문화, 이를테면 학교문화에 반항 혹은 거부하는 측면으로 이해하는 것은 청소년 문제의 심각성을 해소하기에 지나친 단순화가 아닐 수 없다.

이와는 반대로 학교문화와의 관련성을 살펴보면, 지금까지 학교에서 형성되어 온 학교 문화적 풍토가 청소년의 전인적 성장을 이끌지 못하고 오히려 청소년 지식 중심의 학교 문제의 방출 요인이 되고 있는 것이다. 즉, 학교문화 교육은 입시위주 문화를 발달시킴으로서 청소년으로 하여금 많은 스트레스를 야기시킴은 물론 잘못된 방식으로 자신을 소외시키거나 가치와 판단의 혼란을 일으키게 한다는 것이다. 이것은 청소년의 문화에서 비롯되기보다는 지식 중심의 학교문화의 역기능적인 산물이라는 것을 시사하고 있다.

한편, 청소년의 지식 중심의 학교문화를 대안 문화로 보려는 입장에서는 학교문화에 대한 반문화로 인식되어 왔던 청소년문화에서 오히려 교육적 시사점을 발견할 수 있다. 이것은 청소년문화를 재해석한 부분으로써 청소년들의 지식 중심의 학교문화가 청소년의 발달적 특성에 기인하고 있는 것으로 보고 있다. 즉, 청소년은 주변인의 위치에서 자신의 존재와 위치에 대해 의문을 갖게 되는 것이다. 이것은 자신의 존재를 시위하고 싶은 충동에 의해서 지식 중심의 청소년 학교문화를 형성한다고 보는 것이다.

그러므로 청소년 지식 중심의 학교문화는 청소년이 처한 전환기 혹은 과도기적 상황에서 발생되는 불안과 혼란 및 동요를 또래집단에서 귀속의식(歸屬意識)을 통해서 안정감을 회복하려는 보상적인 노력인 것이다.

이러한 관점에서는 청소년문화를 지식 중심의 학교문화에 반하는 문화로 볼 수 없으며, 오히려 청소년 지식 중심의 학교문화의 육성을 통하여 청소년의 전인적 성장과 발달을 도울 수 있다고 강조한다.

이상과 같은 결과들은 학생으로서 청소년은 준거문화이기보다는 입시 문화로 특징지을 수 있는 지식 중심의 학교문화와 이에 반하는 문화이기보다는 대안적인 문화로 특징지을 수 있는 청소년문화를 갈등적으로 공유하고 있다는 것을 알 수 있다. 이것은 지식 중심의 학교교육문화는 청소년들의 부정할 수 없는 삶의 방식으로 존재하고 있으며, 동시에 그것에서 끊임없이 벗어나고자 하는 노력의 일환으로서 청소년 학교문화가 그들의 중요한 삶의 방식이 되고 있는 것이라 할 수 있다.

그러므로 청소년을 둘러싸고 있는 여러 문화들은 각기 순기능 및 역기능을 가지면서 청소년의 삶 속에서 때로는 갈등하고 때로는 보완하려 하는 이른바 지식 중심의 학교문화와 청소년문화의 갈등적 공존에서 청소년은 모순적인 정체성을 확립하게 되면서 청소년들의 지식 중심의 학교 교육의 위기가 시작된 것이다(정준교, 2001; 임상록, 2002; 도종수, 2003; 박성미, 2007).

(2) 학교문화의 위기

학교문화의 위기를 바르게 이해하기 위해서는 사회적으로 문제를 삼는 사건들에 주목하는 것을 넘어서 그 사건들에 대한 논란 자체의 타당성을 재고하여야 한다. 다중의 기대에 부응하지 못하여 불만을 낳는다는 사실이 곧 학교문화가 위기에 처하였음을 입증하는 것은 아니다. 결국 학교문화의 위기 현실을 올바로 파악하기 위해서는 우선적으로 학교문화가 이행하여야 할 사명을 확인하여야 할 것이다. 이러한 사명이 학교문화의 위기로 형성되는 과정에서 완수되는지 검토하는 일이 바로 학교문화의 문제를 바르게 파악하게 되는 길인 것이다.

그리고 청소년의 학교문화의 위기를, 첫째, 청소년들의 성(性) 조숙성, 둘째, 청소년들의 탐닉과 중독, 셋째, 청소년들의 금지된 것들에 대한 도전, 즉 음란과 성에 대한 도전, 넷째, 청소년들의 생명훼손으로 분류하였다.

이러한 학교문화의 위기를, 문화의 미래인 청소년들을 위해서 보다 적극적인 차원에서 국가는 교육적 정책과 행정 그리고 지역적인 차원에서는 부모와 학교, 지역사회가 책임져야 할 부분인 것이다(강태중, 2016; 한미라, 2013).

(3) 학교문화의 과제

청소년들의 학교문화의 과제는 학생들과 선생님들이 학교문화에서 행복감을 느끼지 못하고 있다는 것이다. 이러한 학교문화의 과제를 '2018 청소년 통계'를 통해서 보면 다음과 같다(장덕호, 2018).

첫째, 우리나라 청소년(9~24세)의 사망 원인 1위가 자살이다. 벌써 10년째 1위이다. 2016년 기준으로 교통사고로 사망한 청소년이 인구 10만 명당 3.8명인 반면 자살한 청소년은 7.8명이나 된다.

둘째, 학교성적 스트레스에 따른 우울증과 싸우는 청소년이 4명 중 1명이고, 하루 평균 1.5명의 청소년이 학교성적 때문에 스스로 세상을 등지고 있다.

셋째, 2017년 한국 학생의 주관적 행복지수는 경제협력개발기구(OECD) 국가 가운데 최하위 수준이다. 그렇다면 교사들은 어떠한가? 우리나라 선생님들도 학교에서는 행복하지 않다. OECD TALIS[1] 조사에서 '내가 만약 다시 결정할 수 있다면 나는 여전히 교직을 선택할 것이다.'에 동의하는 교사의 비율은 60%를 상회하였는데, 이는 조사 국가들 중에서 끝에서 세 번째이다.

넷째, 결정적으로 "나는 교사가 된 것을 후회한다."는 질문에 대한 동의 정도는 1위였고(다섯 명 중의 한 명의 교사가 후회한다고 밝혔다), 학교생활을 즐기는 교사의 비율은 꼴찌였으며, 자신이 재직하는 학교를 근무하기 좋은 곳으로 추천하는 교사의 비율은 꼴찌에서 바로 앞이었다(우리와 저출산 면에서 어깨를 나란히 하는 일본이 꼴찌이다).

1) OECD(2014). TALISs 2013 Results: An International Perspective on Teaching and Learning.

이런 상황에서 '2018 청소년 통계'에서는 학교문화의 과제를 세 가지 측면에서 나누어서 살펴보면, 다음과 같다.

① 학교문화의 역할과 참여 주체의 확대이다

오늘날 학교가 경쟁의 공간이 되고 학교로 인해 경제적, 심리적 부담과 사회적 비용이 증가하고 있다면 이를 하루속히 바로 잡아야 한다. 최근 학교문화를 바라보는 학부모, 학생의 관점도 변화하고 있다. 경쟁의 교육과정에서 도구화된 교육의 모순과 폐해를 직접 겪은 학부모들이기에 자녀가 좋은 대학가서 출세하기보다는 학교라는 공간 속에서 자녀들이 행복하기를 바라는 사람들도 많아지고 있다. 이런 상황이라면 학교문화의 범위가 훨씬 넓어져야 할 이유이기도 하다. 또한 상당수 학부모와 공동체 구성원들은 이 모든 문제가 학교 교육만의 문제가 아니라는 점도 잘 알고 있다. 근본적인 변화는 청소년 학교문화의 역할과 참여 주체의 재설정을 통해서 추진되어야 한다고 하였다.

② 맞춤형 학교문화를 중심으로 구현하다

학교문화의 열매가 결국 학교에서 건전하게 이루어져야 한다면 그 시작은 교사들을 신명나게 해 주는 데에서 비롯되어야 한다.

이것은 보다 근본적으로 현행 행정수권형 교육과정의 수권 체계를 교사 중심, 교실 중심으로 전환하여야 한다. 4차 산업혁명기의 청소년들을 미래의 문화인으로서 개발하기 위해서는 그들의 창의성 유발에 필요한 개별화되어진 맞춤형 학교문화가 중요하다. 이러한 방향은 교사들이 교실 속에서 책임교육 연구를 통해서 학교문화를 중심으로 구현되어져야 하는 부분일 것이다.

③ 사회적 지지효과에 주목하다

청소년들의 행복한 학교문화를 만들기 위한 학교교육사회복지사를 통한 학교문화복지의 실천이 되어야 한다.

학교문화복지의 문제는 "학교 교육 따로, 청소년들의 학교문화에 대한 사회복지는 따로"라는 인식과 관행이 자리 잡고 있기 때문이다. 경쟁적으로 학교문화의 사회복지 프로그램이 실행되면서 이러한 경향은 더욱 강해졌다. 제도화의 실패만 반복하는 가운데 교육사회복지는 여러 하위 관련 시책들로 인해 구분되고 나눠졌다. 마치 돌봐야 할 청소년은 단일의 인격체로 존재하는데 이 청소년을 돕겠다고 나서는 프로그램과 정책은 중앙 → 지역 → 학교 안에서 서로 나누어져 있는 환경이다. 이제 말의 성찬을 거두고 오직 청소년들의 학교문화를 교육사회복지사를 중심에 놓고 학교문화복지에 대한 해법을 담은 제도 개선에 노력해야 할 것이다.

2) 청소년 학교문화의 일반생활

청소년 학교문화의 일반생활에서는 성(性) 역할, 만족감, 불안과 우울, 적응과 일탈 행동 그리고 학업 성적으로 나누어서 살펴보면, 다음과 같다.

(1) 성(性) 역할

청소년 학교문화의 일반생활에서 성(性) 역할은 일반적으로 가족이나 학교 그리고 대중매체와 스마트폰 등의 영향을 받으면서 형성된다. 이들은 성별에 따른 고정관념을 가지고 있으며 한편으로는 정형화된 행동을 가르치고 있으며 특정한 행동을 하도록 유도하고 성별에 맞는 행동을 강요하기도 한다(김원홍 외, 2003; 성윤숙 외, 2014).

첫째, 가족은 그 사회의 가치와 규범들을 자녀에게 전달하고 사회화시키는 역할을 담당한다. 부모의 성 역할 기대치가 자연스럽게 아이들에게 학습되고 전이되는데, 아들은 보다 씩씩하고 용감하고 책임감 있게 양육되는 경향이 있는 반면, 딸은 착하고 온순하고 예쁘게 양육되는 경향이 있다. 이는 놀이방식이나 가사협조 방식, 친구 관계에서의 교육 등에도 남녀가 분리되어 적용된다. 가정에서는 이러한 고정화된 성 역할이 아무런 갈등 없이 자연스럽게 이루어지고 있는 것이다.

둘째, 학교에서는 가정에서 배운 이러한 성 역할 고정관념적인 내용이나 행동들이 교사와 교과서를 통해 반복되고 강화되고 있는 실정이다(김원홍 외, 2003).

셋째, 대중매체와 스마트폰 등의 등장으로 인해서 소위 멀티미디어의 파급력은 생활의 일부를 차지하고 있는 실정이다. 대중매체에서 생산한 아이돌스타의 야한 영상물이 스마트폰을 통해서 확대되고 재생산됨으로서 청소년의 건전한 성에 대한 의식과 역할은 건전한 사회인으로 나아감에 있어서 인격적 정립에 있어서 해(害)가 되고 있는 실정이다.

(2) 만족감

청소년 학교문화의 일반생활에서의 만족감 증가는 스트레스가 심리적 장애에 미치는 영향을 완충하게 되면서, 긍정적인 일반생활에서의 만족감을 가진 청소년은 낮은 일반생활 만족도를 가진 청소년에 비해 스트레스가 문제행동으로 외현화(外現化)되는 비율이 낮다. 즉, 일반생활 만족도가 외현화된 문제행동의 중재요인(완충제)으로 작용하게 되는 것이다. 이러한 일반생활 만족감에 대한 상향적 접근에 있어서 행복이라는 부분을 기뻐하거나 불쾌한 순간들을 경험함에 따라 도출되면서 일상적 경험의 중요성을 강조하였다. 초기 청소년기에 중요한 가족과 관련한 전형적 경험은 현재의 일반생활 만족감에 중요한 의미를 가지게 된다(구재선 · 김의철, 2006).

또한 청소년들의 만족감에 있어서 가족의 중요성은 아무리 강조해도 지나치지 않는다. 가정에서의 안정은 청소년들의 만족감에 있어서 중요한 역할을 하게 되는 것이다. 최근 이혼율의 급격한 증가 등으로 인한 가족구조 변인의 영향 또한 간과하기 어려운 실정이다.

그러므로 청소년들의 일반생활 만족감을 결정하는 매커니즘[2]의 하나로 '사회적 지지(social support)' 효과에 주목하고 있다. 이러한 사회적 지지를 제공하는 원천은 가족

2) 메커니즘(mechanism)은 어떤 사물이 어떻게 작동하는 원리, 기작(機作), 기전(機轉),기제(機制) 등으로 번역된다(Daum 어학백과사전, 2020. 02. 26 검색).

과 친구이다. 즉, 가족과 친구로부터의 지지는 서로 독립적이거나 배타적인 관계가 아니라 서로 상호보완적이라 할 수 있는 것이다(조아미 · 임영식, 2009; 조진만 외, 2011).

(3) 불안과 우울

청소년의 불안과 우울 등에 영향을 미치는 보호 요인으로는 청소년이 가족 다음으로 가장 많이 관계하는 교사와 또래가 속한 학교문화 환경을 살펴볼 필요가 있는데, 이는 청소년이 경험하는 긍정적인 교사 및 또래관계가 청소년 정신 건강뿐만 아니라 문제 행동에 대한 보호 요인으로서의 역할을 하기 때문이다.

특히, 교사지지는 청소년이 학교생활 시간을 고려해 볼 때 중요한 영향을 주고 있다. 학생들에 대한 교사의 기대와 행동은 청소년의 학교생활과 학교문화 활동에 많은 영향을 미치게 된다.

더구나 교사는 학생에게 지식 전달자이면서 정서적인 지지자로서 부모를 대행하기도 하게 된다. 이것은 긍정적이고 안정적인 지지를 통해서 청소년의 문제행동에 보호 요인으로 작용한다. 이러한 심리적 위축과 사회적 미성숙은 스트레스에도 영향을 미치게 되는 것이다(김동배 · 권중돈, 2005; 김효순, 2009).

이렇듯 청소년 학교문화의 일반생활에서 교사지지와 함께 친구지지 또한 청소년기에는 아주 중요한 부분을 차지하며 친구지지는 또래 친구들과 사회적 관계를 맺음으로써 얻을 수 있는 즐거움과 친밀감, 심리적 안정감 그리고 사회성 발달 등은 청소년들의 불안과 우울에 있어서 긍정적인 자원으로 보았다.

이러한 친구의 긍정적, 부정적 지지는 미래 청소년기와 성인기의 대인관계나 적응 문제와 관련이 있다고 주장하며 친구지지가 다양한 기능을 하고 있음을 보고하였다. 또한 청소년기는 친구와의 친밀한 우정과 정서적 관계가 중요한 역할을 하는 시기로 부모나 형제 등의 비자발적인 관계와는 달리 자발적인 상호의존적 관계가 형성되는 새로운 시초로서, 부모로부터 제공받는 사회적 지지와는 다른 성질의 지지를 제공받는 중요한 시기인 것이다(이미애 · 정희옥, 2004; 소영원, 2006).

(4) 적응과 일탈 행동

청소년의 적응과 일탈 행동은 가정환경과 학교환경 그리고 개인의 다양한 특성들로부터 서로 유사한 요인들이 중복되어 서로 상호 간에 영향을 주고받게 된다. 이것은 청소년들이 자신들의 미래를 위해 학업에 열중하면서 학교와 일상생활에 적응하며 살아갈 수도 있지만, 학업으로 인한 스트레스나 관계문제 등을 통해서 일탈 행동으로 나타나기도 한다. 다시 말해, 적응과 일탈은 매우 상반된 개념이지만 반복적으로 나타날 수도 있고, 환경적 요인이나 특정한 사건으로 인하여 복합적으로 나타날 수도 있으며, 더 심화된 형태의 적응과 일탈로 발전할 수도 있다.

하지만 최근까지 대부분의 자료에서는 청소년의 적응과 일탈 행동에 대한 이분법적인 방법으로 적응과 일탈을 구분하여 논의하여 왔다. 이러한 시각은 학생다움을 대표하는 모범생과 문제 학생을 대립적 관계로 보는 데서 비롯된 것이다. 이러한 문제로 인하여 청소년의 삶 안에 존재하고 있는 적응과 일탈의 역동적인 관계를 제대로 파악하지 못했던 것이 사실이다.

이러한 사실로 미루어 청소년이 학교문화에서 일상생활을 함에 있어서 개인의 욕구와 사회적 요구를 조절하는 과정에서 조화롭게 부합하지 못할 경우, 충돌과 갈등으로 인하여 일탈적 행위를 경험할 가능성이 상당히 높아지게 된다. 청소년의 적응과 일탈 행위를 기성세대의 도덕적 · 윤리적 가치만으로는 설명할 수 없다는 것이다. 적어도 그 일상생활 속에 숨겨진 상징과 의미를 포착할 필요가 있다. 청소년들의 학교문화의 일반생활 현실 속에서 일어나는 특정한 사건이나 현상을 발견하고 이해하기 위해서는 일상생활이라는 전체적인 맥락을 배제할 수 없기 때문에 청소년의 일상생활에서 경험하는 적응과 일탈에 관한 역동적인 관계는 매우 중요한 것이다.

특히 겉으로 쉽게 드러나지 않는 이들의 행동이나 태도의 심층구조를 사회 구조적 맥락에서 위치시켜 파악하는 것이 필요하다. 청소년들을 이해하고 그들이 처한 학교문화의 문제점을 개선해 나가기 위해서는 그들이 생활하는 일상생활에서 적응과 일탈 행동에서 어떤 경험들이 일어나며, 다양한 요인에 따라 어떻게 영향을 주고받는지 그들의 시각과 관점으로 바라보아야 할 것이다(지연정 · 김병주, 2018).

(5) 학업성적

청소년들의 학업성적 경쟁은 부모들이 자녀들에게 자기보다 우수한 사람과의 상향 비교를 강요할 뿐 아니라 청소년들 스스로도 상향 비교를 하게 되는 경향이 많다는 것이다. 이것은 청소년들이 학업성적에 대한 부모의 기대와 비교로 인하여 스트레스가 높을 것이며 수월성이 좌절되는 상황에서 더 많은 심리적 어려움 갖는다고 하였다.

또한 청소년 학교문화의 일반생활에서 제일 크게 차지하는 학업성적은 공교육을 통한 국가차원의 수월성의 신장 노력보다 자녀의 수월성[3] 신장을 위하여 부모의 노력이 더 큰 현실이 반영된다고 보는 것이 맞을 것이다. 즉, 우리나라 청소년들은 학교에서만이 아니라 가정에서 학업에 대한 지원을 많이 받고 있으면서, 때로는 부모의 지나친 기대와 희생이 학생들에게 공부에 대한 압박감이 되어 학업성적이라는 부담으로 일반생활에서 작용하고 있다고 하였다(한덕웅 · 장은영, 2003; 황매향 외, 2009)

최근 '한국아동 · 청소년인권실태 2018 총괄보고서'에서 청소년의 학업성적에서 심리적인 어려움들은 '학교를 그만두고 싶은 생각을 한 적이 있다?'에서 '성적이 좋지 않아서 12.2%' 그리고 '최근 1년 동안 죽고 싶다는 생각을 해 본 정도'에서 '죽고 싶은 이유' 중에서 가장 높은 것은 '학업문제(학업부담과 성적)'가 37.2%로 제일 높게 나왔다.

이러한 통계는 현재 청소년 학교문화의 일반생활에서 학업성적이 그들에게 얼마나 많은 어려움과 현실에 대한 부정적인 생각으로 나타나는지를 보여 주는 것이다.

3) 다른 것에 비하여 빼어나고 우월한 성질(Daum 어학백과사전, 2020. 02. 26 검색).

Plus Point

- 청소년 학교문화는 청소년 학생들이 교과서 수업활동과 부수적인 특별문화 활동 그리고 기타문화 활동 등에서 청소년학생 자신들의 욕구를 합리적으로 해결하면서 만족감을 느끼면서 학교생활을 하는 것을 말한다.
- 청소년 학교문화는 청소년들이 서로 각자 친구들과 교사들과의 조화된 관계를 유지하면서 만족스러운 상태를 이루어야 하지만, 현재의 우리교육은 전인교육, 인성교육과 같은 교육본질의 구현 기대에 미치지 못하고 있기에 이를 더 중요하게 다루어야 한다.

2. 청소년의 학교문화 부적응 및 문제점

청소년의 학교문화에 대한 부적응이라는 현상 자체가 학교생활의 여러 영역에서 나타날 수 있다. 이것은 동일한 현상이라고 보는 이의 입장에 따라 적응 또는 부적응으로 볼 수 있기 때문에 그 개념을 하나로 명확하게 정의하는 일이 쉽지 않다. 한 가지 분명한 사실은 청소년의 학교문화에 대해서 적응은 지향해야 할 바람직한 상태를 말하는 것이며, 부적응은 극복해야 할 부정적인 상태를 지칭한다는 점이다(한국교육개발원, 2013).

1) 청소년의 학교문화 부적응 요인

학교문화에 잘 적응하지 못하는 학생은 수업 시간에 산만하고 집중력이 떨어지며, 학업성적이 저하되어 좌절감이 누적되고 이로부터 벗어나고자 무단결석, 가출, 흡연, 음주, 폭력 등의 비행과 반사회적 행동을 일으키거나 사회적 고립, 우울 등 정신 건강상의 문제를 경험하기도 하며 학교를 중도 탈락하게 되고 극단적인 경우 자살로 이어지기도 한다. '2013년 교육통계 자료'에 따르면 고등학교 학업중단자 중 일반고에 비해서 특성화고의 경우 부적응으로 인해 학업을 중단한 것이 높게 나타났다.

이와 같은 상황을 고려할 때 학교문화에 부적응 청소년들을 조기에 발견하고 그들의 문제를 파악하여 성공적으로 학교에 적응할 수 있도록 지원함으로써 학업중단이나 자살 등 극단적인 결과로 이어지지 않도록 대책을 마련하는 것은 개인의 바람직한 삶은 물론 국가·사회적 차원의 인재 양성 측면에서도 매우 시급한 일이라 할 수 있다.

이러한 청소년의 학교문화 부적응에 있어서 심리적인 어려움들에 대해서는 '한국 아동·청소년인권실태 2018 총괄보고서'에 그대로 나타나 있다. 보고서에 의하면 다음과 같다.

첫째, "학교를 그만두고 싶은 생각을 한 적이 있다?"에서 "있다"는 응답률이 일반계고보다 특성화계고가 높았고, 초등학교 보다 중학생이 높았다.

둘째, 이 중에서 "학교를 그만두고 싶은 이유?"는 공부가 하기 싫어서 (이 중에서 초등학생 > 중학생 > 일반계고 > 특성화계고 순)가 제일 높았고, 다음으로 귀찮고 아무것도 하기 싫어서 → 성적이 좋지 않아서 → 내가 배우고 싶은 내용이 없어서 → 기타 → 학교 규율이 엄격하고 자유롭지 않아서 → 선생님이 불공평한 대우를 해서 → 괴롭힘을 당해서 → 가정이 경제적으로 어려워서 순이었다.

셋째, 그리고 "최근 1년 동안 죽고 싶다는 생각을 해 본 정도"에서 "죽고 싶은 이유" 중 학업문제(학업부담과 성적)라는 응답률이 가장 높게 나왔다.

넷째, 다음으로 미래(진로)에 대한 불안 → 가족 간의 갈등 → 기타 → 선·후배나 또래와의 갈등(학교폭력 등) → 경제적 어려움 순으로 나타났다.

이러한 통계는, 청소년의 학교문화 부적응의 요인들은 학업성적과 직결되어 있기 때문에 교육복지 정책이 결핍을 보충하는 "복지" 수준에 머물지 않고 교육과정, 수업 등 교육의 핵심 영역에서 취약 집단 학생들을 지원하여 효과를 발휘할 수 있도록 보다 심층적이고 통합적인 접근이 필요함을 말해 준다.

2) 청소년의 학교문화 문제점

2015년 한국교육개발원과 전남대학교가 공동 연구한 '소통과 협력의 학교문화 조성 지원을 통한 즐거운 교실, 행복한 학교 만들기'에서 청소년의 학교문화에 대한 문제점과 건전한 학교문화 조성 방안을 다음과 같이 제시하였다.

첫째, 우리나라 청소년들의 지적 역량은 세계 최고 수준이나, 주관적 행복감은 세계 최하위 수준에 있다.

둘째, 성적과 시험 위주의 교육으로 인해 우리나라 청소년들은 "배려와 협력" 보다는 "경쟁", "공감과 소통" 보다는 "무관심" 그리고 "우리" 보다는 "나"를 우선시하고 있다.

셋째, 교사의 경우 학생 지도의 어려움, 과도한 행정업무, 교권 추락, 권위적인 학교문화 등으로 인하여 사기가 떨어지고 교직 만족도는 낮아지고 있다.

넷째, 청소년의 학습과 성장을 지나치게 학교에 의존하여, "온 마을 전체가 한 아이를 함께 기른다."는 가정 - 학교 - 지역사회의 연계하고 협력하는 부분이 부족하게 나타났다.

다섯째, 정부와 시도교육청 그리고 학교에서 추진하는 다양한 학교문화 교육 개선 활동들이 소기의 성과를 거두기 위해서는 정책을 둘러싼 이해 관계자 간에 공감대 형성과 유지가 중요한 요인으로 나타나고 있다. 특히, 정책 형성 단계에서 이해 관계자들의 의견이 충분이 반영되지 못하거나 정책 목표에 대한 구성원 간의 공감대 부족과 관료적 타성과 리더십 부족 등을 정책 실패의 요인으로 지적하였다.

여섯째, 우리의 학교문화에서 당면한 이러한 문제들의 근본적 원인은 교육공동체 구성원 간 신뢰관계의 상실에 있다. 따라서 즐거운 학급, 행복한 학교를 만들기 위해서는 일차적으로 학생 ↔ 학생, 교사 ↔ 학생, 교사 ↔ 학부모, 학교 ↔ 지역사회 등 서로 상호 학교문화의 교육공동체 구성원들로서 신뢰관계 회복 형성이 우선 필요하다고 하였다.

일곱째, 성공적인 학교문화 교육에 대한 개혁은 구조적인 개혁이 아니라, 학교문화에 대한 교육의 변화를 통해 가능하다고 하였다. 학교문화의 변화는 교육공동체 구성원 간의 관계의 변화로부터 시작되어야 하고, 관계의 변화를 위해서는 구성원 간의 “소통과 협력”이 우선적으로 요구되어야 한다고 하였다.

이러한 맥락에서 소통과 협력의 학교문화 조성을 지원하는 시도교육청은 정책에서 사례와 외국선진 국가의 사례들을 조사·분석하여 시도교육청 단위의 교육정책컨설팅을 통해서 소통과 협력의 학교문화 교육이 확산되어야 한다는 것이다.

Plus Point

청소년 학교문화의 이해는 학교라는 환경과 밀접한 관련성을 맺으면서 청소년집단의 독특한 문화적 특질은 때때로 전체 사회문화 혹은 학교문화의 규범이나 기준에서 벗어나는 경우가 생기게 되고, 그로 인해 학교문화와 청소년문화 간에 격차가 발생할 수 있으며 이 격차가 커지게 되면 갈등 이상의 대립관계를 형성하게 된다.

youth culture theory 연습문제

01 청소년의 학교문화의 위기가 아닌 것은?

① 청소년들의 성(性) 조숙성
② 청소년들의 탐닉과 중독
③ 청소년들의 금지된 것들에 대한 도전, 즉 음란과 성에 대한 도전
④ 청소년들의 생명훼손
⑤ 청소년들의 교과서 수업활동과 부수적인 특별문화 활동

02 청소년 학교문화의 과제들로 묶은 것은?

ㄱ. 우리나라 청소년(9~24세)의 사망 원인 1위가 자살이다.
ㄴ. 학교성적 스트레스에 따른 우울증과 싸우는 청소년이 4명 중 1명이고, 하루 평균 1.5명의 청소년이 학교성적 때문에 스스로 세상을 등지고 있다.
ㄷ. 2017년 한국 학생의 주관적 행복지수는 경제협력개발기구(OECD) 국가 가운데 최하위 수준이다.
ㄹ. 학교생활을 즐기는 교사의 비율은 꼴찌였으며, 자신이 재직하는 학교를 근무하기 좋은 곳으로 추천하는 교사의 비율은 꼴찌에서 바로 앞이었다.
ㅁ. 청소년들은 학교문화에서 많은 동아리 활동을 통해서 스스로의 자아성찰을 이루어 가고 있다.

① ㄱ
② ㄱ, ㄴ
③ ㄱ, ㄴ, ㄷ
④ ㄱ, ㄴ, ㄷ, ㄹ
⑤ ㄱ, ㄴ, ㄷ, ㄹ, ㅁ

03 청소년의 학교문화에 대한 문제점 아닌 것은?

① 우리나라 청소년들의 지적 역량은 세계 최고 수준이나, 주관적 행복감은 세계 최하위 수준에 있다.

② 성적과 시험 위주의 교육으로 인해 우리나라 청소년들은 "배려와 협력"보다는 "경쟁", "공감과 소통"보다는 "무관심" 그리고 "우리"보다는 "나"를 우선시하고 있다.

③ 교사의 경우 학생 지도의 어려움, 과도한 행정업무, 교권 추락, 권위적인 학교문화 등으로 인하여 사기가 떨어지고 교직 만족도는 낮아지고 있다.

④ 청소년의 학습과 성장을 지나치게 학교에 의존하여, "온 마을 전체가 한 아이를 함께 기른다."는 가정 - 학교 - 지역사회의 연계하고 협력하는 부분이 부족하게 나타났다.

⑤ 학교문화는 청소년들의 삶의 양식을 문화라는 포괄적 개념으로 주요한 삶을 생산할 수 있는 공간이라고 볼 수 있다.

정답 | 1. ⑤ 2. ④ 3. ⑤

youth culture theory | chapter

05

청소년과 대중문화

1. 대중문화
2. 청소년의 대중문화
3. 대중문화 속의 성 상품화

youth culture theory | chapter 05

청소년과 대중문화

1. 대중문화

1) 대중문화의 개념

대중문화는 크게 두 가지 개념으로 구분되는데 매스 컬처(mass culture)와 파퓰러 컬처(popular culture)이다. 전자는 불특정 다수에 의해 향유되는 문화라는 의미로, 상업주의, 획일성, 저속성을 뜻하는 부정적인 의미가 내포되어 있다. 대중(mass)은 주체성을 가지지 못하고, 비합리적이고 열등한 집단이라는 폄하적인 의미가 담겨 있다. 또한, 계급성을 내포하여 전통적 귀족이 향유하는 고급문화가 아니라, 그 이외의 범주에 있는 잔여적 문화를 의미하기도 한다. 반면에 '파퓰러 컬쳐'는 가치중립성과 긍정성을 함유한 단어이다. 다수에 의해 일반적으로 동의되면서 인기가 있는 문화라는 뜻으로, 대중문화의 민주적 성격에 대한 기대와 희망이 담겨 있다고 평가된다. '매스 컬쳐'는 주로 문화의 생산 과정에 초점을 맞춘 개념이라면, '파퓰러 컬쳐'는 문화의 소비 내지 수용 과정에 초점을 맞춘 개념이라고 할 수 있다. 따라서 일반적 의미에서 대중문화의 개념은 '파퓰러 컬쳐'로서의 대중문화, 즉 다수의 사람 사이에서 인기를 누리며 소비되고 향유되는 문화라는 관점에서 접근하는 것이 더 타당하다(강준만, 2013; 김창남, 2012).

2) 대중문화 특성

대중문화의 특성에 대해서는 다양한 논쟁이 있지만 대체로 다음과 같이 다섯 가지로 특징지을 수 있다(이민희 외, 1999).

첫째, 대량성이다. 대중문화는 대중매체의 보급에 의해 가능하였다. 대중매체의 발달은 곧 대중문화의 발달을 의미하며, 대중매체는 대중을 위한 문화상품을 대량으로 생산하며 공급하여 소비시키는 문화산업이다. 대중매체는 이윤을 추구하는 산업으로 문화상품을 소비할 수 있는 많은 수의 대중문화 소비자가 필요하다.

둘째, 획일성이다. 대중문화의 대량성은 문화상품의 획일성을 기초로 가능해진다. 그러므로 대중문화상품은 소비자 개개인의 문화적 욕구에 부응하기 위해 만들어진 소비자 중심의 문화상품이라기보다는 이데올로기 또는 이윤을 목적으로 획일적인 상품을 대량으로 소비할 수요를 창출하기 위함이다. 획일성과 대량성은 그 영향력이 크며 고급문화를 보편화시킬 수 있는 긍정적 기능을 가지고 있다. 동시에, 퇴폐적이고 향략적인 저급문화를 확산하는 부정적 측면을 함께 가지고 있다.

셋째, 상업적이다. 대중매체는 대부분 기업에 의해 운영되며 이윤추구를 위한 광고수입에 의존한 상업성에 기반을 두고 있다. 광고 그 자체도 대중문화의 형성에 큰 영향을 미쳐 대중문화의 내용이 상업성에 의해 소비적이고 향략적인 것으로 전락된다. 비록 대중매체의 공익성이 의무적으로 강조되지만 상업성의 한계를 벗어나기는 어렵다.

넷째, 이데올로기적이다. 대중매체가 상업적인 이상 자본주의의 이데올로기를 반영하는 것은 필연적이다. 대중매체가 전달하는 문화내용은 그 사회의 지배권력의 이데올로기가 반영된다.

다섯째, 다양화이다. 이것은 오늘날 경향으로 대중문화는 획일화되면서도 점점 다양성을 추구하고 있다. 그것은 획일화된 대중문화의 내용에 식상해진 대중들의 다양한 요구에 부응하려는 대중매체의 노력들에서 나타난다. 특히, 컴퓨터, 인터넷, 스마트폰 등과 같은 대중상품을 생산하고 소비하는 매개체들의 발달로 가능하게 되었다. 대중매체 속에서 생산되고 있는 내용들이 기하급수적으로 다양해지고 있으며, 생산하는 주체도 대중으로 확산되고 있다. 이러한 다양화는 획일적인 대중문화의 한계를 벗어나게 하며, 수동적으로 받아들이기만 하였던 대중의 역할의 변화에도 영향을 미친다.

3) 대중매체 종류

대중문화의 확산은 대중매체의 발달을 통해 본격적으로 시작되었다. 대중문화와 청소년을 이해하기 위해서는 우선 대중매체의 특성을 이해할 필요가 있다. 대중매체는 'mass media'를 한글로 번역한 말로, 매스(mass)는 사회를 구성하는 불특정의 다수를 지칭하고, 미디어(media)의 사전적 의미는 '거리를 두고 있는 두 사람 간의 의사소통을 위한 매체'이다. 대중매체는 사회적 배경에 상관없이 불특정한 사회구성원의 의사소통을 가능하게 만드는 매체들을 종합적으로 지칭한다. 현대사회에 정보를 대량으로 생산하여 배포하는 인터넷, 스마트폰, TV, 영화, 신문과 같은 의사소통 제도 전반을 일컫는다. 기술 개발을 바탕으로 대중매체는 점차 다양해졌으며, 대중매체의 종류는 인쇄매체, 음성매체, 영상매체, 그리고 뉴미디어로 구분된다.

(1) 인쇄매체

인쇄매체는 활자로 찍혀 나온 매체로, 인쇄술의 발달로 대량 인쇄되어 나오는 책, 신문, 잡지, 팸플릿 등을 포함한다. 오늘날의 인쇄매체는 과거 단순히 활자를 중심으로 하는 매체에서 그림, 사진 등 시각적 이미지를 활용하여 메시지를 전달한다. 인쇄매체는 영상매체와 컴퓨터의 발달로 역할이 상대적으로 위축되어 있으나 소멸되지 않고 인쇄매체로서의 장점을 가지고 지속적으로 생산되고 있다. 영상매체는 전달하고자 하는 정보를 순간적으로 이미지를 통해 보여 주기 때문에 시간적으로 경제적이다. 반대로 활자로 된 책을 읽기 위해서는 그것을 읽고 개념을 능동적으로 이해하는 과정이 필요하여 비경제적이라고 볼 수 있다. 그러나 인쇄매체를 구성하고 있는 문자기호의 의미는 영상매체를 구성하는 기호인 이미지보다 정확하다는 장점이 있다. 그리고, 영상매체의 기호들이 제한된 공간과 시간에 구속되어 단편적이고 순간적인 파악을 요청하는 데 반해, 하나의 책으로 기록된 기호들은 전체적으로 반복적, 포괄적으로 해석할 수 있기 때문에 보다 깊은 차원의 정보 전달이 가능하다.

(2) 음성매체

음성매체는 소리를 통해 전파하는 매체를 의미한다. 음성매체는 적은 비용으로 정보 전달이 가능하고, 정보에 대한 접근성이 높다. 대표적으로 라디오가 있다. 라디오는 대중스타와 대중문화의 탄생을 동시에 알린 전조였으며 최초로 대중스타를 '대중'이 공유할 수 있도록 한 계기이다. 초기 무선전신의 기술적 발달을 기초로 말과 음악을 고주파 라디오 전파로 전환하여 송·수신할 수 있게 되면서, 인간은 의사소통에 있어 비로소 구어단계와 인쇄단계를 넘어 전자단계로 들어서게 되었다. 라디오는 전자단계의 의사소통 체계를 제공하고, 특히 전자매체를 중심으로 메시지의 공급자와 수용자를 이어주는 상품으로서 최초로 존재하였다.

(3) 영상매체

영상매체는 영상을 통해 보여지는 매체로, 다수의 사람에게 빠른 속도로 다양한 정보 전달이 가능한 장점을 가진다. 하지만, 상대적으로 깊이 있는 정보 전달에 한계를 가지고 있다. 영상매체 중 영화, 텔레비전, 비디오 테이프 녹화기(VTR)는 대중매체의 발달과 밀접한 상관성을 가진다.

영화는 필름 발명과 기계적 촬영술의 비약적 발전에 힘입어 초기 활동사진(motion picture)으로 탄생하였다. 할리우드(Hollywood) 영화산업의 등장은 대중스타가 대중에게 강력한 힘을 발휘할 수 있도록 만들었다. 제2차 세계대전 이후 막강한 자본을 배경으로 등장한 할리우드 영화산업은 당시 최첨단 영화기술을 앞세워 효과적인 스타산업 시스템을 만들어 나갔다. 대중으로 하여금 실재와 허상의 경계를 무력화하는 다양한 영화장치가 등장하였으며, 스타는 허상의 이미지로 만들어져서 실재를 잊게 만드는 존재로 자리 잡았다. 스타를 통해 당대의 유행을 창출하고, 삶의 형식과 내용의 변화를 유도하는 기제로 작동하였다. 스타의 헤어스타일, 메이크업, 패션 등이 당대의 기준으로 작용하면서 대중문화를 주도해 나갔다(이경기, 1995).

TV는 대중문화가 일상의 문화로 안착할 수 있도록 지원하였고 프로그램과 수용자와의 관계에 거대한 자본의 힘을 일상적으로 부여하는 계기를 마련한 매체이다. 이로써 대중스타는 수용자의 일상을 지배하는 힘을 구조적으로 갖추게 되었고, 동시에 자본의 권력 앞에는 수동적이고 종속적인 자기위치를 점유하게 되었다. 이는 TV라는 대중매체와 수용자와의 사이에 영향력 있는 이데올로기적 중개자, 혹은 탁월한 대중의 상품구매력을 유인하는 상품 그 자체로써의 대중스타가 비로서 일상적으로 배치되었음을 의미한다. 새로운 문화산업의 주도적 기능이 향후 TV를 중심으로 발현하였다(Allen, 1994).

VTR은 전파와 필름이 갖는 일회적이고 공공적인 힘을 사적 영역에서 누적적이고 안정적으로 포섭 가능하게 하는 물리적 기계력을 발휘한다. 특히, 비디오 매체는 현실의 끊임없는 재현과 상업적 이윤추구의 독특성을 음악에 연결함으로써 뮤직비디오라는 새로운 장르의 상품을 만들었다. 청소년문화를 지배적인 소비문화로 편입시킨 장본이라는 지적을 받는다(Jameson, 1985).

(4) 뉴미디어

뉴미디어는 인터넷과 위성 통신 등 정보 통신 기술을 바탕으로 시청각적인 정보를 종합적으로 전달하는 매체를 포괄한다. 인터넷, SNS, 블로그 등이 있으며, 뉴미디어는 대중문화의 대중스타 영역에 독특한 전환점을 제공하였다.

인터넷은 여러 통신망을 하나로 연동하여 놓은 망의 집합을 의미하는 인터네트워크(Inter-network)를 의미한다. 과거 랜과 같은 소규모 통신망을 상호 접속하는 형태에서 발전하여 현재는 전 세계를 망라하는 거대한 통신망의 집합체를 형성하였다. 컴퓨터와 인터넷은 대중문화의 영역에서 수용자이기만 했던 대중이 자생적 문화 생성력을 발휘할 수 있는 통로와 공간을 제공하였다. 컴퓨터의 기술적 힘은, 특수한 개인의 문화생산력의 산물로 인식되어 왔던 문화예술의 영역에 대중이 용이하게 참여할 수 있도록 하는 기반이 되었다. 인터넷을 통해 수용자 간의 네트워크를 구축함으로써 수용자 개인들은 집단적 체계를 갖추어 또 다른 공공의 힘을 발현하는 계기를 부여하였다. 지금까지의 대중매체가 대중을 대상으로 하는 대중적 매체라고 한다면, 컴퓨터와 인터넷은 이 같은 쌍방향적 전달체계와 네트워크 체계를 기반으로 하여 대중으로부터 문화생성을 가능하게 하였다.

SNS는 Social Networking Service의 약어로, 유튜브(Youtube), 페이스북(Facebook), 트위터(Twitter), 인스타그램(Instagram), 블로그 등과 같은 온라인 플랫폼으로 특정한 관심이나 활동을 공유하는 인적 네트워크 형성 서비스를 지칭한다. 오늘날 스마트폰을 통해 활발한 SNS 사용은 기성세대의 전유물이었던 대중문화의 주체가 청소년으로 바뀌게 만들었다. 청소년들은 이제 단순히 대중매체를 수용하는 것이 아니라 주체적으로 대중문화에 참여하고 있다고 평가된다(정하성 · 유진이, 2010).

2. 청소년의 대중문화

오늘날 청소년들은 컴퓨터, 인터넷, 스마트폰의 발달을 통해 대중문화를 수동적으로 수용하기보다는 적극적으로 의미를 부여하고 해석하려는 활동이 활발하며, 나름대로의 세계와 문화를 창출해 가고 있다(Corsaro & Eder, 1995). 또한 청소년들은 대중문화를 일상생활 속에서 미디어 기술을 활용하여 재생산한다고 평가된다(Ebersole, 2000). 청소년들은 새로운 대중매체가 등장할 때마다 그것을 적극적으로 이용하면서 자신들만의 독창적인 문화를 만들어 왔다. 청소년들에게 가장 선호되고 있는 뉴미디어 중 스마트폰은 이것을 이용하는 청소년의 문화적 형태가 형성되는 데 있어, 청소년의 취향과 욕구가 적극적으로 반영되어 나타나고 있다(성윤숙 외, 2006).

청소년은 1930년대 미국에서 경기회복을 위한 새로운 소비주체로 등장하였다. 더 많은 소비를 촉진시키기 위해 광고 회사들은 "청춘이 바로 사업이다"라는 슬로건을 내걸고 청춘의 재구성이라는 큰 프로젝트에 착수하였다. 광고는 청춘에 대한 수식어를 달리하며 창조해 내었다. 소비로 한층 더 멋져진 청춘, 부모 세대와는 다른 빛나는 청춘, 모험적이어서 진취적인 청춘으로 등장하였다. 시장 논리에 맞추어 청소년은 대중문화의 주역으로 등장하였고, 대중문화에 가장 큰 영향력을 행사하고 있다. 청소년은 인터넷을 통해 방송 프로그램, 영화 등 각종 미디어 콘텐츠를 제공하는 OTT(over the top) 서비스를 통해 대중문화를 소비하고 있다. 청소년은 브랜드에 민감하고 소비성향이 높으며 열정적이다. 또한, 부모들의 상품 선택에도 큰 영향을 미치기 때문에 대중문화 산업의 종사자들에게 무시할 수 없는 큰 힘으로 작용한다(강준만, 2013).

1) 대중음악

대중음악은 일반인들이 일상적으로 즐겨 듣거나 부를 수 있는 음악의 한 갈래로 대중이 향유하는 음악이다. 시대별로 대중음악의 확산은 다르게 이루어졌지만, 오늘날 대중음악은 방송 매체를 통해 흔히 접할 수 있는 대중가요를 의미한다. 대중음악의 특징은 다음과 같다. 첫째, 대중음악은 근대 사회의 산물이다. 둘째, 음반매체나 방송매체 등 대중매체를 주로 전달매체로 삼고 있다. 셋째, 작품의 창작자와 작품의 오리지널리티가 비교적 분명하다. 넷째, 한국 전통음악이나 서양식 고급음악과도 다른 나름의 작품적 전통을 지니고 있다. 다섯째, 당대의 대다수의 서민들이 향유하는 서민문화에 속한다.

최근 한국에서는 엔터테인먼트 산업의 성장에 따른 대중음악이 발전해 가고 있으며, 특히 대중음악을 이끌어 가는 아이돌 스타는 한국 대중문화계를 장악할 뿐만 아니라 케이팝(K-pop)으로 세계 사회의 트렌드를 주도하고 있다. 케이팝 스타는 굿즈, 관광, 음식 등 경제적·문화적 파급력을 보이면서 한국 문화를 알리는 데 큰 역할을 하고 있다.

2) 청소년과 대중음악

대중문화 중에서도 대중음악은 청소년들이 접근하기 가장 용이한 대상이고, 대중음악을 소비하는 연령대가 점점 낮아지면서 청소년의 삶에 매우 큰 영향을 미치고 있다(국가청소년위원회, 2006; 한국청소년정책연구원, 2002). 청소년들은 학업 이외의 시간이 매우 제한적이며 단편적으로 분절되어 있기 때문에 대중음악에 가장 쉽게 접촉 가능하다(손승영, 2001). 최근까지 대중음악에 대한 청소년들의 열광을 '광란' 혹은 '맹목적 동경' 등 비판적인 시선으로 평가하는 경우가 많았다. 하지만, Fin.K.L, S.E.S, H.O.T, GOD 등 1990년대 아이돌 1세대를 향유한 밀레니엄 세대가 기성세대로 자리 잡아 감에 따라 긍정적인 평가와 이해가 확산되고 있는 추세이다. 또한, 청소년들의 문화수용은 자신들이 처한 삶의 조건과 외적으로 강요되는 지배적인 가치에 대한 나름대로의 대응이며, 주어진 한계에서 일상생활의 부분으로 구성하여 적극적으로 개입하는 것으로 이해될 수 있다.

청소년의 역할은 대중가요의 수용자뿐만 아니라 생사자로서도 커지고 있다. 1980년대부터 고등학생 신분으로 가요계의 스타가 되는 경우가 드물지 않게 나타났고, 현재는 데뷔하는 아이돌의 평균 연령이 대부분 10대이며, 아이돌 데뷔를 위해 연습생활을 하는 기간까지 포함하면 청소년의 역할이 단순히 수용자에 그치지 않고 있다(한국콘텐츠진흥원, 2019). 대중가요시장에서 청소년이 절대적인 비중을 차지하는 것과 함께 청소년의 삶에서 대중가요의 비중은 그 어느 세대에 비해서도 큰 것으로 이해된다.

(1) 청소년과 팬덤문화

청소년기 우상화 현상은 동서양을 막론하고 공통된 현상으로, 우상화가 이루어지는 인물들을 살펴보면 가수, 영화배우와 같은 연예인뿐만 아니라 스포츠 스타, 작가, 정치인 등에 이르기까지 그 대상의 폭이 다양하다. 이 중에 청소년에게 가장 우상화 현상의 빈도가 높고 뚜렷한 대상은 가수이다. 오늘날 대중매체의 보급이 증가하고, 그 내용의 양적, 질적인 면 역시 발달하여 청소년들이 우상화 대상을 접할 기회가 더욱 많아졌다. 또한, 독자적인 10대 문화인 랩 음악, 힙합 음악, 컴퓨터 게임과 언어 등을 인정해 주는 분위기가 형성되면서 우상화 현상도 전보다 더 적극적으로 표현되고 있다.

우상화의 일반적인 의미로 특정 가수를 좋아하여 앨범을 구매하거나, 콘서트를 보러 가는 등의 행동을 하는 사람을 '팬'이라고 하고, 같은 스타에 대한 동일한 취향을 나타내면서 집단적으로 행동의 연대를 나타내 보일 때, 이 집단 혹은 문화를 포괄적으로 '팬덤(fandom)'이라고 부른다(최우신 · 김영희, 1999). 한국의 청소년 팬덤문화는 1990년대 '서태지와 아이들'을 시작으로 하여 현재는 '방탄소년단(BTS)'까지 꾸준히 활성화되고 있다.

과거 팬덤이라는 용어는 특정 스타에게 맹목적으로 매달리고 숭배함으로써 문화산업에 동원되는 열광자, 광신도라는 인식이 대부분이었다. 부정적인 편견을 가지고 팬덤 문화를 바라보았고, 초기 선행연구에서는 팬덤 현상을 10대 청소년들의 부정적이고 일탈적 현상으로 바라보는 시선이 다수였다(Jenson, 1992). 대중문화와 글로벌 엔터테인먼트 산업이 청소년문화에 영향을 미치고 주류를 이루자, 궁극적으로 청소년 문화에서 청소년의 진위성이 사라졌다고 평가하였다(Redhead, 1997). 하지만, 이제 인터넷, 유튜브(youtube), 페이스북(Facebook), 트위터(Twitter), 인스타그램(Instagram) 등의 뉴미디어의 발달과 함께 생산적 소비자로서 프로슈머(prosumer)의 역할을 수행하고 있다. 팬덤의 활동은 기존에 만들어진 가상 커뮤니티에서 정보를 찾고 좇는 것에만 국한되지 않고, 스스로 가상 공간을 창조하고 있다. 팬덤은 자신이 읽은 인기 텍스트에 의미를 부여하고, 공유하며, 다른 사람들의 참여를 독려한다. 그리고 직접 컨텐츠도 창조하고, 소셜미디어를 통해 스타와도 직접적으로 상호작용함으로써 적극적인 활동을 수행하고 있다(Booth, 2010; Sugihartati, 2020). 더 이상 청소년의 팬덤활동은 일탈행위가 아닌 하나의 하위문화로 자리 잡았다.

(2) 청소년의 대중음악과 대중스타 수용의 긍정적 효과

산업화 이후 경제적으로 풍요로운 사회가 되면서 소비는 기본적인 필요에 의한 소비에 국한되지 않고, 즐기기 위한 소비가 되도록 만들어졌다. 특히, 대중매체를 통해 파급되는 문화상품에 대한 소비는 기본적인 물질적 필요를 넘어 소비를 통해 이미지와 상징, 개성과 자유, 쾌락과 환상 등을 추구하는 것이다. 청소년은 문화상품에 부여된 이미지를 통해 자신의 욕구를 달성하고자 하며, 대중스타를 통해 스트레스 해소, 대리만족, 동일시 등의 효과를 얻게 된다. 청소년들이 대중음악을 통해 얻게 되는 긍정적인 효과는 다음과 같다.

첫째, 또래집단에서의 소속감을 강화시키며 이를 통해 집단정체성을 발달시킨다. 청소년기에는 부모나 교사들보다도 또래의 인정을 받고, 그 집단에 수용되는 것이 중요하다. 대중음악을 함께 공유함으로써 청소년들은 또래집단에 대한 소속감을 강화할 수 있고, 상호작용을 통해 또래집단 안에서의 정체성을 발전시키는 역할을 한다. 또래집단 모두가 선호하는 가수의 음악을 내가 좋아함으로써 나 또한 또래집단의 성원으로 확고한 정체성을 갖게 되며, 이를 통해 또래집단 내 동질성과 응집성을 강화시켜 나간다.

둘째, 다양한 문화경험을 체득할 수 있는 기회와 공간을 제공한다. 개인적으로 스타와의 다양한 접촉시도 및 접촉 경험을 통해 청소년이 사회적 존재로 성장하는 데 긍정적인 영향을 미칠 수 있다. 특히, 서로 좋아하는 팬클럽 활동을 통해 또래끼리 집단 체험이 가능하며, 다양한 친구들과의 상호작용 경험을 얻을 수 있다. 인터넷과 스마트폰의 보급은 온란인 상에서의 팬클럽을 활성화시킴으로써 각종 정보를 실시간으로 공유하고, 소속감을 높이는 역할을 한다.

셋째, 청소년들은 대중음악을 통해 억압된 현실에 대한 대리만족을 얻는다. 청소년들이 느끼는 억압은 여러 가지가 있지만 특히, 학업을 위해 자신이 하고 싶은 일을 미루고 참아야 하는 억압이 크다. 공부만 할 수 있도록 다른 일들은 부모가 대신 해결해 줄 정도로 청소년의 삶에서 '공부 잘하는 것'의 의미는 매우 크다. 가족, 학교, 사회에서 청소년들은 공부로 평가받는 것이 억압으로 작용한다. 이러한 상황 속에서 청소년들은 음악을 통해 현실에서 경험하는 좌절감과 자신들이 표현하고 싶은 것들을 대신 표현함으로써 해소감을 느끼게 된다(손승영, 2001).

넷째, 스트레스 해소에 도움을 준다. 청소년은 대부분의 시간을 공부하는 데에 할애한다. 좋아하는 가수의 음악을 듣는 것은 다른 활동과도 동시적으로 수행할 수 있고, 장소에 구애받지 않는 활동이기 때문에 마음의 안정을 취하고 평정을 찾을 수 있도록 도와준다. 또한, 동경하는 대중스타의 안무를 확인하고, 따라 하며, 열광하는 행위를 통해 육체적인 발산을 통한 즐거움을 가진다. 이러한 육체적인 움직임을 통한 스트레스 해소가 가능해진다. 대부분의 청소년기를 대중교육 체계 안에서 수동적으로 지식을 습득하는 공부에 매진하고 있는 상황에서 대중스타에 열광하는 행위는 자신이 그 행위의 주체가 되는 즐거움 또한 제공한다.

다섯째, 대중스타를 롤모델로 삼는다. 스타는 그 분야에서 성공한 사람이기 때문에, 성취감에 목말라 있는 청소년들에게 동경의 대상이 된다. 학업을 중심으로 구성된 청소년의 일상은 각자의 학업적 성취에 걸맞는 좌절을 늘 경험한다. 항상 앞서가는 누군가가 비교대상으로 존재하고, 공부 이외의 능력을 능력으로 인정해 주지 않는 부모와 사회 때문에 좌절감을 느끼기 쉽다. 공부 이외의 능력에 대한 가치를 부여하고 싶고, 더욱이 스타는 여러 가지 난관을 극복하고 노력해서 자리에 올랐기 때문에 더욱 값진 것이라고 여기게 된다. 특히, 아이돌의 데뷔 나이가 청소년기인 현재 상황에서 공부 이외의 자신의 재능을 찾고 성공할 수 있다는 롤모델로 작동한다.

(3) 청소년의 대중음악과 대중스타 수용의 부정적 효과

대중음악과 대중스타가 청소년에게 미치는 부정적 영향은 다음과 같다.

첫째, 스타에 대한 지나친 수용과 의존적인 경향성은 다른 발달과업 수행에 악영향을 미칠 수 있다. 청소년기의 대부분은 정규교육 과정에 맞추어 진행해야 하는 학업이 있으나, 대중스타에게 과도한 시간을 할애하는 것은 부정적이다. 또한, 정신적・신체적 건강과 학교 적응, 대인관계 형성에도 좋지 못한 영향을 미칠 수 있다(나재은, 2017; 안은미 외, 2012).

둘째, 지나친 집단적 동질성은 청소년 팬클럽을 새로운 이익단체로까지 변모시켜 이들이 지지하는 연예인의 보호와 위상 확립을 위해 과격한 집단행동도 서슴치 않게 한다. 특히, 안티 사이트, 악플 등의 사이버 테러와 폭력은 끊이지 않고 있으며 사이버상에서의 미성숙함을 보여 준다.

셋째, 문화산업과 소비 산업사회의 상업성에 희생자가 되기 쉽다. 한국의 대중음악은 방송매체, 음반산업, 매니지먼트 산업의 팽창과 함께 시작하면서 10대 청소년층을 겨냥한 철저한 마케팅 전략으로 스타를 양성해 나갔다(김영아, 2008; 황재연, 2004). 청소년은 문화흡수력이 높고 좋아하는 음악을 위해 적극적으로 지출하는 성향이 있기 때문에 자본의 그물망에 사로잡혀 가장 큰 수익원으로 유인될 가능성이 높다.

넷째, 문화적 포퓰리즘(populism)의 경향에 종속될 수 있다. 대중스타에 대한 평가와 선호가 개인의 다양성과 독특성에 기인하여 수용되는 것이 아니라, 팬덤과 같이 집단적 · 대중적 인기와 경향에 압도될 수 있다. 또 다른 측면에서, 문화를 소비하는 대중들을 무조건 찬양하는 최근의 문화포퓰리즘 경향이 청소년의 대중스타 수용에도 영향을 미칠 가능성이 있다.

3. 대중문화 속의 성 상품화

성 상품화란 인간의 성을 직 · 간접적으로 이용하여 이윤추구를 도모하는 것으로, 자본주의 사회에서는 원칙적으로 모든 것이 성상품화될 수 있으나 인간존엄성으로 인간은 상품화될 수 있는 범주에 포함되지 않는다(박충선 · 정연숙, 2004). 민주주의 헌법은 인간존엄성을 기본적으로 하고 있다. 칸트(Kant)에 의해 이론적으로 정립된 인간존엄성의 개념은 '어떠한 경우에도 인간은 특정 목적을 위해 수단화될 수 없으며 항상 목적 자체로 대우받아야 한다'는 것을 의미한다(Sensen, 2009). 인간은 모든 가치 위에 상위로 존재하는 절대적 가치라는 의미이다.

성 상품화는 근본적으로 상품화하는 행위 자체도 문제이지만, 성 상품화를 통해 유포되는 성적 이미지들이 개인의 건전한 성의식과 성가치관을 왜곡시키고 극단적일 경우 성매매나 성범죄의 원인이 될 가능성이 있기 때문에 문제가 된다. 특히, 대중매체에서 주도적으로 성 상품화를 확대 재생산하여 유포시키고 있기 때문에 청소년에게도 영향을 미칠 가능성이 높다. 성숙된 자아를 형성할 수 있는 청소년기에 대중매체가 성적 왜곡과 학대, 폭력성, 퇴폐적인 문화 등 유해매체 역할을 할 때 대중매체의 부정적인 자극은 청소년의 성 상품화 원인에 기여하는 중요한 요인으로 작용할 수 있다(유상미, 2009).

현재 대중매체에서 생산되는 콘텐츠는 환경감시기능이나 상관조정기능 등이 보다 강조되어 구체적인 심사기준이 존재하기는 하지만, 시청률과 흥행성이 자본이기 때문에 콘텐츠 생산자, 엔터네이먼트 회사, 유포자는 자본주의 논리를 우선하고 있는 상황이다. 대중매체를 통해 유포되는 성 상품화는 결코 간단한 문제가 아니며 그 대상이 청소년일 경우에는 문제가 더 심각해진다. 대중음악 분야에서 아이돌로 데뷔하는 그룹의 경우 연령이 점차 낮아지고 있는 상황에서 성 상품화는 아이돌이 가지는 이미지와 홍보 방향에 큰 영향을 미친다. 예를 들어, 아이돌 그룹 A는 여성 4인조 그룹으로 데뷔하였으며, 당시 3명이 19세 미만 청소년이었다. 데뷔 초에는 다양한 컨셉으로 음반을 냈지만, 2~3년 후부터는 섹시한 컨셉을 전면으로 내세워 활동하였다. 또 다른 여성 아이돌 그룹 B는 당시 만 22세의 팀원이 있었음에도 불구하고 음원 홍보를 위하여 19세 이상 관람이 가능한 영상을 제작 및 배포하였다. 여성 아이돌그룹은 몸매를 드러내고 자극적인 의상, 다리를 과도하게 벌리는 춤, 성행위를 연상시키는 몸짓, 머리부터 발끝까지 전신을 쓸어내리는 카메라의 이동 등으로 자극적인 방향으로 만들어지고 있다. 심지어 불법촬영을 한 듯한 영상을 마케팅 전략으로 사용하기도 하여 정도를 넘어서고 있다.

이처럼 청소년을 성 상품화할 경우 발생하는 핵심문제는 무엇보다 인권에 관한 것이다. 소위 '걸그룹'으로 대표되는 아이돌 그룹은 성적욕구를 자극하는 선정적 콘셉트를 통해 상품화되고 있다. 그 과정에서 선택된 10대들은 수익성 창출을 위한 전략에 의해 구성되고 길들여진다. 소녀들의 경우는 섹시미, 순진무구, 청순함 등이 페르소나로 포장되고, 그렇게 포장된 이미지는 재화창출을 위해 도구화된다. 반면 소년들의 경우는 짐승돌, 또는 초콜릿 복근 등으로 상징화된다. 문제는 이렇게 대중을 위한 상품으로 만들어지는 과정에서 청소년들에게 자아실현에 대해 성찰을 할 기회가 주어지지 않는다는 것이다. 그들은 왜 무리하게 체중을 감량하고, 성형을 해야 하며, 만들어진 이미지로 등장해야 하는지에 대한 진지한 고민을 할 여유가 없다. 수많은 청소년 가운데 선택되어졌다는 우월의식과 대중의 사랑이라는 허구적 이데올로기에 종속되어 기획사가 시키는 대로 몇 년간의 혹독한 훈련을 견뎌 내야 한다. 삶의 의미나 자기 자신의 발견과 같은 고민은 생각할 여유도 없다. 아니 어떤 의미에서 생각은 차단당한 채 대량으로 시험되고 대량으로 만들어져 또 대량으로 유통되는 소모품에 불과하다. 무한경쟁의 구도 안에서 오로지 기획사와 대중매체의 이익을 위해 사용되어지고 폐기되어진다. 그렇다면, 왜 청소년에게 섹슈얼리티가 강조되는지에 대한 의문이 남는다. 이러한 자본주의의 흐름에는 남성에게 대상화되어 있는 여성에 대한 시각이 깔려 있다(강준만, 2013; 김수아, 2010).

청소년 성 상품화는 직·간접적으로, 또 의식적·무의식적으로 청소년의 인권을 무시하고 있다. 이는 청소년들에 대한 사회적 학대와 다름없다(신선인, 2006). 대중매체를 통한 청소년의 성 상품화는 상품화되어지는 청소년뿐만 아니라, 이를 경험하는 청소년에게도 부정적인 영향을 미친다. 기존 연구를 통해 청소년이 대중매체를 통해 성적 콘텐츠를 접할 경우 그 이용빈도가 증가함에 따라 성의식 변질이 생기는데, 예를 들어, 이성 간 만남이 이루어진 직후부터 성관계가 가능하고, 심지어 강간과 같은 성폭력까지도 용인할 수 있다는 사고를 유도하는 것으로 드러났다(심재웅, 조의진, 2009). 텔레비전과 뮤직비디오에서 성적 콘텐츠가 극단적 성의식을 조장하지는 않지만, 극단적 성의식과 무관하게 성에 대한 건전하고 생산적인 의식을 저해한다는 것은 이미 주지하고 있는 사실이다(김은경, 1997; 변화순 외, 2004; Brown et al., 2002; Ward, 2003).

마지막으로, 청소년이 아이돌 그룹을 보고 발생하는 모방심리 역시 문제이다. 대중매체가 지닌 상업성으로 아름다움에 대한 강박관념과 외모지상주의가 만연해지고 있다(김지선 외, 2011; 이수안, 2016). 여학생들의 다이어트 열풍, 거식증 등이 증가하고 있고, 신경성 거식증이 여학생들의 일반적 현상이 되고 있다는 결과도 제시되었다(심재웅·황재원, 2016; 이선옥, 2003). 적절하게 규제되거나 검증되지 않은 채 접하는 대중매체의 내용은 청소년을 자연스럽게 학습시키고 내면화하도록 한다. 이는, 청소년이 자발적으로 성 상품화에 동조하는 현상을 낳게 되며, 성 상품화된 여성과 남성의 이미지에 분노하거나 불편함을 느끼지 않으며 오히려 성 상품화된 시선을 가지고 또래의 과감한 의상과 성 이미지 표출에 동조하여 오히려 성 상품화 트랜드를 확대·재생각하는 데 기여하고 있다.

결론적으로 대중매체를 통한 청소년의 성 상품화는 상품화되어지는 청소년들이나 상품화된 이미지를 체험하는 청소년들에게 모두 심각한 피해를 주고 있다. 무엇보다 청소년들의 인권이 심각하게 훼손되고 있으며 아직 성적 가치관이 온전히 형성되지 않은 청소년들에게 허구적 가치관을 주입하고 있다. 문제는 이러한 성 상품화의 콘텐츠가 멀티미디어로 대변되는 스마트 시대에 상상도 할 수 없이 빠른 속도와 규모로 청소년들 사이에 확산되고 있다는 사실이다(성윤숙·손병덕, 2014).

Plus Point

인터넷 밈(Meme)현상

- 영국의 생물학자 도킨스(Dawkins)의 저서 『이기적 유전자 The Selfish Gene』에서 소개된 개념
- 그리스어 어근으로부터 모방을 의미하는 '미멤(mimeme)'과 유전자 '진(gene)'의 합성어
- 생물학적 유전자가 스스로 진화하듯이 문화적 유전자인 밈 또한 모방을 통해 스스로 복제하고 진화
- 인터넷을 통해 언어, 사상, 신념, 태도, 유행이 전달되는 과정에서 유전자 역할을 하는 '문화 전달의 단위' 또는 '모방의 단위'를 의미
- 한국어 표현으로는 SNS 등에서 문화콘텐츠 놀이 현상으로 유행하여 다양한 모습으로 복제되는 짤방 혹은 패러디물
- 밈은 단순히 유희를 추구하고, 기성의 콘텐츠를 소비하는 데 그치는 것이 아니라 또 다른 콘텐츠 생산자의 역할을 할 수 있다는 점에서 큰 의미를 가짐.
- 드라마, 영화, 뮤직비디오, CF 등 영상물이 생산한 이미지를 재가공, 재생산하면서 새로운 문화적 파급력을 가짐.
- '밈'과 '경제학'의 합성어인 '밈노믹스(Meme+Economics)'는 '시장' 원리가 아니라 인간이 추구하는 '가치'의 프리즘을 통해 경제 현상을 분석하고 미래 경제를 예측하는 21세기 경제시스템도 탄생됨(밈노믹스, 2014).
- 밈과 밈노믹스의 대표적인 사례로 비의 '깡'이 있음. 노래 '깡'은 2017년 공개된 노래지만 2019년 유튜브에 올라온 뮤직비디오 영상의 댓글과 '깡'을 패러디한 영상이 게시되면서 재조명 됨.
- 유튜브 '깡' 영상에는 하루에 한 번 필수적으로 시청해야 한다는 의미를 가진 '1일 1깡', 깡을 자주 보는 팬덤을 일컫는 '깡팸', 유튜브 영상 추천 알고리즘에서 깡 노래를 계속 추천해 주는 '깡고리즘', 비의 팬이 비가 자제해 줬으면 좋겠는 20가지 리스트 '시무 20조' 등 재치 있는 댓글이 달림.
- 비의 '깡'에 대한 관심은 온라인 상에서 춤과 노래를 모방하며 노는 유희 문화임, 희화화의 의미가 내포된 반응도 포함되었으나 네티즌들은 이를 즐겁게 받아들이고 소비하는 데 적극적으로 동참하면서 가능해짐.
- 이를 계기로 가수 비 또한 MBC 주말예능 '놀면 뭐하니?'에 출현하였으며, '깡'이 기업마케팅에 접목되어 특정 과자 브랜드의 모델로도 발탁됨.
- 과거 콘텐츠 생산자들은 수동적이고 객체화된 소비자들을 요구하였다면 소셜 시대의 콘텐츠는 능동적이고 주체적인 참여자들을 전제로 하고 있으며, 대중들은 한 단계 발전된 문화소비자 역할을 수행함.

youth culture theory **연습문제**

01 대중문화의 부정적 기능으로 적합하지 <u>않은</u> 것은?

① 모방행위로 인한 범죄 조장
② 획일화된 문화 확산
③ 실제와 허구의 혼동
④ 문화 포퓰리즘
⑤ 성의식과 성가치관 왜곡

02 팬덤문화에 대한 설명으로 옳지 않은 것은?

① 가수, 영화배우 같은 연예인뿐만 아니라 스포츠 스타, 작가, 정치인 등 대상의 폭이 다양하다.
② 스타와의 일방적 관계에서 벗어나 팬(fan)의 주체적 참여를 강조한다.
③ 특정 스타를 좋아하여 집단적 연대 행동을 보이는 것은 우상화 현상과 무관하다.
④ 특정대상에게 지나치게 몰두하는 사회적 병리현상을 의미하기도 한다.
⑤ 문화산업과 소비 산업사회의 상업성에 희생자가 되기 쉽다.

03 대중스타가 청소년에게 미치는 영향으로 옳은 것을 모두 고르시오.

ㄱ. 공부 이외의 분야에서 성공할 수 있다는 롤모델로 작동한다.
ㄴ. 집단적 정체성과 소속감 형성에 부정적인 영향을 미친다.
ㄷ. 간접적인 문화경험을 할 수 있는 기회와 공간을 제공한다.
ㄹ. 문화 포퓰리즘적 경향은 대중스타 수용에 영향을 미치지 않는다.

① ㄱ, ㄴ ② ㄱ, ㄷ ③ ㄴ, ㄷ ④ ㄱ, ㄷ, ㄹ ⑤ ㄱ, ㄴ, ㄷ, ㄹ

정답 | 1. ④ 2. ③ 3. ②

06

청소년 사이버문화

1. 사이버 공간의 문화의 개념과 특성
2. 청소년 사이버문화 유형
3. 청소년 사이버문화의 문제점
4. 바람직한 사이버문화의 방향

youth culture theory | chapter 06

청소년 사이버문화

1. 사이버 공간의 문화의 개념과 특성

1) 사이버 공간의 개념

사이버(cyber)와 공간(space)이 합쳐진 가상 공간으로써 사이버 공간이라는 용어는 1984년 깁슨(Gibson)의 SF 소설 『뉴로맨서(Neuromancer)』를 통해 처음 사용되기 시작했다. 사이버 공간은 "두뇌와 컴퓨터 - 통신의 정보처리장치 사이에서 연결과 새로운 세계"라는 개념에서 출발하였다. 인터넷이 대중화되면서 컴퓨터 간 네트워크의 열린 공간을 지칭하는 개념으로 변화하였으며, "컴퓨터 테크놀로지를 매개로 정보교환이 이루어지는 네트워크화된 사회적 공간"이라 할 수 있다(홍성태,1996; 박진규 외, 2019).

2) 사이버 공간의 특성

깁슨은 『Neuromancer』(1984)에서 사이버 공간이라는 단어를 정보통신이 극도로 발달한 사회의 컴퓨터·전자기술과 관련된 것으로 인식하고 사용하고 있다. 사이버 공간의 특성을 정리하면 다음과 같다(오윤선·황인숙, 2016; 조동기, 2016; 문인철, 2017).

(1) 탈체현성과 비가시성(invisibility)의 특징을 지닌다.

사이버 공간의 탈체현성과 비가시성은 익명성(anonymity)과 연결되어 현실공간에서 신체적 제약 때문에 수행할 수 없는 다양한 행위를 사이버 공간에서 실행할 수 있다는 이점을 갖는다. 이는 상대방뿐만 아니라 자신의 정체가 잘 드러나지 않는 상태가 익명성이다. 개인의 실체를 드러내지 않음으로써 사회적 차별이나 정치적 보복에 대한 두려움이 없이 행위할 수 있다는 긍정적 측면과 익명성으로 인해 말과 행위에 대한 책임의 소재가 불분명해진다는 부정적 측면이 있다.

(2) 시공간의 축약과 확장이다. 누구나, 그리고 언제나 사이버 공간에 들어갈 수 있다.

사이버 공간에서의 행위자는 지구 반대편에 있는 사람과 실시간으로 의사소통을 할 수 있다. 인터넷에만 접속할 수 있다면 언어나 국경, 그리고 시간에 구애받지 않고 원하는 행동을 24시간 내내 할 수 있다. 이러한 사이버 공동체는 자신의 독특한 관심이나 욕구의 소유자들이 쉽게 만나 단체를 형성하고 자신들의 문제를 도우면서 극복해 가는 긍정적 측면이 있는가 하면 반사회적인 동기를 가진 사람들이 모여 사회 일탈행위를 형성하는 토대로서의 부정적 공동체 형성도 가능한 양면성을 갖는다.

⑶ 양방향성과 멀티미디어적 특징을 갖는다.

사이버 공간은 시간, 공간, 인종, 성별, 나이에 구애받지 않으며, 누구나 정보를 생성, 유통, 교환할 수 있다. 정보를 생산하는 자와 그것을 소비하는 자로 구분되던 이전 공간과는 달리 사이버 공간에서는 모두가 정보를 생산하고 유통시키고 소비한다. 이러한 사이버 공간의 기술은 양방향적인 커뮤니케이션을 가능하게 하여, 커뮤니케이션 당사자들이 서로 피드백을 활발하게 할 수 있게 해 준다. 또한 사이버 공간의 기술은 문자, 음성, 화상을 통합하는 멀티미디어의 활용을 가능하게 함으로써 상호작용성을 높여 준다.

⑷ 디지털 기록과 보존성을 생각해 볼 수 있다.

사이버 공간 기술은 개인들의 활동에 대한 지속성이 있는 전자기록을 남기고 정보의 전파를 쉽게 한다. 사이버 공간에 저장된 정보는 무한정 복제가 가능하므로 영원히 사라지지 않는다. 실제로 사이버 공간에서는 이전의 공간에서 수개월에 걸쳐서 발생할 일들이 일주일이나 하루만에도 나타날 수 있다. 이러한 기록과 전파는 안정적인 정체성과 결합되어 익명적인 행위자들에 대한 비평을 가능하게 하고 그 과정에서 사이버 공간의 신뢰가 나타날 수 있게 해 준다는 긍정적 측면이 있다. 부정적인 측면으로는 개인 활동에 대한 기록이 개인에 대한 정보 유출이나 프라이버시가 침해되기 쉽고 개인에 대한 제도적 권력에 의해 감시가 쉬워진다.

3) 사이버문화의 특성

사이버문화는 인터넷 사용자들이 컴퓨터를 매개로 하여 상호 간 커뮤니케이션 하는 상호작용 속에서 형성되는 문화로 설명하고 있다. 이를 구체적으로 살펴보면 다음과 같다(오윤선 · 황인숙, 2018: 조동기, 2016).

(1) 익명성과 탈금제의 문화이다.

누구나 제약받지 않고 들어가 자유롭게 돌아다니며 정보를 교환하며 의사소통을 하는 곳이기 때문에 익명적 관계를 원칙적으로 존중한다. 사이버 공간에서는 자신의 정체성을 드러내지 않아도 되기 때문에 자유로운 의견표현과 정체의 실험을 가능하게 해 주지만, 무책임성과 무절제를 조장할 수 있다. 따라서 개인의 실체를 드러내지 않음으로써 사회적 차별이나 정치적 보복에 대한 두려움이 없이 행위할 수 있다는 긍정적 측면과 익명성으로 인해 말과 행위에 대한 책임의 소재가 불분명해진다는 부정적 측면이 있다.

탈금제는 사이버 공간에서의 익명성으로 인하여 대면에서는 함부로 말하지 못하는 내용을 표현하고, 구속감을 적게 느끼고, 개방적인 태도를 가지게 되는 현상을 말한다.

(2) 개방성과 다양성의 문화이다.

성별, 나이, 개인적 지위 등에 관계없이 누구나 자유롭게 들어와 정보를 공유할 수 있다. 인터넷에 자유롭게 글을 올림으로써 수많은 사람들과 의견을 공유할 수도 있고 자신과 비슷한 관심 영역을 가진 사람이나 집단과 공동체를 형성할 수도 있다. 또한 자신에게 필요한 정보를 검색하고, 걸러 내는 데도 쉽다. 사회적 지위, 권력, 권위에 관계없이 모든 사람들이 참여하여 자신의 목소리를 낼 수 있지만, 정보의 난립으로 정보의 신뢰도가 하락, 집단규범의 영향력이 약화되어 일탈적・반사회적 행위가 나타난다.

(3) 초월성과 가상성의 문화이다.

초월성과 가상성은 현실공간의 장벽을 극복하게 해 주고 자유로운 사고의 실험을 가능하게 해 주지만 현실감각의 약화와 현실도피 경향을 초래할 수 있다. 현실공간에서 실현불가능한 상상의 세계의 실험과 이상세계를 탐험해 볼 수 있으나 이는 현실감을 떨어뜨리고, 복잡하고 어려움이 많은 현실로부터 가능성을 강화시키는 문제점도 내포하고 있다. 또한 이러한 가상 세계를 지나치게 의존하다 보면 현실 감각이 떨어져 불안정한 심리상태를 야기할 수 있고 사이버중독 증상을 예상해 볼 수 있다.

(4) 연결성과 전파성의 문화이다.

연결성은 사이버 공간에서 비슷한 생각과 관심을 바탕으로 새로운 관계를 쉽게 형성할 수 있다. 전파성은 시공간을 초월한 관계형성을 통해 다양한 정보나 메시지가 신속하게 전달될 수 있다는 것이다. 연결성과 전파성의 특징은 시간적, 공간적 제약을 완화시켜 줌으로써 방대한 지역으로 신속하게 정보를 전파시킬 수 있으나 검증되지 않은 정보와 반사회적 행위를 쉽게 확산시킬 수도 있다.

(5) 선명성과 극단성의 문화이다.

사이버문화는 다양한 사회적 역할을 이해하는 틀을 제공해 줄 수도 있지만 고정관념에 기초한 왜곡된 현실인식과 비정상적인 행위를 조장할 수도 있다. 사이버 공간에서는 행위의 발생이 전형적인 유형을 중심으로 수렴되는 선명성과, 비정상적인 극단적 사고나 행위가 빈번하게 발생되는 극단성이 나타난다.

2. 청소년 사이버문화 유형

1) 청소년 게임문화

현대에는 다양한 매체와 전자제품들이 등장하면서 청소년의 여가활동도 그 형태가 다양하게 나타나고 있다. 최근 청소년들이 여가시간에 가장 많이 하는 대표적인 놀이는 게임문화이다. 네트워크를 기반으로 한 '이용자 간 상호작용성'을 특징으로 하는 온라인 게임의 출현은 청소년 여가활동의 주요 수단으로서 청소년 일상문화 전반에 걸쳐 그 파급효과가 갈수록 증대되고 있다. 게임은 재미, 흥미, 호기심, 몰입을 유발하여 즐거움을 주는 것으로 아동이나 청소년 발달을 도와주는 중요한 도구의 의미였다. 그러나 IT기술의 발달로 게임의 순기능도 있지만 많은 문제점도 나타나 그 역기능 또한 적지 않게 나타나고 있다. 온라인 게임의 순기능과 역기능은 근본적으로 게임이라는 도구를 사용자가 어떻게 사용하고 받아들이는 가로부터 살펴볼 수 있다. 온라인 게임의 순기능과 역기능에 대해 다음과 같이 정리하였다(김재원 · 박종섭, 2019; 박성미 외, 2015).

(1) 온라인 게임의 긍정성(순기능)

① 스트레스 해소 긴장 완화, 휴식, 여가(온라인 게임의 본질적 순기능)

인터넷 게임의 순기능으로 학교에서의 제도적 틀에 대한 탈출구의 역할이다. 스포츠, 아케이드, 군사, 전략 시뮬레이션 등 다양한 종류의 게임을 하면서 그동안 쌓여온 긴장이 완화되고, 더불어 익명적 타자와의 선의의 경쟁을 시도하면서 학업 성적에 의한 스트레스가 해소될 수도 있다.

② 다양한 정체성 체험, 긍정적 사회화 경험

가상 세계에서의 게임에서는 본인이 희망하는 모든 사회적 역할을 경험할 수 있으며, 가정과 학교, 매체 등을 통해 제한적으로 이루어지는 현실에서의 사회화와 비교될 수 없는 다양하고 광범위한 긍정적 사회화를 경험할 수 있다. 이는 곧 개인 내적으로 잠재되어 있을 수 있는 다양한 정체성의 간접적 발현으로 연계되어, 성인이 된 이후에도 사회적 활동에 있어 원만하고 포용적인 태도를 발휘할 수 있는 기반으로 작용할 수도 있다.

③ 자기 존중감 강화, 이상형적 자아실현

평상시에 자기 자신에 대한 자아 존중감이 미약했던 청소년의 경우 게임을 통해 본인이 희망했던 이상형적 모습을 시행해 봄으로써 개인적 자존감을 회복할 수 있으며, 미래의 본인 모습도 예상을 해 볼 수 있는 등 자신에 대한 긍정적 가치와 태도를 강화시키는 계기가 될 수 있다. 현실에서 불만족스러웠던 자신을 게임 속 또 다른 나를 통해 변화의 기회로 삼을 수 있는 것이 게임이 지니고 있는 대표적인 긍정적 기능 중의 하나이다.

④ 독립적 사고 및 문제해결 능력 강화

게임의 구체적인 실행은 그것이 집단이든 개별이든 관계없이 철저히 혼자이며, 결국 모든 문제의 해결은 그 자신의 몫이다. 현실세계에서 부모에게 의지하며 살아가고 있는 청소년들에게는 게임이란 스스로의 독립적 능력을 시험하고, 발휘하며 과시하기도 하는 중요한 장이 될 수 있다.

⑤ 학습동기 부여

게임은 단순히 놀이문화가 아니라 게임을 통하여 지식을 습득하기도 하고 학습동기를 자극 받기도 한다. 외국어로 구성된 게임의 경우 그 구성요소를 이해하기 위한 언어나 지식을 습득해야 하고 외국어에도 관심을 가져야 한다. 따라서 좋은 게임을 자신에게 맞게 활용한다면 새로운 동기부여가 되어 도움이 될 수 있다.

⑥ 신체능력 향상

게임은 손과 눈의 협응 능력을 발달시켜 신체 발달에 기여할 수도 있다. 청각이나 촉각, 후각, 눈과 손의 협응 능력뿐아니라 인체의 감각 능력들 간의 상호 연계성이 높아질 수도 있다. 결과적으로 신체 능력의 발달은 두뇌로 이어져 뇌의 활성화에도 도움을 주게 되고 게임의 즐거움과 약간의 긴장 상태는 정신건강에도 긍적적인 영향을 주게 될 것이다.

⑦ 공격적 성향의 감소

공격적 태도의 발생이 오래되지 않고 또한 그 원인이 심각하지 않은 경우에는 게임을 통해 공격적 성향의 행위를 표현함으로써 현실에서의 그러한 태도가 대리 소모될 수 있다.

⑧ 평등적 의식배양

온라인 게임의 가상세계에서는 차별과 불평등이 존재하지 않는다. 익명성을 기반으로 인종, 성별, 연령, 학력, 사회적 지위, 경제적 지위 등 자신이 노출하지 않는 한 타인이 알 수 없다. 게임을 얼마나 잘하는가, 못하는가의 지표만이 존재할 뿐이다. 따라서 누구에게나 평등하고 대등한 관계에서 게임을 즐길 수 있다.

⑨ 기술문명에 대한 친숙감 증가

정보통신이 발달하고 인터넷 사용이 보편화되면서 누구에게나 인터넷 사용은 긍정적이고 생활에 유익한 도구일 것이다. 청소년의 경우도 흥미로운 게임을 통한 디지털 문명에 대한 호기심은 기술문명에 가까워지게 되는 긍정적 결과를 갖게 된다.

⑩ 다양성에 기반한 개성 강화

인터넷 문화의 특성은 다양성 자체에 기반을 두고 있으며, 게임 또한 마찬가지이다. 게임에서의 청소년들의 행위는 개인주의적이라고 할 만큼 개성이 강하다. 게임세계에서 만나는 다양성은 개성의 다른 이름으로 개성 있는 삶을 살아가고자 하는 청소년의 일면을 반영하고 있다.

(2) 온라인 게임의 해악성(역기능)

① 가상과 현실의 혼동

인터넷 게임에서 가상의 세계는 현실적 세계와는 달리 물리적 공간이 존재하지 않는다. 이는 가상세계와 현실세계와의 차이점이라 할 수 있다. 만약 게임에 중독이 되면 가상과 현실을 구분 못 하고 혼동한 경우가 생긴다. 이러한 상태라면 대단히 위험한 상태가 된다. 오늘날의 현실은 가상과 현실 간의 혼동이 심각한 문제로 나타나고 있기 때문에 문제이며, 더욱 심각한 점은 그것이 집단적 유행의 특성으로 전이되어질 수 있다는 데 있다.

② 폭력 및 공격성향 조장

장기간 게임을 반복해서 하게 되고 중독성의 차원으로 들어간 경우 게임과 현실을 구분하지 못하는 경우가 나타나게 되며 그 결과 현실에서의 폭력적 행위가 아무렇지 않게 발생되어지기도 한다. 비이성적으로 학습된 폭력과 공격성이 표출되는 것이다. 최근 인터넷 게임에 폭력적인 장면이 자주 등장하는 것은 가상세계에서만 가능해야 하며, 현실과 혼동에 빠져들게 되면 사회적으로 큰 문제가 될 수 있다.

③ 매체 의존성 강화, 물질주의 가치 강화 등에 의한 탈인간화

게임이나 인터넷 접속 등은 오늘날 청소년들에게는 필수적인 일상생활이며, 게임에 중독된 청소년의 경우 게임을 할 수 있는 물질적 도구들에 의해 좌우되어 인간화에 역행하는 모습으로 변해 간다.

④ 충동적 행동

게임에 중독되는 경우, 게임과의 관계가 다른 사회적 관계보다 강하고 또 대부분을 차지하기 때문에 자아 간의 적절한 조화 관계의 형성에 문제가 발생하게 되며 결국 본능적 행위가 보다 많은 작용을 하게 되어 행위의 충동성이 높아질 수 있다고 볼 수 있다. 인터넷 중독은 이성적 판단을 하기보다 감정적 충동에 의한 행동이 우선하여 문제를 일으킬 가능성이 크다.

⑤ 사회 부적응

현실에서의 타인과의 관계가 배제되어짐에 따라 타인의 의미가 상실되고 타인에 대한 흥미 자체도 감소되어 대인관계를 통한 다양한 사회적 기능을 습득하지 못하게 되는 결과가 초래되어진다.

⑥ 게임에서의 대리 만족에 의한 현실적 공허감, 우울증 유발

게임에 중독되어 게임의 모든 단계를 마스터했을 때 비로소 게임일 뿐이라는 현실적 의미를 알게 되며, 결국 허무와 공허, 우울 등의 감정에 빠지게 된다.

⑦ 신체적 악영향

게임을 장기간 오래 시행할 경우 의자에 앉아 있음으로 인해 요통, 견통, 손목 및 손가락 근육의 이상 등이 나타나게 되며, 안구 건조증, 시력 저하, 혈액 순환 장애, 소화불량 등의 현상도 나타날 수 있다.

⑧ 게임 금단 현상

게임에서 벗어나고자 할 때 초조, 불안, 환상, 환영 등이 보이고 식욕이 저하되며 모든 일에 의욕이 저하되는 현상이다.

⑨ 가족과의 대화 단절의 현상

게임으로 인하여 가족과 대화가 단절되는 경우 오해발생 및 가족 폭력 등 다른 심각한 가족문제로 확대될 수도 있다.

⑩ 학습 장애현상

게임에 투자하는 시간이 절대적으로 증가하고 모든 관심이 게임에 집중되어짐에 따라 심각한 학습 장애가 발생될 수 있다.

⑪ 불평등적 성역할이 강화되어진다.

게이머들은 자신도 의식하지 못하는 상태에서 왜곡되어진 불평등적 성역할을 학습받게 된다.

[사진 6-1] 2018 대한민국 청소년 게임잼
(문화체육관광부와 한국콘텐츠진행원이 개최하는 무박 3일 게임개발 축제)

2) 청소년 스마트폰 문화

스마트폰(smartphone)은 모바일 사회(mobile society)로 진입한 현대사회의 아이콘이라고 할 수 있다. 이는 스마트폰이 기존 휴대전화와의 커뮤니케이션뿐만 아니라 정보처리, 오락 등 미디어의 모든 기능을 할 수 있기 때문이다. 이러한 이유로 스마트폰은 다양한 기능의 활용과 편리성 때문에 우리 사회에 큰 변화를 가져왔으며, 현대인의 필수품이 되었다. 한국의 스마트폰 보급률은 전 세계에서 최상위권이며, 대부분의 청소년이 스마트폰을 이용하고 있다. 오늘날 청소년들이 친구와 교류하며 커뮤니케이션하는 주요 수단으로 SNS가 대두되고 있음을 보여 주는 것이다(배상률 외, 2013).

청소년의 스마트폰 이용의 주요 목적은 전화통화는 물론이고, 카카오톡이나 채팅,

음악, 동영상, 인터넷 검색, 게임, SNS 등 다양한 기능들을 복합적으로 사용하고 있다. 스마트폰 문화가 갖는 중요한 특징을 다음과 같이 정리하였다(노자은 외, 2019; 이재현, 2013).

(1) 스마트폰의 가장 큰 장점은 휴대성과 즉시성으로 접근의 용이성이다.

휴대하기 간편하고 언제 어디서든지 정보접속이 가능하며 원하는 때 바로 정보를 얻을 수 있다. 과거에는 PC가 설치되어 있는 공간에 있어야만 가능했던 사이버문화 활동이 이제는 걸어 다니면서, 이동하면서, 누워서, 어디에서든 가능하게 되었다.

(2) 스마트폰 문화는 청소년들의 끊임없는 소통의 장을 이끈다.

스마트폰을 통해 독특한 상호작용 및 커뮤니케이션의 양식을 만들어 냄으로써 소통의 장이 이어지게 된다. 이러한 특징은 소통적 제약을 벗어나 타인과 끊임없는 사회적 관계를 맺게 해 준다. 청소년이 사이버 문화를 향유하는 행위는 세계와의 소통이며 타인과 사회적 관계를 형성하고 그 관계를 유지하려는 것이다. 인간은 이러한 커뮤니케이션을 통해 서로 의미를 공유함으로써 공동체의 규범으로서의 문화를 창출하는 특징을 지니고 있다(강준만, 2017).

(3) 청소년의 일상생활에서 스마트폰은 단순한 의사소통 도구나 정보를 주고받는 수단 그 이상이다.

청소년들은 스마트폰을 매개로 자신을 표현하고, 또래 친구들과의 관계를 만들고 유지하고, 게임과 동영상을 즐기고, 가상 및 현실의 캐릭터를 통해 대리만족과 그들만의 새로운 이야기를 만들기도 한다. 또한 스마트폰을 이용하여 상대방의 얼굴을 화면으로 보며 소통이 가능하고, 문자적인 수단 역시 가능하다. 음성만으로도 소통이 가능하며 한 사람뿐만 아니라 여러 사람과의 소통이 동시에 이루어질 수 있다. 이렇게 스마트폰은 의사소통의 도구와 방법을 다양하게 제공한다. 청소년들은 스마트폰을 사용하는 자체가 하나의 문화뿐만 아니라 그 안에 탑재된 기능과 수많은 애플리케이션으로 다양한 문화 활동이 가능해졌다.

3) 청소년 SNS 문화

'소셜 네트워크 서비스(Social Networking Service)'는 사용자 간의 자유로운 의사소통과 정보 공유, 그리고 인맥 확대 등을 통해 사회적 관계를 생성하고 강화해 주는 온라인 플랫폼을 의미한다. 청소년 세대는 SNS 등 뉴미디어 사용이 기성세대에 비하여 매우 활발하고 월등하다. 온라인상에서 자기표현 욕구가 강하고 쉽게 친구 관계를 맺고 또한 독립적인 자신들만의 영역을 필요로 하면서 많은 청소년들이 SNS를 이용하고 있다. 청소년들이 가장 많이 이용하는 스마트폰 서비스가 SNS로 나타난 결과는 이를 뒷받침한다. SNS의 몇 가지 특성을 정리하면 다음과 같다(노자은 외, 2019; 이효성, 2012; 조소연, 2017).

(1) SNS는 인터넷을 기반으로 촘촘한 대인 간 네트워크 구조를 갖고 있기 때문에 상호작용적인 대인 커뮤니케이션이 가능하다.

SNS 문화는 소셜 플랫폼을 통해 자기표현의 도구로서 최대효과를 낸다. 청소년들은 자신의 정체성을 탐색하고, 표현하는 방법으로 'SNS'나 SNS 문화에서 자신이 지향하는 아이덴티티를 갖고 싶어 하고 이를 계속 유지하고 싶어 한다. 복잡하고 급속히 변하는 사회에서 개인은 자신과 관련된 다른 사람들과 유대관계를 맺을 필요성을 느끼게 되며 이를 위해 자신을 효과적으로 표현하고 다른 사람들의 반응을 신속하게 확인하고자 한다. 이 같은 욕망을 채워 주는 데 가장 적합한 매체로 간주되는 SNS는 교류빈도, 친밀감, 호혜성, 감정적 강도를 증진시키는 데 적절한 특성을 가지고 있다. 교류빈도(interaction frequency)는 개인 간 관계 형성의 핵심요소로서 구성원들 간 만남의 횟수를 의미한다. SNS에 참여하는 교류빈도가 높은 경우 얻을 수 있는 유·무형의

성과는 증대된다. 특히 현실적으로 만나거나 대화하기 힘든 사람과도 SNS 상에서는 관계를 맺고 유지할 수 있다.

(2) SNS는 친밀감(intimacy)형성이 쉽다는 특성을 가지고 있다.

SNS를 통한 관계 형성 및 유지가 매우 용이하다. SNS를 통해서 친구들을 형성하고 사귀는 것은 매우 쉬우면서도 부담을 느끼지 않는다. 효과적인 또래관계 형성 및 유지를 가능하게 한다. 10대 청소년들은 '나'를 표현하기 위한 수단으로 SNS를 사용하기도 하지만 '또래집단 속에서의 나'를 표현하는 데 더 중심이 맞춰져 있다. 타인과의 관계를 연결시키는 것을 중요하게 생각하므로 그 수단으로서 SNS는 매우 효과적이다.

(3) SNS는 호혜성(reciprocity)이라는 특성을 가지고 있다.

호혜성의 개념은 구성원 상호 간에 느끼는 호의와 의무(favors and obligation)이며, 두 집단의 상호적인 강화(reinforcement)를 말하는 것으로 강한 유대를 만드는 핵심요소이다. 호혜성은 상대방의 노력으로 인해 다른 상대방이 혜택을 받거나, 감사하는 마음을 느끼거나, 나아가 상대에게 은혜를 입고 있다는 감정을 지각하는 것이라 할 수 있다.

(4) SNS 플랫폼의 상호작용과 무선인터넷의 이동성, 융합기술의 발달을 가져왔다.

SNS 플랫폼의 상호작용 구조와 무선인터넷의 이동성, 융합기술의 발달은 우리 삶의 관계양식에 편리함을 주는 동시에 프라이버시의 침해, 사이버 폭력이나 사이버 따돌림, 명예훼손 정보의 확산, 음란·폭력정보의 확산 등 부정적인 문제도 양산하고 있다. 이 외에도 SNS에는 다양한 측면에서 청소년들이 자유롭고, 쉽게 문화활동이 가능할 수 있는 기능이 있다.

4) 청소년 웹툰 문화

웹툰(Webtoon)이란 웹사이트의 '웹(Web)'과 '카툰(Cartoon)'의 합성어이다. '인터넷만화', '온라인만화', '디지털만화', '모바일만화' 등 기술적인 진화를 거치며 개념적으로 폭넓은 스펙트럼을 지니게 되었으며, 넓은 의미에서 인터넷 미디어를 통해 연재되는 만화 전체를 가리킨다(윤기헌 · 정규하 · 최인수, 2015).

청소년 웹툰 문화는 '디지털 내러티브'의 특징을 지닌다. 내러티브는 구술이나 문자매체에만 의존했던 과거와 달리, 현대사회에서는 '스마트폰'으로 대표되는 모바일 매체를 통해 유통되고 소비되면서 그 성격이 크게 변화하였다. 대표적으로 웹툰 문화는 기존의 내러티브 문화의 이야기 형식은 물론 이야기 수용 양식에 디지털기술의 특정한 매체적 속성이 반영됨으로써 변화된 문화이며, 이용자의 선택 및 수행, 그리고 이용자 간의 커뮤니케이션과 같은 상호작용을 통해 이야기가 구현된다. 특히 '매회 작은 분량의 스토리가 이어지는 드라마 형식'인 웹툰은 사람들과의 공감을 형성한다(전경란, 2017). 웹툰에서의 적극적인 상호작용은 주로 점수 시스템이나 댓글을 통해 구현된다. 이러한 댓글 문화의 특징을 다음과 같이 설명하고 있다(이승형, 2019).

청소년들이 웹툰 연재 게시판에 댓글을 달고, 웹툰에 대한 만족도나 작품성에 대해 별점을 주면서 직접적으로 반응하고, 웹툰 내용에 대한 자신만의 의견이나 해석을 덧붙이면서 적극적으로 이야기 전개에 영향을 끼치는 방식이다. 이러한 문화적 특징을 갖는 웹툰은 이용자의 즉각적인 반응 및 새로운 내용적, 형식적 시도에 기반한 집단 문화로서의 성격을 보인다. 따라서 청소년들은 자신들이 상상하고 표현하고 싶었던 이야기들과 유사하게 표현된 웹툰을 보면서 대리만족을 느끼며, 댓글로 웹툰에 대한 적극적인 의견을 제시하여 작가와 함께 웹툰의 이야기를 이끌어 나가는 창조적인 역할을 하게 된다.

Plus Point

하워드 라인골드(Howard Rheingold)의 5가지 소셜미디어 리터러시

- 주의(Attention): 소셜미디어 리터러시 중 가장 기본적인 요소로 디지털미디어의 비판적 소비자가 되기 위해 소셜미디어에 주의를 집중하는 방법을 배울 필요가 있다.
- 참여(Participation): 소셜미디어에 참여할 때, 우리는 수동적 소비자가 아니라 활동적 시민이 된다.
- 협력(Collaboration): 소셜미디어는 사람들이 함께 협력할 수 있는 장을 열어 주고 있다. 소셜미디어를 통해 전 세계 사람들이 뭉치고 협력하며 공동으로 문제해결에 나서고 있다. 예로써 2009년에 트위터 축제가 개최된 적이 있었는데 당시 수천 명의 자원봉사자와 기부자들이 깨끗한 물을 필요로 하는 우간다와 이디오피아의 우물을 파는 데 필요한 기금을 모으기도 했다.
- 네트워크 지식(Network Awareness): 19세기 산업화 시대, 20세기 정보화 시대를 거쳐 21세기인 오늘날 우리는 네트워크 사회에 살고 있다. 네트워크화된 온라인 공간에서 평판과 호혜성이 점차 중요해지고 있다.
- 비판적 소비(Critical Consumption): 온라인 공간에서 무엇이 신뢰할 만하고 누가 신뢰할 만한지를 가려내는 능력을 의미한다. 정보소비자가 비평가가 돼야 하고 정보의 실재에 대해 끊임없이 조사해야 한다(한국청소년정책연구원, 2013).

출처: http://www.educause.edu

3. 청소년 사이버문화의 문제점

1) 과다이용 문제 행동(스마트폰 · 인터넷 · 온라인 게임 중독)

청소년들은 소셜미디어를 통해 폭력적이거나 선정적인 콘텐츠에 매우 쉽게 접근할 수 있다. 청소년들의 온라인 게임 과다 이용은 청소년 개인에게 신체 · 정신적 문제 등 여러 가지 부작용을 낳고 있다. 게임에 대한 강박 및 갈망은 그에 대한 과도한 이용으로 이어지고 있다. 게임을 많이 이용하는 청소년들은 게임을 적게 이용하는 청소년들에 비해 타인에 대해 긍정적으로 생각하는 경향이 낮고 친구관계에 소극적인 것으로 나타났다. 폭력적 게임을 많이 하는 청소년일수록 폭력에 대해 둔감해지고 폭력적 성격으로 점차 변화되는 것으로 밝혀졌다. 온라인 게임의 과다 이용은 실제 오프

라인에서의 일탈 행동으로 이어질 수 있어 그 문제의 심각성이 크다고 할 수 있다. 스마트폰 · 인터넷 · 온라인 게임 중독의 발생요인을 다음과 같이 설명하고 있다(고미나, 2015; 박미향 · 박재암, 2014).

① 인터넷에 대한 의존도가 높고 인터넷 매체의 특성인 익명의 상황에 자주 노출될수록 인터넷 중독에 빠질 위험이 증가한다.

② 청소년의 낮은 자기 통제력과 높은 학업긴장이 스마트폰 중독을 일으키는 주요한 요인으로 밝히고 있다. 이러한 스마트폰 중독은 다른 유형의 사이버 비행으로 이어질 수 있다는 데 더 큰 문제가 있다.

③ 인터넷 게임중독을 발생시키는 개인적 특성 요인으로는 외로움, 스트레스, 분노행동, 삶에 대한 태도 등이 있다. 외로움을 많이 느끼고, 스트레스를 대처하는데 소극적일수록 삶에 대한 동기가 약하거나 만족도가 낮은 경우 온라인게임 중독으로 빠질 위험이 크다. 특히 남자 중학생들의 경우 분노행동이 자기비하나 성취에 대한 집착을 증가시켜 게임중독으로 이르게 하는 결과를 낳는 것으로 밝혀졌다.

④ 온라인 게임의 과다 이용의 발생요인으로 친구관계도 강조하고 있다. 친구관계가 좋지 못한 청소년일수록 게임을 과도하게 사용한다는 것이다.

2) 사이버폭력(사이버괴롭힘, 왕따, 위협, 스토킹 등)

사이버폭력은 사이버 공간에서 다른 사람에게 정신적, 물질적 피해를 입히는 공격적인 행동으로 정의된다. 이메일, 문자메시지, 웹사이트, 이미지나 텍스트 전송, 개인블로그, 채팅이나 토론방 등의 커뮤니케이션 채널을 통해 타인에게 고의적이고 반복적으로 욕설이나 폭력적인 언어를 사용하는 행위가 포함된다(김경은 · 윤혜미, 2013). 청소년이 가장 많이 경험하는 사이버폭력의 유형은 사이버 언어폭력이며, 사이버 따돌림, 사이버 명예훼손, 사이버 스토킹을 경험하고 있는 청소년들도 있었다(한국인터넷진흥원, 2019). 온라인상에서 일어나는 청소년의 사이버폭력은 성인들의 감시나 통제로부터 자유로워 가해가 지속적이고 심각한 수준으로 일어날 수 있다는 특징을 갖고 있다.

사이버 공간이 SNS와 모바일 인스턴트 메신저를 통해 일상생활로 확장되면서 사이버폭력은 청소년문제에서 나아가 심각한 사회문제가 되고 있다. 청소년의 사이버폭력이 학교폭력과 연계되는 경우에는 사이버불링으로 이어지기도 한다(강나연, 2015). 사이버폭력이 모바일 메신저의 그룹 채팅의 형태로 가해지면 사이버폭력에서 나타나지 않았던 집단배제와 집단고립이라는 사이버불링이 심화된다. 예컨대, '카따', '떼카', '카톡감옥'과 같은 모바일 메신저 내에서 나타나는 청소년 따돌림은 학교폭력의 형태로 심화된다(심홍진 외, 2014). 이러한 행위들은 휴대기기를 비롯한 사이버 기술이 학교폭력에 어떠한 형태로 이루어지는지를 나타낸다. 특히 카카오톡 메신저의 단체 대화방에서 일어나는 집단 괴롭힘은 청소년들을 자살에 이르게 할 만큼 심각한 사이버불링이다. 또한 청소년들이 메신저를 통해 나누는 대화는 언어폭력으로 이어지는 경우가 많다. 메신저에서 일어나는 언어폭력은 대부분 은밀하게 이루어지고, 가해자와 피해자를 분리시키기가 쉽지 않기 때문에 커뮤니케이션 빈도를 높이게 된다. 이로 인해 피해 청소년이 폭력과 피해 상황에 노출될 위험은 더욱 커진다. 청소년 사이버폭력은 최근 가해자가 저연령화되면서 크게 이슈화되고 있다.

3) 사이버 성폭력

오늘날 스마트폰, 태블릿 PC 등 디지털매체의 급속한 확산은 이러한 매체 이용에 익숙한 청소년들이 불법·유해정보에 노출되는 기회를 확대하고 있다. 청소년들이 거의 매일 이용하는 주요 매체로 소셜 네트워크 사이트를 비롯해 인터넷·모바일 메신저, 인터넷 실시간 방송 및 동영상 사이트 등이 등장하면서 이들을 통한 불법·유해정보에 청소년들이 무방비로 노출되고 있는 것이다(여성가족부, 2019).

사이버 음난물은 청소년들에게 성별에 대한 관점을 왜곡시키고, 성행동들에 대한 태도에도 부정적인 영향을 미친다. 음란물에 대한 반복적 접촉은 청소년들의 학습활동을 저하시키고 교우 관계에 부정적인 영향을 미치고 있다(금지헌 · 김동심 · 정수인, 2016). 더불어 온라인 음란물 이용이 자신에 대한 피해를 넘어 타인에 대한 피해로까지 이어진다는 데 그 심각성이 더욱 크다. 온라인에서 음란물을 많이 접촉한 청소년들은 성폭력이나 성매매에 대해 허용하는 경향이 크거나 음란물에 대해 긍정적인 태도를 보이는 경향이 있어 이는 결과적으로 온라인 혹은 오프라인에서의 성폭력, 성매매 등 일탈적 성행동으로 이어질 수 있다. 스마트폰을 통해 직접 성에 관련된 사진, 동영상을 찾아보거나 또래 친구들로부터 성 콘텐츠에 대한 정보를 얻는 경향이 클수록 실제 성행동에 영향을 주는 것으로 나타났다(최정임 · 정동훈, 2016). 이러한 사이버 성폭력은 익명성을 전제로 채팅을 하거나, 상대방에 대한 비난을 하는 경우 발생하는데, 범죄라고 인식하지 못할 때 그 정도가 심각해질 수 있다.

4) 사이버 사기

사이버 중고물품 거래 사기를 중심으로 한 청소년 사이버 사기는 다양한 형태로 나타난다. 청소년들은 서로 연락하기 위해 페이스북만 이용하게 하고, 와이파이가 되는 곳에서만 스마트폰을 사용하게 하는 등의 행동강령을 교육하여 스마트폰과 SNS와 같은 사이버 공간을 사기범죄에 활용한다. 이처럼 최근 인터넷과 모바일, SNS 등 청소년에게 친숙한 플랫폼을 사용한 청소년의 사이버 사기 범죄는 청소년을 범법자로 만들만큼 심각한 사회문제로 이어지고 있다. 사이버 사기의 발생요인은 불법적인 방식으로 물질적 이득을 취하는 사이버 사기 행위의 처벌이 낮은 사회적 환경과 인터넷의 비대면성이라는 매체적 특성 때문이다.

온라인 공간의 비대면성과 익명성은 사이버 사기 행위가 발각되기 어렵게 한다. 이는 가해자가 죄책감 없이 범죄를 저지를 수 있도록 한다. 불특정 다수를 대상으로 한 소액사기의 경우에는 개개인별로 봤을 때 피해의 규모가 크지 않기 때문에 사기 행위에 대한 죄책감이 들지 않게 한다. 따라서 사이버 사기 범죄를 예방하기 위해서는 사이버 사기가 타인의 재산에 피해를 입히는 범죄행위라는 인식을 높이고 온라인 공간에서 일어나는 사기행위와 피해를 가시화하여 처벌할 수 있는 방안이 마련되어야 한다(배상률, 2015). '치안전망 2020년'에서는 온라인 기사 및 댓글, 카페·블로그를 통해 허위 사실을 유포하는 명예훼손·모욕 범죄와 그에 대한 고소사건이 지속될 것으로 전망하고 있다.

4. 바람직한 사이버문화의 방향

사이버 공간은 청소년들이 학교 이외의 일상생활에서 능동적으로 새로운 경험과 변화를 모색할 수 있는 공간으로 정착되도록 하기 위해서는 무엇보다도 사이버 공간의 역기능적 문제가 해결되어야 한다. 사이버 공간의 역기능적 문제 해결과 더불어 사이버 공간이 건전한 청소년문화의 공간으로 정착되기 위한 방안들이 동시에 마련되어야 한다. 사이버문화 발전을 위한 구체적인 대안과 방향을 제안하고자 한다(안중환, 2019; 오윤선·황인숙, 2018; 노자은 외, 2019).

1) 사이버 공간에서 지켜야 할 예의와 예절을 확립해야 한다.

사이버 공간을 잘 활용할 수 있는 기본적인 교육과 규범의 확립은 매우 시급하다. 사이버의 특성상 익명성이 보장되므로 무례한 태도를 보이기도 한다. 따라서 건강하고 긍정적인 사이버 문화가 정착되기 위해서는 기본적인 예의와 예절이 확립되어야 한다. 그러기 위해서는 사이버 공간 내 규범이 정립되어야 한다. 사이버 공간에서 참여하게 되는 문화 활동이 지나치게 개방적이고, 규범과 질서가 무너진다면 걷잡을 수 없는 사태가 발생한다. 이는 심각한 사이버 폭력, 사이버불링 등의 문제와도 직결되고 있다. 그러므로 사이버 공간의 규범이 확립되고 공유된다면 이런 문제들을 사전에 예방할 수 있는 하나의 방안이 될 것이다.

2) 유익한 컨텐츠 개발과 보급이 요구된다.

학습분야, 진로탐색, 여가 등 청소년문화 전반에 걸쳐 자기를 표현하고 정보를 획득하며 건전하고 유익하게 사용할 수 있는 컨텐츠를 개발함으로써 사이버 문화의 순기능을 부각 시키는 것이 필요하다. 사이버 공간은 청소년들이 스스로 대안문화를 창출하는 공간이 되어야 할 것이다.

3) 사이버 문화를 미래 지향적인 수단으로 적극 활용하여야 한다.

사이버 문화는 청소년 시기에 주요한 과제가 되는 진로와 미래 탐색의 선택에 있어서 매우 유용한 수단이 된다. 단지 순간의 즐거움을 충족하는 것 이상으로 미래 지향적 발전이 가능하다. 사이버 문화는 청소년의 순간의 여유와 여가를 즐길 수 있는 수단이 되기도 하지만, 자신의 삶에 있어서 미래지향적인 삶을 위한 수단으로 적극 활용할 수 있다. 이러한 점은 청소년 사이버 문화가 재미와 자기발전을 병행할 수 있는 문화로 자리 잡을 수 있음을 의미한다.

4) 청소년들이 소셜 미디어를 잘 활용할 수 있는 환경 조성이 요구된다.

스마트미디어를 통해 유용한 정보를 찾을 수 있는 능력을 함양해 주고 스스로 스마트폰 사용을 통제할 수 있는 절제력을 기르기 위한 교육의 강화가 필요해 보인다. 자기통제력이란 "청소년이 스스로의 정서, 행동을 직면하는 다양한 상황에서 자제할 수 있는 능력"을 말한다. 또한 자기 통제력은 충동조절 또는 자기관리나 자기조절 등의 용어로 지칭되기도 한다. 만약 통제력이 갖춰지지 않았다면 인터넷 과몰입과 중독의 위험에 노출될 수 밖에 없다. 그러므로 사이버문화가 긍정적으로 발전되기 위해서는 청소년 개인의 자기 통제력이 강화되어 적절하고 정당하게 활용될 수 있어야 한다.

5) 미래사회에 적극 대처하기 위해서는 글로벌 마인드를 확산할 필요가 있다.

청소년들의 4차 산업혁명시대를 대비한 코딩교육, 가상현실교육, 미디어교육도 필요하지만 기회접근에 대한 청소년들의 마인드확산이 필요하다. 청소년 사이버문화의 글로벌 마인드 확산을 통해 다양한 정보에 접하게 함으로써 급변하는 제4차 산업시대에 능동적으로 대처할 수 있는 준비가 필요하다.

youth culture theory

연습문제

01 다음 보기가 설명하는 사이버 문화의 특성은?

> 보기
> 사이버 공간은 자신의 정체성을 드러내지 않아도 되기 때문에 자유로운 의사표현과 정체성 실험을 가능하게 해 주지만 무책임과 무절제를 조장할 수 있다.

① 익명성과 탈금제의 문화
② 연결성과 전파성의 문화
③ 초월성과 가상성의 문화
④ 디지털기록과 보전성의 문화
⑤ 선명성과 극단성의 문화

02 사이버 공간이 청소년에게 미치는 부정적인 측면이 아닌 것은?

① 인터넷 중독의 위험
② 사이버 공간에서 접하는 정보나 사람의 유익성
③ 익명성으로 인한 일탈행위의 기회제공
④ 자기분절과 정체성 위기의 경험제공
⑤ 가족과의 대화 단절의 현상

03 사이버 공간의 특성 중, 대면적 상호작용에서 발견되는 정체확인의 단서나 기호들이 탈각되는 현상과 관련된 것은?

① 양방향 커뮤니케이션
② 탈체현성과 비가시성
③ 디지털기록과 보존성
④ 시공간 축약과 확장
⑤ 개방성과 다양성

정답 | 1. ① 2. ② 3. ②

07 청소년과 성문화

1. 성의 이해
2. 청소년기의 성 발달 특성
3. 청소년과 이성 관계
4. 사이버 공간에서의 청소년 성문화
5. 청소년성매매와 성보호

youth culture theory | chapter 07

청소년과 성문화

청소년기는 발달 특성상 성적 호기심이 많은 시기이다. 성은 개인의 삶과 행복에 영향을 주기 때문에 성을 어떻게 이해하고 경험하는가는 성가치관을 형성하는 데도 중요하다. 최근 청소년들이 접하고 있는 다양한 성 정보는 인터넷과 미디어 매체를 통해 빠르게 전파되고 있으며, 가정과 학교 성교육은 청소년에게 노출되는 성 정보를 따라잡기 어렵다. 청소년을 이해하고, 청소년이 성적 주체로 살아가도록 도와주기 위해서는 먼저 청소년의 성문화를 이해할 필요가 있다.

1. 성의 이해

성(性)은 여러 가지 의미로 해석되고 있다. 성(性)이라는 한자는 심방 변(心)에 날 생(生자)를 붙여서 쓴다. 심방변은 마음(心)을 뜻하고 날 생(生)은 태어남, 즉 신체를 의미한다. 따라서 성이란 마음과 몸의 양면을 나타내는 것이며, 인간 그 자체를 말하는 것이다. 특히 성은 생물학적인 동시에 사회적 의미를 가지는 섹스, 젠더, 섹슈얼리티라는 3가지 개념으로 대별된다(이나영, 1999).

1) 섹스(sex)

섹스는 염색체, 호르몬, 성기구조 및 모양 등 생물학적인 차이에 기인하는 신체적 차이로서의 여성과 남성의 구분이다(조심선희, 2006). 섹스는 눈에 보이는 성기 모양의 차이나 재생산 능력에 관계된 생물학적인 차이에 기인한 여성과 남성으로, 생물학적 성별을 나타내는 것을 의미한다. 성별은 남녀를 신체구조, 즉 남성과 여성의 생식기를 기반으로 구분하는 의미인데 우리는 남녀 간의 성관계를 의미하는 말로 통용해 오기도 했다. 이러한 성별은 태어남과 동시에 남성과 여성으로 구별되고 특별한 경우가 아니면 변하지 않는다. 이를 다른 말로 생물학적 성이라고 한다.

2) 젠더(gender)

젠더는 문화적인 측면에서 바라본 성의 개념이다. 이는 생물학적인 성을 기반으로 사회문화적으로 구성된 성(별)정체성으로서의 여성과 남성으로 이해된다(조심선희, 2006). 젠더는 여성성, 남성성이나 사회적 요구에 따라 길러진 성역할을 의미한다. 젠더에 의해 규정된 남성성과 여성성은 인간이 삶을 살아가면서 학습한 결과물로, 사회 내에서도 사회적인 특성과 구조에 따라 변화된다. 따라서 젠더는 특정 사회를 지배하고 있는 가치, 규범, 성역할 기대 등에 의해 학습되고 내재화된, 사회적으로 구성된 것이다.

지금까지 우리는 사회적으로 구성된 성역할 고정관념을 갖고 살아왔다. 성역할 고정관념은 우리의 일상에 직접적인 영향을 미칠 뿐 아니라 개인의 직업 선택 등 미래의 삶을 설계하는 데에도 영향을 미친다. 이러한 성별에 따라 고정된 사회적 역할을 기대하는 사고방식은 근거 없는 차별의 원인이 된다. 이제 우리는 성역할 고정관념의 틀을 깨고 개개인의 특성을 맘껏 발휘할 수 있는 성역할에 대한 유연성을 가져야 한다.

3) 섹슈얼리티(sexuality)

섹슈얼리티는 성적인 것들(the sexual)을 총칭하는 말로 정의한다. 부산대학교 여성연구소(2011)는 섹슈얼리티를 성행위에 대한 인간의 성적 욕망과 성적 행위, 그리고 이와 관련된 사회제도와 규범을 의미하며, 육체적 성행위에서 확대되어 성적 실천과 정체성, 성적 욕망, 감정과 관계까지 포함하는 개념으로 보았다.

위의 3가지 성 개념을 종합해 보면, 인간의 성(性)이란 남녀 간의 성행위만이 아니라 보다 폭넓은 의미의 성(sexuality)으로 정의할 수 있다. 성에 대한 신념, 태도, 가치관, 지식, 그리고 개인의 성 행태까지 모두 포함하는 개념이다. 좀 더 구체적으로 말하자면 남녀의 성 기관과 성반응의 해부학적, 생리학적, 생화학적 이해를 포함하여 성적인 발달과정, 남성 또는 여성으로서의 역할, 성 성향, 성에 대한 생각, 느낌, 태도, 가치관, 그리고 인간관계까지 모두 포괄하는 개념이다(배정원, 2010).

2. 청소년기의 성 발달 특성

1) 성행동 발달 특성

청소년기 성행동은 직접적으로 드러나는 성행동과 간접적으로 이뤄지는 성행동으로 나눠볼 수 있다. 직접적인 성행동은 관계 속에서 친밀감을 표현하는 긍정적인 신체접촉과 상대방이 원하지 않는 성폭력을 비롯한 강요된 성적 행동으로 나타나는 부정적인 행동이 있다. 간접적인 성행동으로는 직접적인 신체접촉 없이 인터넷이나 미디어 매체에서 제공되는 음란물을 보는 행동이다. 청소년은 이러한 왜곡된 성 정보에 노출되어 성에 대한 호기심을 행동으로 옮겨 성범죄로 이어지거나 성적 일탈행동으로 나타날 가능성이 있다.

청소년의 성 발달 특성을 살펴보면, 첫째, 청소년기는 아동기와는 달리 성관계 결과 임신을 할 수 있는 생식력을 갖게 된다. 생식력은 남자의 경우 사정이 시작되고, 여자의 경우는 배란이 시작되면 임신이 가능하기 때문이다. 따라서 성행동은 자신의 행동에 대한 책임이 따른다는 것을 고려해야 한다.

둘째, 청소년기부터는 성적 욕구를 해결하기 위해 다양한 성행동으로 나타난다. 특히 청소년들은 성호르몬과 성장호르몬이 급격히 분비되어 생리현상인 사정현상과 함께 쾌감을 경험하게 되면서 대부분 자위행위가 시작된다. 이러한 성적 쾌락을 추구하는 것은 자연스러운 현상이지만 스스로 조절하고 인내하는 훈련이 되지 않으면 성적 자극에 취약해져 위험한 성행동으로 이어질 수 있다.

셋째, 간접적인 성행동으로 청소년이 음란물에 노출되었을 때 성적 모방행동이 나타날 수 있다. 청소년들이 접하고 있는 음란물이나 불법촬영물은 상업적인 목적으로 불법 제작된 왜곡된 정보가 많다. 이러한 영상물은 여성을 성적 대상화[1)]하고, 성 상

1) 성적 대상화는 사람의 인격보다는 외모나 감각적인 면을 중요시하여 이것을 성적 행위의 대상으로만 가치를 매기는 것을 말한다.

품화[2)]하여 청소년들의 성적 호기심을 자극하고, 성에 대한 왜곡된 인식을 갖게 한다. 또한 이들이 호기심으로 음란물에 심취해 있을 때 위험한 성적 모방행동으로 나타날 수도 있다.

2) 성의식 발달 특성

성의식에 대한 정의는 학자마다 다양하게 설명하고 있다. 이러한 정의들은 성의식의 범주를 행동적인 부분과 인지적인 요소들의 포함 여부에 따라 차이는 있지만 종합해 보면 성의식은 성에 대한 가치관으로서 성에 대한 신념, 선호의 형태나 정도를 말한다. 이러한 성의식을 향상시켜 올바른 성 태도를 갖게 하는 것은 본인과 타인의 성에 대한 소중함을 인지하는 데 있어 중요한 요소이다(한국여성정책연구원, 2012).

건강한 성의식이 무엇인지는 시대와 사회적 맥락에 따라 다를 수 있다. 과거 청소년들은 대체로 성에 대해 보수성과 개방성을 모두 가지는 이중적인 경향성을 보이기도 한다. 그러나 최근 연구에서는 성행위가 더럽거나 부정한 것이 아니라고 생각하는 청소년이 80%가 넘는 것으로 나타나 성을 인간의 자연스러운 욕구로 받아들이는 것을 볼 수 있다(박은하, 2016).

건강한 성의식과 성행동의 발달을 위해서는 무엇보다 성교육이 중요하다. 성교육은 청소년들이 자신의 신체적·심리적 변화를 긍정적으로 받아들이고, 성적 욕구에 대해서도 정상적인 현상으로 적응해 나갈 수 있도록 다루어 주어야 한다. 또한 성행동은 상호 합의가 되어야 하고, 성인지 감수성을 갖고 서로 존중하며, 성 건강을 책임질 수 있는 안전한 성행동의 기준이 세워져야 한다.

2) 성 상품화는 소비자에게 성적인 자극을 유발함으로써 상품판매에 이익을 얻고자 성을 이용하는 것을 말한다.

3. 청소년과 이성 관계

청소년기는 신체적인 발달과 함께 심리적 변화를 겪게 되면서 이성에 대한 관심과 동경을 가지는 것은 자연스러운 현상이다. 이성에 대한 관심은 신체적 발육이 빨라지면서 과거보다 훨씬 빨라지고 보편화되고 있다. 동성 간 우정뿐만 아니라 이성 간의 우정 및 이성교제도 중요해지며, 애정의 대상이 동성 친구에서 이성으로 자연스럽게 옮겨진다. 이성 관계는 상대방을 통해 자신의 모습을 알아가는 계기가 되어 발달과정에서 중요한 의미를 지닌다. 이러한 청소년기의 이성교제는 개인의 사회적 성장과 인격 발달, 기타 욕구를 충족시켜 줄 수 있는 기능을 수행한다.

1) 이성 관계의 기능

이성과의 교제는 두 남녀의 상호적응과 사교적 기술이 필요하며 심리적·감정적·인격적 요인이 많은 작용을 한다(김정옥, 2001). 특히 청소년 시기의 이성교제는 성인기 이성 관계를 위한 중요한 과정일 뿐 아니라 사회적 유능성과 사회인지 능력의 발달을 촉진하는 가장 중요한 요인으로 인정되고 있다(한상철, 2004). 청소년기 이성교제의 기능은 다음과 같다.

(1) 사회화 기능

성격이 다른 이성과의 만남은 다양한 경험을 하게 된다. 이성교재는 다양한 상호작용과 역할을 하게 되면서 동성친구에게서 느껴보지 못한 각각의 사회화 기능을 습득하게 된다. 즉, 자신의 성격이나 행동 특성이 상대방에게 미치는 영향을 경험하면서 서로의 갈등 해결과 관계 만족에 긍정적인 영향을 미칠 수 있는 학습의 장이 될 수 있다. 이러한 경험은 이성 관계에서 의사소통이 무엇보다 중요하다는 것을 알게 되고, 서로 선호하는 말투, 태도, 사고방식 등 연애를 통해 많은 것을 배울 수 있는 기회가 된다. 따라서 이성교제는 다른 사람과 어울리는 사회적 기술을 터득하면서 친밀감을 형성하는 사회화 기능을 한다(한상철, 2000).

(2) 자아정체감 형성의 기능

청소년기는 자아정체감을 형성하는 시기로 이성교제는 상대를 통해 점차적으로 자신의 독자성을 갖게 한다(박연호 외, 2014). 이성과의 상호작용은 자기 자신의 모습을 객관적으로 알아 갈 수 있게 하며, 자신의 장단점을 스스로 평가하고 돌아보게 되는 자기성찰의 경험이 되기도 한다. 이러한 이성과의 관계 경험은 자신의 가치를 깨닫게 하고, 자신만의 고유한 특성을 알아 가게 하는 기능을 한다.

(3) 인격형성의 기능

청소년기 이성교제는 이성과의 만남이 시작되면서 상대방의 관심을 끌기 위해 주의를 기울이는 노력을 하게 된다. 이성 관계에서 이성의 관심을 받는 성취감을 느끼게 되고, 자신의 장·단점도 알게 된다. 이러한 경험은 상황에 적절한 대처를 위한 자기반성을 하게 되고, 자신의 행동을 규제하면서 적절한 역할수행을 경험하는 과정에서 인격형성을 도모하게 된다(한상철, 2000). 이러한 이성 간의 만남은 사랑하고 갈등하면서 아픔 속에서도 자기를 발견하고 자아를 확장해 가며 연애를 통해 인격적인 성장의 기회가 된다.

(4) 이성에 대한 적응의 기능

이성교제는 이성과의 만남을 통해 나와 다른 성을 탐구하고, 다양한 활동에서 상호작용함으로써 이성에 대한 적응을 익히게 된다. 이성교제는 만남을 통해 시행착오의 과정을 겪게 되고, 이러한 과정에서 자신의 부족함을 채우려는 노력을 하게 된다. 이성교제를 하는 당사자들은 대개 상대방에게 좋은 인상을 주려는 노력을 하게 되고, 이성의 기대에 맞추기 위해 자신의 행동을 조절하고 통제하는 반복된 경험을 통해 성숙해 가면서 이성에 대한 막연한 환상을 버리고 현실적인 기대감을 갖게 된다.

(5) 자신감과 정서적 안정의 기능

청소년기 이성교제는 친밀감을 경험하면서 자신감과 정서적 안정을 경험할 수 있다. 이성 친구와의 데이트 활동을 통해 기쁨과 즐거움을 누리는 기능을 한다. 이성교재를 통해 따뜻한 마음을 느낄 수 있는 지지와 우정, 친밀감을 주고받으며 자신감과 심리적 안정을 갖게 한다(김제한, 1999). 또한 이성친구의 존재와 긍정적인 반응으로 인해 자아존중감이 높아지고 정서적 안정감을 얻게 된다.

(6) 배우자 선택의 기능

청소년기 이성교재는 만남을 통해 배우자 선택 방법을 배울 수 있고, 이것은 곧 성인이 되어서 이성과의 관계를 준비하는 과정이 될 수 있다. 이성과의 관계는 미혼에서 기혼으로 사회화하여 결혼에 이르기까지의 중요한 인간관계 경험이다. 십 대의 청소년들은 결혼을 이성교제와 관련시켜 생각하지 않고 동료로서 즐기며 자기 자신에 대한 수용을 경험하게 한다. 또한 이성교제는 우정과 다른 진정한 사랑에 대해서 알게 되고, 만남과 이별을 경험하면서 자신의 성격뿐만 아니라 자신과 잘 맞는 상대를 알게 되는 계기가 되기도 한다. 이러한 경험들은 결혼을 준비하고 자신과 잘 맞는 배우자를 선택하는 데 도움이 될 수 있다.

2) 이성교제의 문제점

청소년기의 이성교제는 시기가 점차 저연령화되고, 신체적 접촉 욕구로 빠르게 변화되는 것으로 현상을 볼 수 있다. 이성교제는 이성에 대한 이해, 원만한 인간관계, 성숙한 인격형성 등의 장점도 있지만 원만하지 못한 이성교제는 정서적으로나 성적 문제에 노출되는 부정적인 경험이 되기도 한다.

(1) 부정적인 정서

이성 관계에서의 친밀한 관계는 부정적인 정서를 유발할 수 있다. 이성교제에서 부정적인 정서를 유발하는 것은 또래 친구들이 이성 친구와의 관계를 허락하지 않는 경우나 이성교제를 하게 되면서 학업에 방해가 되는 부정적인 경험이 될 수도 있기 때문이다(곽금주, 2013).

또한 이성교제의 경험에서 가장 강렬한 부정적인 정서를 유발하는 것은 바로 헤어짐이다. 막상 이성교제가 시작되면 최근엔 그 지속기간이 100일을 넘기기 힘들어 100일을 넘기면 이벤트를 가질 정도로 만남의 기간이 짧게 나타난다. 이렇듯 청소년 시절의 이성교제는 만남과 헤어짐을 경험하면서 대부분의 청소년들이 헤어짐의 상실감에 효과적으로 대응하지 못한다. 이러한 경험은 자신에게 자책감을 갖게 하고, 자신에 대한 부정적 정서를 경험하게 된다.

(2) 성적 접촉의 문제

청소년기 이성교제는 이성에 대한 관심과 호기심이 구체화되면서 신체적 접촉 욕구가 일어난다. 손을 잡는 것부터 시작해서 포옹, 키스, 성행위에 이르기까지 개인에 따라 사랑의 표현이 다양해진다. 신체적인 접촉이 반복됨에 따라 자극의 강도는 증가하게 된다. 2019년 청소년 건강 행태 온라인조사(교육부·보건복지부·질병관리본부, 2020)에서 중·고등학생 약 6만 명을 대상으로 성관계 경험에 대한 조사를 실시하였다. 그 결과 성관계 경험은 전체 5.9%로 나타났고, 중학생이 2.9%인 데 비해 고등학생은 8.6%로 2017년 5.2%보다 높아진 것으로 나타났다. 이러한 성적 접촉은 임신과 출산 그리고 미혼 부모를 발생하게 하기도 한다.

2020 국정감사 이슈 분석 자료에 따르면 지난해 19세 이하 청소년 미혼모는 558명으로 이 중 57.2%(319명)가 19세로 집계되었다. 청소년 미혼모 중 19세 비율은 2014년 이후 지난해까지 5년간 매년 51.7~57.2%를 기록하며 전체 청소년 미혼모의 절반 이상을 차지했다. 2019 청소년부모 생활실태조사 및 개선방안 연구에 따르면 청소년

부모 중 출산 및 양육 시 가장 큰 어려움은 생활 등 경제적 어려움이 38.5%로 가장 많았고, 진로 및 취업 등 사회복귀의 어려움이 20.5%, 자녀를 위한 보육과 의료서비스 부족이 12.3%, 산전・후 관리와 자녀양육법을 모름이 7.9%로 뒤를 이었다(경향신문, 2020).

이와 같이 이성교제에서의 성교경험은 신체적・정서적 문제를 야기시킨다. 즉, 준비되지 않은 임신은 낙태와 출산에 따른 미혼부모 발생, 학업 중단 등의 사회적 문제와 성병 감염 등의 신체적인 문제뿐만 아니라 어려운 상황을 해결해 가는 과정에서의 자아존중감 결여 등 정서적 문제의 발단이 될 수 있다.

(3) 데이트 폭력

데이트 폭력은 두 사람의 교제과정에서 일어나는 육체적, 정신적, 언어적 폭력을 의미한다. 흔히 폭력을 생각하면 육체적인 상해나 성폭행을 떠올리는데 물리적 폭력은 물론이고 정신적인 압박이나 폭언 등도 해당된다. 데이트 폭력은 크게 6개 유형으로 신체적 폭력, 성적 폭력, 정서적・언어적 폭력, 디지털 폭력, 경제적 폭력, 행동제약성 폭력이 해당된다.

대한민국경찰청(2019)은 7월 1일부터 8월 31일까지 두 달간 데이트 폭력 집중 신고를 받았다. 그 결과 폭력과 상해가 64%로 가장 많았고, 가해자 연령은 20대가 35.9%를 차지했다. 데이트 폭력은 가해자와 피해자 모두가 서로를 사랑했던 연인이기에 신고가 어렵다고 하였다. 또한 데이트 폭력은 사랑과 관심, 애정을 가장해서 이루어지기 때문에 피해자 스스로 해결하기 어렵고, 가해자 역시 스스로 범죄라는 인식이 낮아 재발 우려가 높다는 특징이 있다. 그러나 데이트 폭력은 명백한 범죄이며 더 이상 연인 간의 문제가 아닌 심각한 사회문제임을 인식해야 한다.

한국여성의전화는 2017년 전체 초기상담 2,055건을 분류한 결과 폭력 피해 다수가 친밀한 관계에서 발생하는 폭력으로 나타났음을 보고하였다. 가해자는 전・현 배우자, 전・현 애인, 데이트 상대자가 45.9%를 차지해 가장 높게 나타났으며, 이 중 성폭력 피해상담 869건의 피해자가 여성이고, 가해자가 남성인 경우는 827건으로 95.17%를 차지했다. 특히 전·현 애인에 의한 데이트 성폭력이 23.7%(206건)이다.

데이트 성폭력은 데이트 중 명백한 동의가 없는 상태에서 상대방의 일방적인 강요에 의해 일어나는 성적 침해를 말한다(한국여성의전화, 2020). 데이트 폭력의 피해는 최근 증가하는 것을 볼 수 있다. 데이트 폭력은 2008년 8,952명에서 2009년 8,965명으로 증가하였다가 2014년 6,675명까지 감소한 후 2017년 10,303명으로 증가한 것을 보면, 최근 3년간 데이트 폭력이 심각함을 알 수 있다(한성훈·임채영, 2019). 데이트 성폭력은 대부분 상대방이 육체적으로 무력하거나, 강제로 성적 행동을 강요하거나, 나중에 해를 입히겠다고 위협해서 성행동을 하거나, 약물이나 술 등을 이용해 성적인 행동에 대한 자기의사를 표현할 수 없는 상태로 만든 후 성적 행동을 하는 등이 해당된다.

3) 건강한 이성교제 활성화 방안

앞에서 살펴본 바와 같이 이성교제는 순기능과 역기능이 함께 작용하는 것을 볼 수 있다. 청소년기 이성교제는 청소년기 발달뿐만 아니라 향후 이성과의 관계에 긍정적인 영향을 줄 수 있는 경험이 될 수 있도록 지도해야 한다. 따라서 성교육은 청소년에게 현실적으로 필요한 정보를 주어 왜곡된 성문화를 바로 볼 수 있는 비판적 안목을 심어 주어야 한다. 이성교제를 무조건 제한 또는 금지하기보다는 이성과의 교제가 청소년기 발달에 주요한 과업임을 이해하고 청소년에게 순기능이 활성화 될 수 있도록 격려하고 지원해야 한다.

건전한 이성교제를 활성화하기 위해서는 첫째, 성인지 감수성을 향상시켜야 한다. 성인지 감수성은 성과 관련된 문제를 감지하는 능력으로 성차별로 인해 일어나는 문제와 그 차이들이 미치는 영향 등을 알아챌 수 있는 민감성으로 성차별과 성과 관련된 불평등을 인지하는 능력이다. 성인지 감수성은 대학생들의 피임 태도와 관련성이 있으며(조영미 · 이주연, 2020), 성역할 고정관념을 수용하는 사람일수록 성폭력을 가할 가능성이 더 높은 것으로 나타났다(이은숙 · 강희순, 2014).

둘째, 성적 주체로 서기 위한 성적 의사결정 능력을 길러야 한다. 성적 의사 결정 능력이란 자신에게 성적 자기결정권이 있음을 알고, 성적 주체로서 자신의 성적 관심이나 욕구를 인정하되 충동적 욕구에 따라 행동하지 않으며, 자신의 존엄성과 몸의 건강을 어떻게 지킬지 등을 결정하는 힘을 말한다(한국양성평등교육진흥원, 2016). 이성교제 과정에서 성적 접촉은 자신에게 어떤 결과와 책임이 따르는지를 알고 원하지 않는 성행동은 거절할 수 있는 의사결정 능력을 길러야 한다.

셋째, 성적 갈등을 해결하기 위한 의사소통 기술과 함께 성적 자기주장 훈련이 필요하다. 친밀한 관계를 유지하기 위한 데이트 상황에서는 서로 다른 성적 관심이나 성행동을 요구할 때 성적 갈등이 발생할 수 있다. 성적 갈등은 원하지 않는 성관계의 승낙, 데이트 성폭력과 같은 결과로 나타나기도 한다. 성적 자기주장은 원치 않거나 안전하지 않은 성 접촉 상황에서 자신을 보호하고 성 건강을 유지하기 위한 중요한 개인적 능력으로, 성병이나 원치 않은 임신의 예방에 필요한 훈련이다. 또한 성행동은 서로의 의사를 정확하게 표현하지 못할 경우 성폭력을 유발할 수 있으므로 성폭력을 예방하기 위해서는 자기주장능력 및 의사소통 기술을 포함시킨 성적 자기주장 훈련이 필요하다(이은숙 · 강희순, 2014).

넷째, 데이트 폭력을 예방하기 위해서는 데이트 폭력에 대한 심각성을 인식하고 피해자 보호와 범죄를 예방하기 위한 제도적 노력이 필요하다(한성훈 · 임채영, 2019). 데이트 폭력 범죄는 사후 대책방안 못지않게 사전적 예방이 더욱더 필요하다. 데이트 범죄가 매우 상습적이고 지속적이면서 잔혹한 형태로 발생되지만 범죄라는 인식보다는 사귀는 사이의 사소한 다툼으로 인식하는 경향이 있다. 따라서 데이트 폭력 범죄의 특성을 반영한 법제화는 피해자를 보호하고 범죄라는 인식을 갖게 하여 예방효과에 기여할 것이다.

청소년은 미래를 책임질 주역이다. 청소년이 개방적인 성문화 속에서 서로 신뢰하는 이성 관계를 경험하도록 대상의 발달특성에 맞는 정보를 제공하여 올바른 판단능력을 갖고 성적 의사결정을 행사할 수 있도록 사회적 관심을 가져야 한다.

Plus Point

• 성문화에 대한 비판적인 이해, 평등한 관계 맺기 교육의 필요성

성을 소비하고 차별과 혐오가 난무하는 상황에서 아직 성장과정에 있는 아이들이 중심을 잡기는 쉽지 않다. 그래서 학교가 성인지적 인권 교육, 포괄적 성교육으로 아이들이 중심을 잡을 수 있도록 도움을 주어야 한다. 그런데 학교는 아이들이 경험하는 현실을 따라가기도 버거운 것 같다. 아이들에게 필요한 교육은 인간관계를 어떻게 맺을지, 연애 혹은 성적으로 친밀한 관계는 무엇인지, 성과 관련하여 원하는 것을 어떻게 표현할 것인지, 평등한 관계를 유지하기 위해 필요한 노력, 의사소통 기술, 몸에 대해 있는 그대로 존중하고 외모 때문에 자존감을 잃지 않는 것 등이다. 대중매체에서는 성을 어떻게 다루는 지, 사회 문화적인 성은 어떤지, 법은 성을 어떻게 담고 있는지 등에 대해 폭넓게 사고하는 힘을 키워야 한다.
특히 '동의'라는 것에 대해 깊이 있게 생각해 볼 수 있는 기회를 가져야 한다. '동의' 여부를 묻거나 대답하는 것을 어렵게 만드는 문화, 사회적인 압력에 대해서도 알아야 한다. 여성은 왜 '성'과 관련된 자신의 입장을 자유롭게 표현하지 못하는지, 박력 있게 접촉을 시도하는 것을 남자답다고 여기는지, 대등한 관계에서 자유롭게 각자의 생각을 이야기하고 좋은 결정을 내리는 것이 왜 중요한지, 그렇게 하지 못하게 가로막고 있는 것은 무엇인지 등을 토론하면서 자기 생각을 정리할 수 있어야 한다. 인생은 선택의 연속이라고 했다. 어떤 순간에 어떤 선택을 하는가는 권력의 차이로 인해 강요된 선택이 아니라면 개인의 가치관에 따라 선택한다. 어떤 선택을 하는가는 어떤 사람인지를 보여준다. 사람은 살면서 성과 관련하여 선택하고 결정하는 순간이 온다. 그때 어떤 선택을 하는가가 그 사람의 정체성을 보여준다. 성교육은 이렇게 자신의 가치관을 바로 세우고 의사표현과 결정에 대해 제대로 된 지식과 권리에 대해 알아가는 것이다.

출처:교육부(2020). 행복한교육. 탁틴내일 이현숙(https://happyedu.moe.go.kr).

4. 사이버 공간에서의 청소년 성문화

인터넷은 우리 삶의 많은 부분을 바꾸었고 편리함을 가져다주었다. 특히 청소년에게는 의사소통의 수단이며, 서로 상호작용하며 콘텐츠를 공유하고, 관심과 감정적인 지지를 얻을 수 있는 유용한 수단이다. 청소년들은 시대적으로 사이버 공간에서 생활하는 비중이 점점 더 늘어나고 있다. 특히 2020년은 코로나19 확산으로 인해 사회적 거리를 두기 위한 비대면 교육이 실시되면서 청소년들은 컴퓨터나 스마트폰을 통해 사이버 공간에서 더 오랜 시간을 머물게 되었다. 따라서 스마트폰은 커뮤니케이션, 학습, 놀이, 또래관계에서 없어서는 안 되는 매체가 되었다.

사이버 공간은 청소년들이 어디서나 시공간을 초월하여 원하는 사람과 소통하며 관계를 유지하고 촉진하는 역할을 한다. 탁틴내일(2019)에서 청소년들이 사이버 공간을 사용하는 이유를 조사한 결과를 살펴보면 다음과 같다. 첫째, 친구와 관심사를 계속 접하기 위해, 둘째, 자신의 정체성과 의견을 실험하기 위해, 셋째, 부모나 다른 보호자가 없는 공간이 필요해서, 넷째, 자신의 기술적 전문성과 능력을 입증하기 위해서, 다섯째, 새로운 친구를 만들기 위해서이다. 이러한 사이버 공간은 청소년들에게 편리함도 있지만 성과 관련된 위험성도 있다.

사이버 공간에서는 청소년들이 유해 콘텐츠에 노출될 가능성이 높다는 것이다. 유해 콘텐츠들은 성적 호기심을 자극한다. 청소년들은 성적 호기심을 해결하기 위해 유해 콘텐츠에 접하게 되고 일탈적 성행동으로 이어질 수 있다. 이와 같은 사이버 공간의 위험성을 살펴보고자 한다.

첫째, 성에 대한 올바른 지식 없이 노출된 미디어 속의 성 정보는 성에 대한 인식과 태도에 영향을 미친다(최정임 · 정동훈, 2016). 청소년은 궁금해 하는 성에 대한 정보를 찾게 되고, 유해한 콘텐츠를 접했을 때 성적 호기심을 자극시킨다. 어린 나이에 성인물을 접할 경우 사랑 없이도 성관계 하는 것을 자연스럽게 받아들이게 되고, 왜곡된 음란물에 노출될 경우 성적 호기심으로 비정상적인 성행동을 모방하여 행동했을 때 성문제의 원인이 되기도 한다.

둘째, 사이버 공간은 청소년을 성적 그루밍(sexual grooming) 대상으로 유인될 수 있다. 성적 그루밍[3)]은 컴퓨터 사용이 보편화되고 온라인에서의 그루밍이 사회문제가 되면서 2000년대 학자들에 의해 성적 그루밍이 7단계[4)]로 나타나는 것을 확인하였다(윤정숙, 2020). n번방 사건은 성착취 유혹과 디지털 그루밍 성범죄 실상을 보여 준 사건이다. 그루밍 성범죄는 온라인상에서 취약한 대상을 골라 성 착취를 목표로 접근한다. 성적 그루밍 대상은 스스로 성적 이용대상임을 인식하지 못한다. 이들은 상대방에게 필요한 것을 제공받기 때문에 대부분 피해라고 느끼지 못하고, 피해 사실을 알았을 때 도움 받는 것을 두려워하는 특성이 나타난다.

셋째, 인터넷 음란물 접촉은 청소년의 성적 일탈행동에 영향을 줄 수 있다. 사회학습이론에 의하면 음란물 접촉은 청소년의 모방행동으로 나타나 위험요인으로 작용할 수 있다. 즉, 성인물에서 나타나는 비정상적인 성행동을 그대로 따라하거나 허용했을 때 성폭력이 발생할 수 있다. 2019년 여성가족부 성매매 실태조사 결과, 유튜브에 성매매 조장 영상이 2,425개로 나타났으며, 이 중 성인인증이 필요한 영상은 17.9%(435개)에 불과하였다. 이러한 인터넷 음란물은 성 상품화, 성적 대상화하는 인지적 왜곡과 성폭력이나 성매매 등 일탈적 성행동에 영향을 미칠 수 있다(남미애 · 홍봉선, 2012).

넷째, 온라인 채팅으로 청소년이 성매매 피해에 노출될 수 있다. 2007년부터 3년마다 여성가족부에서는 성매매 실태조사를 실시한다. 그 결과 2019년 조사에서는 청소년이 온라인에서 겪는 성적 위험을 심층 파악하기 위해 랜덤 채팅앱 내용분석을 하였다. 그 결과 원치 않은 성적 유인 피해를 당한 경험이 있는 청소년은 11.1%였으며,

3) 성적 그루밍(sexual grooming)이란 학대자가 아동을 좀 더 쉽게 성적으로 학대할 수 있으면서 오히려 범죄 상황이 외부로 노출될 위험성이 낮아지도록 교묘하게 조종하는 과정이다.

4) 성적 그루밍 7단계 오코넬(O'Connell)은, 1단계는 사귀기, 2단계는 관계 형성 단계, 3단계는 위험 평가, 4단계는 배타성 단계, 5단계는 성적 단계, 6단계는 환상 재강화 단계, 7단계는 손해 제한의 과정단계이다.

성에 관한 대화 유인이 9.3%로 가장 높은 비율을 차지하였으며, 만남까지 유인당한 경험이 있는 경우는 2.7%로 나타났다. 이러한 현상은 인스타그램, 트위터, 페이스북, 텔레그램, 디스코드 같은 SNS와 각종 게임처럼 다른 사람들과 소통이 가능한 채팅 기능이 있는 모든 플랫폼에서 발생하고 있었다(송봉규, 2020).

다섯째, 사이버 공간에서는 불법촬영물 등 디지털 성폭력[5)]이 발생하고 있다. 최근 버닝썬 사태와 텔레그램 n번방 사건 등은 아동과 여성 대상 불법촬영물 관련 디지털 성범죄를 증가시키고, 수법도 더 잔혹해지고 있다(강희영 · 최유정, 2020). 피해 아동과 여성을 대상으로 한 불법촬영물의 범죄 양상을 관계부처 합동 디지털 성범죄 근절 대책 보도 자료를 통해 살펴보면 다음 <표 7-1>과 같다(정부24, 2020).

〈표 7-1〉 기존 대책 수립과 최근 범죄양상 비교

	기존 대책이 대응한 범죄 상황		최근 범죄양상
디지털 성범죄물 범위	(단순 촬영물) • 변형카메라를 매개로 한 불법영상		(다양화) • 합성 · 편집물(딥페이크 등) • 강요 등에 의해 피해자가 직접 촬영 · 제공한 성착취물
유통매체	(공개적) • 성인사이트, 웹하드 등에 공개적 유포, 불특정 다수에 확산		(폐쇄적) • 해외 서버 기반 폐쇄적 SNS 활용 텔레그램, 디스코드 등 빠르게 이동
가해자	(개인 범죄) • 개인에 의한 불법촬영물 유포 위주	⇨	(조직화) • 제작, 자금전달, 운영 등 역할 분담 • 가입자 (유료회원), 가상화폐 등 활용 통해 대규모 범죄 수익 창출
피해자	(피해자 불특정) • 불특정 다수가 화장실 등 다중이용 시설에서 불법 촬영에 노출		(피해자 특정, 피해수준 심화) • 특정 피해자 대상 협박, 강요, 지속적 성착취

출처: 정부24(2020).

5) 디지털 성폭력은 카메라 등 디지털 기기를 이용하여 신체를 촬영하거나 유포, 유포협박, 저장, 전시 등 정보통신 기술을 매개로 온 · 오프라인 공간에서 발생하는 성폭력이다.

이러한 디지털 성범죄 방지를 위해 법무부는 2020년 5월 19일과 6월 2일자로 아동・청소년 성 보호에 관한 법률과 성폭력 범죄의 처벌 등에 관한 특례법을 제・개정하였다(법제처, 2020). 제・개정된 이른바 'n번방 방지법'의 법률 개정은 아동과 청소년 대상의 음란물을 불법 성착취 영상물로 법적 용어를 변경하여 범죄임을 명확히 규정하였고, 불법 성착취 영상물의 판매・배포・구입・소지 및 시청 행위까지 불법성을 강조하여 처벌을 강화시켰다. 또한 디지털 성범죄 공간이 되는 인터넷 사업자에게도 관리 감독의 의무를 부과하였다. 이와 함께 디지털 성범죄 예방을 위해서 성인지적 미디어리터러시 교육이 강조되고 있다(권희정・신수진, 2020). 인터넷 음란물은 성차별적 기제가 작동하는 경우가 많으며, 폭력적이거나 왜곡된 성관련 정보가 전달되는 무분별한 정보를 인지하고 올바른 판단을 할 수 있는 능력을 길러 주는 교육이 시급하다.

Plus Point

• 성적 주체로 서기 위해서

바람직한 성 인식을 갖기 위해 우리가 노력해야 할 점은 무엇일까? 먼저, 우리 스스로가 우리를 둘러싼 환경으로부터 영향을 받는다는 사실을 잊지 말고 우리 주위 환경이 주는 영향 또는 우리 사회 성문화에 대해 민감해야 한다. 가정, 학교, 사회의 다양한 이야기가 우리 생각에 영향을 미치기 때문에 왜곡된 성 문화가 우리에게 미치는 영향을 살피고 판단할 수 있어야 한다. 특히 대중 매체에서 보여주는 선정적이고 폭력적인 성 표현을 무비판적으로 받아들이지 말고 상업주의와 선정성의 폐해를 비판적으로 살피는 습관을 가져야 한다.

출처: 한국양성평등교육진흥원(2016).

• 성인지적 미디어리터러시 교육의 필요성

성인지적 미디어리터러시 교육이란 미디어 속의 내용에서 성차별적인 내용이나 성폭력적인 내용 등을 인지하고 올바른 판단을 할 수 있는 능력을 길러주는 교육을 의미한다.

미디어를 통해 전달되는 무분별한 정보들은 성태도의 변화에 영향을 주어 사회통념상 바람직하지 않은 방향으로 전달될 수 있다. 미디어들은 대부분 여성을 성적 대상화 하고 있으며, 이러한 장면에 많이 노출된 남성들은 여성을 한 인간으로 보기보다는 성행동의 대상으로 보고 성희롱을 하는 경향이 더 크게 나타난다. 인터넷 음란물에는 성차별적인 기제가 작동하고 있는 경우가 많아 이것에 빈번하게 노출되는 청소년의 경우 성인지감수성이 둔감하게 될 가능성이 있다. 이에 여성가족부에서는 청소년을 위한 미디어 성 평등 환경 조성을 위한 방향 제시로 성인지적 미디어리터러시 교육을 강조하고 있다 (UNESCO, 2018).

• 성매매 · 디지털성범죄 피해상담 △청소년상담1388(지역번호+1388)
△여성긴급전화1366(지역번호+1366)
△디지털성범죄피해자지원센터(02-735-8994)

5. 청소년성매매와 성보호

성매매란 금품을 받고 성을 팔고 사는 것을 의미한다. 성을 팔고 그 대가로 돈이나 금품을 받는 이러한 행위를 예전에는 윤락(淪落)이나 매춘(賣春)이라는 용어로 표현했고, 이러한 행위를 하는 여성을 윤락여성이나 매춘여성이라 불렀다. 그러나 윤락이나 매춘의 개념은 성을 사는 사람보다는 성을 파는 사람에게 책임의 초점이 맞춰져 있다. 따라서 이러한 용어들은 여자가 타락하여 몸을 파는 의미만 내포할 뿐 성을 사는 남성의 존재를 은폐시킨다는 비판이 제기되었다(장필화, 2002).

이에 따라, 최근에는 성을 팔고 사는 행위 모두를 포함하고 어느 한쪽에만 책임을 전가하지 않기 위해 성매매(性賣買)라는 용어를 사용하고 있다. 즉, 이러한 용어의 변화는 성행위에 대한 주체와 책임을 매수자와 제공자 모두에게 돌리는 성 평등적 인식의 변화에서 비롯된 결과라 할 수 있다.

1) 청소년성매매의 정의

청소년성매매는 어른들이 어린 청소년에게 금전적인 지원이나 기타 편의를 제공하는 댓가로 청소년을 성행위 대상으로 삼는 행위이다. 청소년성매매라는 용어는 일본에서 유행했던 원조교제가 1990년대 우리나라에 들어오면서 사회문제로 대두되기 시작하였다. 원조교제는 일본에서 주로 10대의 소녀들이 자신보다 나이가 많은 성인 남성의 원조를 받는 대신 교제를 해 주는 행위이다. 그러나 우리나라에서는 1990년대 후반에 원조교제라는 용어가 부적절하다는 비판이 제기되기 시작하였다.

그 이유는 우리나라에서 이뤄지는 일명 원조교제는 일본과 다르다는 것이다. 우리나라는 원조와 교제보다는 일회성 성행위만으로 이뤄져 원조라는 단어가 부적절하고, 성을 팔고 사는 사람들이 자신의 행동을 정당화시키려는 의도가 반영되었기 때문이다. 이러한 사회적 인식 속에서 서울경찰청에서는 2001년 4월 원조교제를 대체할 용어를 공모하여 그해 5월부터 청소년성매매라는 용어를 사용하게 되었다.

2) 청소년성매매 실태

여성가족부는 3년 주기로 성매매 실태조사를 실시하여 그 결과를 발표한다. 청소년 대상 성매매 실태조사는 「성매매방지 및 피해자보호 등에 관한 법률」 제4조에 따라 2007년부터 실시되고 있다. 2019년 조사에서 달라진 점은 온라인에서 청소년에 대한 성적 위험을 심층 파악하기 위해 청소년 대상 성적 유인의 피해 경험을 조사하였고, 랜덤 채팅앱 내 대화 패턴을 분석하는 등 계량적・참여관찰적 조사를 실시하였다.

2019년 성매매 실태조사는 전국 중・고생 6,423명과 위기청소년 166명을 대상으로 실시하였고, 실태 조사 방향은 <표 7-2>와 같다.

〈표 7-2〉 2019년 청소년 성매매 실태 조사 방향

구분	2016	2019
앱	소개팅, 채팅, 알바정보제공 등 성매매 전반에 대한 앱(317개) 양적 조사	랜덤 채팅앱 (399개) 양적조사, 앱 내 대화패턴 분석(신규)
사이트	채팅형, 매칭형, 정보공유형 등 성매매 전반에 대한 사이트(108개) 양적 조사	성구매 후기 주요사이트(15개) 양적조사 및 운영방식 등 심층 조사
유튜브	-	성인인증 없이 검색 가능한 성매매 관련 영상(5,067개) 양적 조사(신규)

출처: 여성가족부(2019).

주요 조사결과를 살펴보면, 첫째, 지난 3년간 인터넷을 통해 원치 않은 성적 유인 피해의 경험이 있는 일반청소년은 11.1%였으며, 성에 관한 대화 유인이 9.3%로 가장 높은 비율을 차지하였다. 또한, 만남까지 유인당한 경험이 있는 경우는 2.7%로 나타났다. 온라인 성매매 조사결과는 399개 랜덤 채팅앱을 사용한 대상 중 성인이 77.7%, 아동 13.3%, 청소년이 9% 순이었으나 본인인증을 요구하는 비율은 26.3%였다.

〈표 7-3〉 연령등급별 원치 않은 성적 유인 피해

<table>
<tr><td colspan="3">연령 등급 설정기준(아동) 만 3 · 7 · 12세 이상, (청소년) 만 16세 이상, (성인) 만 18세 이상</td></tr>
<tr><td>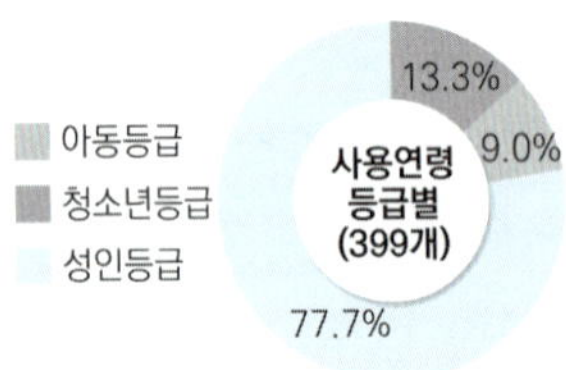
</td><td>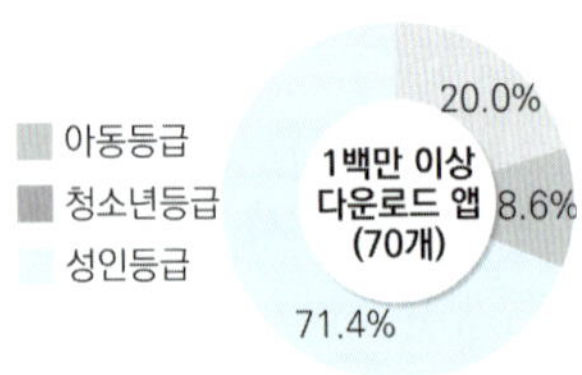
</td><td>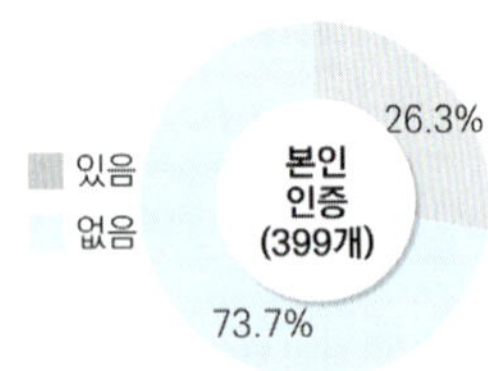
</td></tr>
<tr><td>연령등급별 앱 비율(%)</td><td>1백만 다운로드 이상 앱의
연령등급 현황(%)</td><td>본인인증 현황</td></tr>
</table>

출처: 여성가족부(2019).

성적 유인 유형별 경로는 <표 7-4>와 같다. 성적 유인 상위 3개 경로는 인스턴트 메신저가 28.1%, SNS가 27.8%, 인터넷 게임이 14.3% 순이었다. 다만, 만남 동반 시에는 인스턴트 메신저, SNS, 랜덤채팅 순이었다. 인터넷에서 성적 유인 피해를 경험한 청소년 713명의 54%가 피해사실을 알리지 않았으며, 성매수 관련 유인 피해자 34명이 피해사실을 알리지 않은 가장 큰 이유는 누군가 알게 되는 것이 싫어서가 33%였다.

〈표 7-4〉 성적 유인 경로

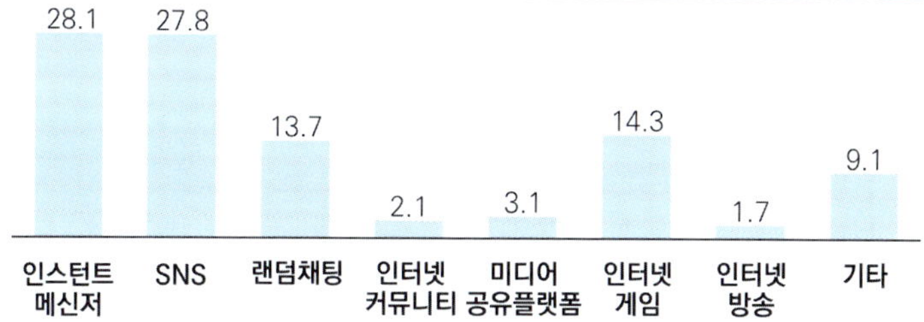

성적 유인경로(%) (피해경험 713명)

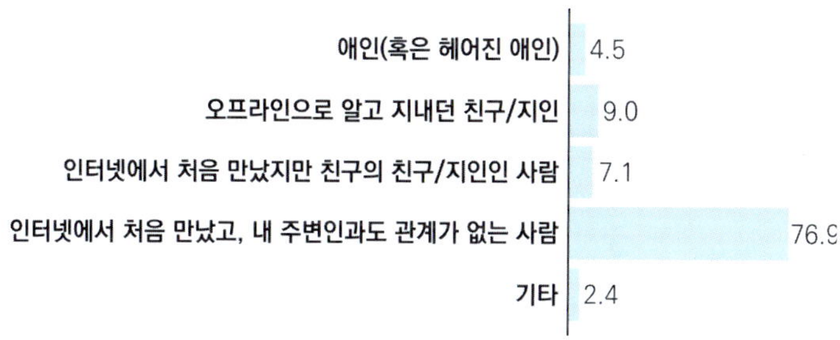

유인자 유형(%) (피해경험 713명)

출처: 여성가족부(2019).

아울러 대화분석을 한 결과는 <표 7-5>와 같다. 조사대상자의 연령대는 대부분 30대 이하가 89.8%였고, 미성년 대상의 대화사례 1,605명을 보면 성적 목적 대화가 76.8%로 가장 많았고, 미성년임을 인지한 후 대화를 지속한 경우는 61.9%였다.

〈표 7-5〉 성구매자와 대화 분석 결과

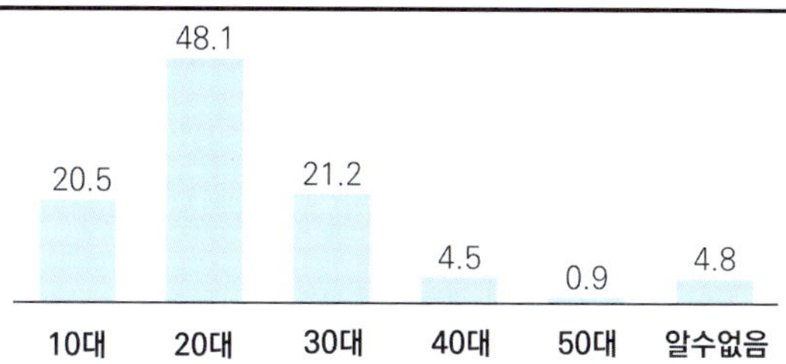

조사대상자 연령대(%, 2,230명)

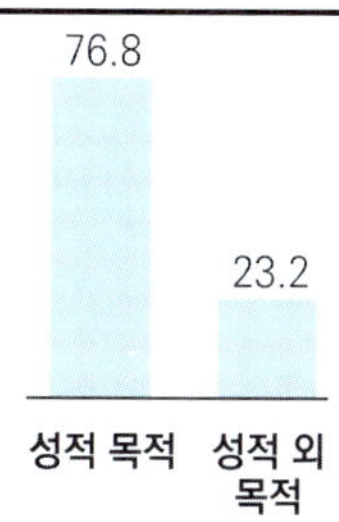

미성년 대상 대화 목적(%, 1,605명)

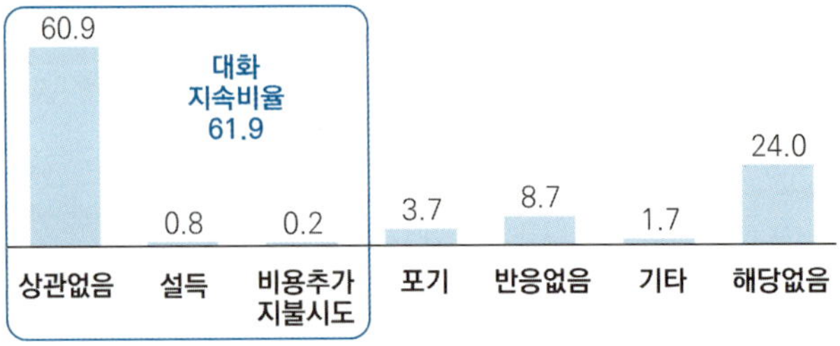

미성년 인지 후 반응(%, 1,605명) 설득: 적극적 권유

출처: 여성가족부(2019).

위기청소년 대상 조사결과는 조건만남을 경험한 비율이 166명 중 47.6%(79명)이며, 조건만남 경로 응답자 78명의 87.2%가 온라인을 이용했다고 응답해 온라인 이용 비율이 2016년에 비해 12.4% 증가하였다. 가출과 조건만남을 모두 경험한 응답자 66명의 77.3%는 가출 이후에 조건만남을 처음 경험한 것으로 나타났다. 또한 일반 성인 1,500명의 성매매 경험과 인식을 조사한 결과에서는 평생 동안 한 번 이상 성구매한 경험 비율이 42.1%로 나타나 2016년 50.7% 대비 8.6% 감소하였다.

3) 청소년성매매 방지를 위한 노력

정부는 아동·청소년 대상 성범죄에 대한 처벌 강화, 성매매와 성 착취 위험에 노출될 수 있는 온라인 환경 개선, 또래상담 등 모니터링과 조기 개입을 통한 피해 예방 등을 위해 노력해 왔다. 청소년성매매를 근절하기 위해서는 체계적인 노력과 피해청소년 지원에 대한 대책이 필요하다. 성매매 피해 아동·청소년의 보호와 지원을 위한 사회적인 노력을 살펴보고자 한다.

「아동·청소년성보호법」에는 2020년 11월 20일부터 성매매에 연루된 아동·청소년을 피해자로 규정하였다. 개정 이전 법은 이들을 성매매 대상자로 규정하여 교정과 처벌의 대상으로 보고 보호처분 등의 조치를 해 왔으나 개정된 법은 이를 삭제하고 성매매 피해 아동·청소년 규정을 신설함으로써 피해자로 규정하였다. 2019년 성매매 실태조사에서 청소년성매매는 가출과 조건만남을 모두 경험한 응답자가 166명 중 66명이었고, 조건만남 경험 시기는 가출 후 3개월 이내에 경험한 응답자가 60.8%였다. 이와 같이 청소년성매매는 자발적 성매매라 하더라도 학대, 성폭력 피해, 가출 등 성매매에 이를 수밖에 없는 복합적 문제를 안고 있는 아동・청소년이 대다수라는 점을 고려할 때 이를 진정한 의미의 자발적 성매매라고 할 수는 없다.

따라서 아동・청소년의 성매매는 자발성 여부에 주목할 것이 아니라 착취성에 주목하여 복지적 의미의 보호・지원을 해야 한다. 아동・청소년의 성매매 근절을 위해서는 형사적 제재보다는 피해자임을 적시하고 복지적 개입을 우선으로 하여 아동・청소년이 건강한 성인으로 성장할 수 있도록 보호하고 지원되어야 한다.

성매매 피해청소년을 보호하고 지원하기 위해 2020년 개정법은 피해 아동청소년들이 피해아동・청소년 지원센터에서 진로・진학・직업훈련과 상담 및 관련 지원을 받을 수 있도록 하였다. 여성가족부는 이를 실행하기 위해 전국에 17개 지원센터를 설치하여 성매매 피해 청소년의 개별 욕구에 맞는 종합서비스를 제공하고, 법적・제도적 보호 체계를 강화하기 위해 성매매 피해아동・청소년 지원센터를 운영할 예정임을 밝혔다(여성가족부, 2020). 또한 아동・청소년 대상 성범죄 처벌에 대한 연령은 종전 13세에서 성별과 관계없이 최소 만 15세 이상은 되어야 성적 자기결정능력이 있다고 법적으로 인정하는 나이를 상향하였다. 이는 아동・청소년이 성적 자기결정권을 행사할 수 있는 연령에 관한 과학적이고 합리적이며 현실적인 근거에 따라 결정한 것이다.

성매매는 인권침해이며 성범죄라는 인식을 주기 위해서 철저한 규제와 엄중한 처벌을 가해야 할 것이다. 2019년 성매매 실태조사에서는 일반 성인 2,300명을 대상으로 성매매에 관한 인식조사를 실시한 결과 조건만남 근절을 위해 필요한 정책으로 응답자 163명의 절반 이상인 89명이 조건만남 상대 남성 수사 및 처벌 강화를 원했다(여성가족부 등, 2020). 「성매매 처벌법」에 대한 효과성 인식에 응답한 결과도 성매매 알선자 처벌이 가장 효과적이라고 71.6%가 응답한 것을 보면 성매매 근절을 위해 처벌을 강화해야 할 것이다.

이 밖에도 아동・청소년의 성매매 유입방지 및 차단을 위한 시스템을 구축하여 사이버 성매매 방지를 위한 다각적인 대응방안이 마련되어야 한다. 디지털 환경에 익숙하고 생활화하고 있는 청소년들은 성적 유인과 성매매 피해를 경험할 위험에 노출되어 있다. 위험요인을 사전에 차단하고 성 착취 행위에 대해 강력하게 대응하는 것은 피해 이후의 대처방법보다 더 중요하다. 따라서 랜덤 채팅앱을 청소년 유해 매체로 지정하고, 아동・청소년 대상 그루밍 성범죄에 대한 처벌 근거를 조속히 마련, 잠입수사 도입 등 제도 개선도 추진되어야 할 것이다. 이와 함께 성매매 근절을 위해 타인의 인권은 사서도 팔아서도 안 되는 범죄이며, 인권침해라는 인식을 확산시킬 수 있는 성매매 예방교육이 지속적으로 확대 시행되어야 할 것이다.

Plus Point

• 포괄적 성교육(Comprehensive sexuality education)이란?

여성과 남성의 신체 구조의 차이와 같은 생물학적 특징만을 다루는 것이 아닌, 인간의 생애에서 성과 관련된 모든 경험을 포괄하는 교육이다. 포괄적 성교육은 아동과 청소년들이 자신의 건강을 챙기고, 자신의 존엄성을 인식하며, 자신의 권리에 대한 이해를 높여 존중에 기반한 사회적・성적 관계를 형성할 수 있게 하는 교육이다.

출처: 유네스코한국위원회(2018).

youth culture theory

연습문제

01 성에 대한 설명이다. 바르게 설명된 문항만을 모두 묶은 것을 고르시오.

> ㄱ. 섹스는 성관계만을 의미하는 것이다.
> ㄴ. 젠더는 생물학적으로 구분되는 여자와 남자를 의미한다.
> ㄷ. 섹슈얼리티는 섹스와 젠더, 성에 대한 생각, 느낌, 태도, 가치관 등 인간관계까지 모두 포함하는 총체적인 성을 의미한다.
> ㄹ. 젠더는 사회적 요구에 따라 길러지는 사회적 성역할을 의미한다.

① ㄱ, ㄴ ② ㄷ, ㄹ ③ ㄴ, ㄷ ④ ㄱ, ㄴ, ㄷ ⑤ ㄱ, ㄴ, ㄷ, ㄹ

02 사이버 공간에서의 청소년 성문화 위험성에 대한 설명이다. 해당되지 <u>않는</u> 설명을 고르시오.

① 인터넷 음란물 접촉은 청소년의 성적 일탈행동에 영향을 준다.
② 온라인 채팅은 청소년이 성매매 피해에 노출될 수 있다.
③ 어디서나 시공간을 초월하여 원하는 사람과 소통하며 관계를 촉진할 수 있다.
④ 왜곡된 성 정보는 성에 대한 인식과 태도에 부정적인 영향을 미친다.
⑤ 사이버 공간은 외롭거나 심심할 때 성적 그루밍을 통해 성적 착취에 노출될 수 있다.

03 청소년성매매 방지를 위해서 노력해야 하는 내용을 바르게 설명한 것을 고르시오.

① 아동·청소년 성매매 피해를 줄이기 위해서는 성적자기결정권 나이를 더 낮춰야 한다.
② 청소년성매매는 자발적인 청소년일 경우 청소년도 처벌해야 한다.
③ 청소년들이 자유롭게 이용할 수 있도록 랜덤 채팅앱은 활성화되어야 한다.
④ 청소년성매매를 하는 이유는 청소년을 도와주기 위한 것이다.
⑤ 성매매는 인권침해이며 범죄임을 인식해야 한다.

정답 | 1. ② 2. ③ 3. ⑤

youth culture theory | chapter

08

청소년의 여가(놀이 · 게임) 문화

1. 청소년 여가 문화의 개념
2. 청소년 여가 문화의 이해
3. 청소년 여가 문화의 현황
4. 청소년 여가 문화 활동의 개선 방안

youth culture theory | chapter 08

청소년의 여가(놀이 · 게임) 문화

1. 청소년 여가 문화의 개념

여가 문화는 청소년들의 전인격적 성장과 함께 교양함양을 위한 활동들까지 포함하여 청소년의 균형 있는 성장을 위해서 기획된 수련활동과 교류활동, 문화 활동 등으로 다양한 형태의 체험 활동이나 가족 등과 함께하는 여행, 문화 · 예술 활동 등을 포괄하게 되는 여가문화 활동으로서 청소년들이 문화 자본을 축적할 수 있는 기회를 제공하게 되는 것을 말한다(차동혁 · 옥선화, 2014).

1) 여가 문화의 기능

청소년의 여가 문화 활동이 체화된 문화자본, 즉 문화 사회화의 과정으로 이해된다면 청소년의 여가 문화 활동의 기능이 중요한 역할을 하는 과정적 요인으로 파악될 수 있을 것이다. 이러한 청소년의 여가 문화의 기능은 자아 존중감을 포함한 청소년의 심리발달 과업을 달성하고 정신건강을 증진하는 데 핵심적인 역할을 할 뿐만 아니라, 학업 성취를 포함한 학교 적응에 직접적인 영향을 미치는 기능을 하게 된다. 따라서 청소년의 여가 문화의 기능은 자아 존중감 및 학업 성취와 청소년문화의 사회화 과정 측면에서도 중요한 관계를 연결하게 되는 기능을 하게 된다(김정희 · 안귀여루, 2013; 임선아, 2013).

(1) 순기능과 역기능

청소년 여가 문화의 순기능과 역기능으로 구분하면 다음과 같다(유석호 · 이완복, 2014).

① 순기능

가. 스트레스 해소와 긴장 완화 그리고 휴식과 여가의 기능

나. 다양한 정체성체험과 함께 긍정적인 사회화 경험의 기능

다. 자아 존중감 강화와 이상형적 자아실현의 기능

라. 독립적인 사고와 문제 해결 능력의 강화의 기능

마. 학습 동기의 기능

바. 신체능력 향상의 기능

사. 공격적인 행동 성향 감소의 기능

아. 평등적인 의식 배양의 기능

자. 기술 문명에 대한 친숙감 증감의 기능

차. 다양성에 기반을 둔 개성 강화의 기능

② 역기능

가. 가상과 현실에 대한 미성숙적 구분과 현실적 자아 상실의 기능

나. 폭력과 공격적인 행동 성향 조장의 기능

다. 매체에 대한 의존성과 물질주의에 대한 가치 강화 등에 의한 탈인간화의 기능

라. 충동적인 행동의 기능

마. 사회에 대한 부적응의 기능

바. 대리만족에 의한 현실적인 공허감과 우울감 유발의 기능

사. 신체적 악영향의 기능

아. 금단 현상의 기능

자. 가족과의 대화 단절의 기능

차. 학습장애의 기능

카. 불평등적 성(性) 역할 학습 강화의 기능

2) 여가 문화의 유형

여가 문화의 유형을 구분하면 수동적 여가 문화와 능동적 여가 문화 그리고 사회적 여가 문화 3가지로 청소년의 여가 문화의 유형을 다음과 같이 구분하였다(신규리, 2015).

첫째, 수동적 여가 문화의 유형은 TV시청, 라디오 청취, 비디오 감상, 음악듣기, 게임, 인터넷 서핑, 독서와 같은 휴식성의 여가 문화에 대한 참가를 의미한다.

둘째, 능동적 여가 문화는 야구, 축구, 농구, 테니스, 배드민턴, 탁구, 수영과 같은 다양한 신체적 스포츠 여가 문화의 참가 활동으로 분류하였다.

셋째, 사회적 여가 문화의 유형은 인터넷 채팅, 담소, 통화하기, 인터넷 동호회, 커뮤니티 활동, 친구 만나기와 같은 사회적 활동의 여가 문화를 의미한다.

이러한 여가 문화의 유형은 청소년이 여가 문화를 어떤 종류를 선택하고, 어떤 방식으로 선택해서, 어떤 마음으로 참여하였느냐에 따라서 구분한다고 할 수 있다.

3) 여가 문화 활동의 특성

청소년의 여가 문화 활동의 특성은 학교에서의 인지적 학습을 통해서 경험할 수 있는 것보다 훨씬 더 많고 다양한 정의적이고 심동적인 학습을 가능하게 하여, 인생의 전환기를 맞는 혼란한 시기의 청소년들에게 인격을 형성하면서 보다 더 능동적인 인간이 될 수 있도록 하는 것이다.

이러한 청소년 여가 문화 활동을 통해서 비행과 폭력 그리고 자살 등 사회의 부정적인 측면을 예방할 뿐만 아니라, 청소년의 삶의 질이 높아짐에 따라 보람된 삶을 영위하게 되는 중요한 역할을 하게 하는 것이다.

또한 여가 문화 활동에 참가한 청소년들은 참가하지 않는 청소년들보다 비행정도가 낮은 것으로 보고되었다. 이것은 청소년의 비행과 여가 문화 활동의 특성과 밀접한 관련성 있는 것이다. 이런 특성은 다양한 청소년의 여가 문화 활동(음악활동, 미술활동, 문화예술행사 등)의 특성을 통해서 협동과 자기주장, 커뮤니케이션 기술 습득 그리고 대화와 양보 등을 함양시킬 수 있다고 하였다(박종구, 2012; 이윤호 · 허준, 2012; 김수진 · 백지숙, 2015).

그러므로 청소년들은 여가 문화 활동을 통해 지(知: knowledge), 덕(德: Virtue), 체(體: health)를 골고루 갖춤으로서 인지적 욕구, 감성적 욕구, 사회적 욕구, 심미적 욕구, 신체적 욕구를 반영하여 소질과 특기를 자율적이고 능동적으로 개발함으로써 창의성을 배양할 수 있게 되는 것이다. 따라서 청소년의 여가 문화 활동의 특성은 다음과 같은 성향으로 보여 주고 있다(김영훈, 2007).

(1) 철저한 개인주의이다

이것은 자신의 생활을 재충전하고 자기발전을 도모할 수 있게 한다. 이러한 것들은 청소년들의 개인 중심적인 가치가 점점 더 증가되고 있다는 것이다. 이것은 청소년 자신들의 인생은 타인이나 집단 등의 눈치 보지 않고 즐겁게 보람 있게 살면 된다는 성향이 강하게 전반적으로 나타나고 있음을 알 수 있다.

(2) 철저한 현실 만족주의이다

이것은 일상의 소중함과 즐거움을 추구하려는 성향들이 더욱더 강해지게 되면서 현실에 만족하는 영향이 점점 더 증가되는 것을 알 수 있다.

(3) 철저한 자기식 표현에 대한 개성과 창의성 주의이다

이러한 특성으로 인해서 청소년들은 자신의 개성과 창의성 주의를 통해서 선호하는 직업 또한 기존의 사회적인 영향을 받지 않고 선택하고 있다. 이것은 청소년들이 직업을 선택함에 있어서 남녀를 구분하지 않으려는 성향과 함께 의상이나 헤어스타일 등을 통해서 다양한 자기식 표현 또한 자신들의 특성에 맞추어서 강하게 나타나고 있다.

Plus Point

- 청소년의 여가 문화의 기능은 자아 존중감 및 학업 성취와 청소년문화의 사회화 과정 측면에서도 중요한 관계를 연결하는 기능을 말한다.
- 청소년의 여가 문화 활동의 특성은 철저한 개인주의, 철저한 현실 만족주의, 철저한 자기식 표현에 대한 개성과 창의성 주의의 성향을 말한다.

2. 청소년 여가 문화의 이해

청소년 입장에서 볼 때 진정한 주 5일 수업제의 의미는 청소년이 개인적으로 자신에게 주어진 주 2일에 대한 여가 문화 활용 방법을 결정하는 주체적인 선택권을 가지는 것이다. 즉, 청소년의 욕구와 생활 특성이 고려된 청소년 활동을 비롯한 청소년 여가 문화 활동이 이루어질 때, 비로소 주 5일 수업제는 본래의 취지와 그에 따른 가치를 발휘할 수 있다. 따라서 청소년의 여가 문화를 이해하기 위해서는 학교를 중심으로 체계화되는 부분을 청소년들이 자율적이고 능동적으로 진행할 수 있도록 사회적 여건과 학교의 정서 환경이 이루어져야 할 것이다(하정화 외, 2012).

1) 여가 문화 활동

청소년들의 늘어난 여가 시간에도 불구하고 우리 사회의 청소년들은 치열한 입시 경쟁으로 인하여 여가 시간의 많은 부분을 사교육에 투자하고 있는 것이 현실이다. 또한 이로 인한 청소년 스트레스나 자살충동 등 정신건강에 관련한 문제들이 가족 및 학교, 지역과 함께 사회적으로 이슈가 되었다.

이런 상황에서 가족의 의사결정 과정에서 입시나 학업 성취도, 혹은 가시적인 정신건강 문제와 관련이 없다고 여겨지는 사안들은 우선순위에서 쉽게 밀려나곤 한다.

이러한 이유로 청소년 자녀가 있는 가족이 여가 문화 활동을 통해서 여행이나 문화 그리고 예술 활동, 기타 다양한 체험 여가 문화 체험 활동들을 선택하게 되는 것은 부차적인 결정 사항으로 남아 있을 가능성이 높다. 하지만 청소년들의 여가 문화 활동은 어느 때보다도 현대사회를 살아가는 청소년들에게 있어서는 정서적으로나 심리적으로 아주 중요한 필요 활동 사항이라 할 수 있을 것이다(차동혁 · 옥선화, 2014).

(1) 여가 문화의 필요성

삶의 질이라는 관점에서도 청소년 여가 문화의 중요성은 크다. 한국청소년의 주관적 행복도가 OECD 국가들 중 최하위 수준이며 청소년 자살 사망자 수가 2000년부터 2010년 사이 크게 증가하였다. 입시 부담으로 인한 과도한 스트레스로 왜곡된 청소년의 일상생활이 개선되기 위해서는 청소년 여가 문화에 대한 이해가 필요하다. 이러한 청소년 여가 문화의 필요성에 대하여 살펴보면 다음과 같다(이미은 · 안권순, 2010).

첫째, 청소년에게 있어서 여가 문화 활동은 청소년의 긴장 해소와 스트레스 해소에 대한 증상 완화에 있다.

둘째, 여가 문화 활동은 청소년의 신체적인 발달과 인지적인 발달을 촉진 발달시켜 준다.

셋째, 여가 문화 활동은 청소년의 대인관계 형성에 있어서 많은 도움을 준다.

넷째, 여가 문화 활동은 과도기적 시기의 청소년들에게 문제 상황에 대한 대처 방법을 획득할 수 있도록 도움을 준다.

다섯째, 여가 문화 활동은 청소년의 과도기적인 일탈 행동을 예방할 수 있다.

여섯째, 여가 문화 활동은 청소년의 자신에 대한 자아성찰(自我省察)에 많은 도움을 준다.

(2) 여가 문화의 의의

청소년 여가 문화는 청소년이 자신을 위하여 흥미를 가지면서 자유로운 시간에 이루어지는 일체의 활동으로서 청소년은 미래의 당사자다. 이들은 현재적 변동의 '파생결과'의 당사자이지만, 그에 대한 영향력이 매우 제한적인 사회적 '약자' 및 '소수자'다. 다시 말해서 이들은 현재적 변화에 영향을 미칠 수 없는 위치에 있으면서도 그것의 결과로 나타나는 문제들을 해결해야만 하는 상황에 처함으로서, 현재적 변동이 야기할 불확실한 미래의 당사자인 청소년들이 이를 잘 준비하고 대처할 수 있도록 하는 것이 여가 문화의 의의라고 할 수 있다.

청소년기는 학교에서의 지적 활동을 통해서 경험할 수 있는 내용에 비해 훨씬 많은 다양한 인지적, 정의적인 학습을 가능하게 한다. 사회적으로 청소년의 건전한 여가에 대한 문화 활동은 비행과 폭력 그리고 범죄 등의 부정적인 측면을 해소하고 예방책이 될 수 있으며, 그들의 삶의 질을 높여 줌으로서 보람된 삶을 영위해 감에 있어서 매우 중요한 역할을 한다. 그리고 청소년기에 있어서 여가 문화는 과도기로서의 청소년기에 나타나는 다양한 문제와 비행 그리고 일탈행동의 원인이자 해결책이라고도 하였다(국가청소년위원회, 2006; 권순용, 2010).

(3) 가족 여가 문화

가족 여가 문화 활동은 현대 사회가 직면하고 있는 핵가족화와 이혼율 증가 그리고 가정폭력과 청소년비행 및 부모자녀 간의 대화단절 등으로 인하여 현대 사회가 겪고 있는 가정 문제를 해결할 수 있는 시초가 될 수 있다. 특히, 신체적인 부분과 심리적인 부분의 변화에 대한 적응과 학업스트레스 그리고 친구 관계스트레스 등 여러 가지 갈등 상황에 처한 청소년에게 있어서는 가족은 편안한 안식처가 되기 때문에 가족 여가 문화의 의미는 크다고 할 수 있다(최성희 · 전영자, 2016).

① 기능

가족 여가의 기능은 여가 경험을 통한 느낌과 여가를 즐기려는 능력과 함께 최적의 이익을 얻을 수 있는 능력이 되는 것이다. 이러한 가족 여가 활동을 긍정적으로 평가하고 계속적인 참여 유도를 통해서 자신의 능력을 향상시킬 수 있는 것이라고 하였다. 이러한 가족 여가 경험에서 오는 즐거움과 여가활동을 지속적으로 즐기려는 욕구와 최상의 이익을 얻을 수 있는 능력 그리고 자신의 능력을 향상시킬 수 있는 것이라고 하였다.

그리고 가족 여가 문화의 순기능적인 차원에서는 가족의 응집력을 높여 주고 지속적인 가족단위의 여가활동 참여를 유도할 수 있다. 특히 부모와의 심리적 이유기에 있는 청소년들이 가족과의 여가 문화에 부담을 느끼게 되면 심리적으로 가족을 멀리하게 되고 그러한 역기능적인 생활들이 고착화되어 성인 시기로 이어지는 악순환의 연속성이 발생될 수 있다고 하였다. 그러므로 청소년 시기에 가족과의 여가 문화를 통해서 얻는 만족감은 성장 과정에서 아주 중요하게 다루어져야 할 것이다(전매희, 2008; 박명국 · 윤영선, 2012; 안동수 외, 2014; 최성희 · 전영자, 2016).

② 가족 여가 문화의 현황[1]

2017년 청소년이 가족과 함께 참여한 여가 문화 활동(중복응답 포함)에 의하면 가족 여가 문화 활동 1순위는 학부모의 경우, "외식"이 가장 높게 나타났다. 반대로, 청소년 대상 응답을 본 결과는 지난 1년 동안 가족과 함께 참여한 여가 문화 활동 1순위는 "TV 보기"가 가장 높게 나타났다.

그 밖에 학부모의 경우에서는, 가. 영화보기 > 나. TV보기 > 다. 쇼핑 > 라. 국내여행 > 마. 미술관 또는 박물관과 음악회 관람 > 바. 캠핑 또는 자연학습 > 사. 스포츠 관람 > 아. 해외여행 > 자. 종교활동 또는 사회봉사 > 차. 등산 또는 트레킹 > 카. 스포츠 참여 등의 순서로 나타났다.

그리고 청소년의 경우에서는, 가. 외식 > 나. 영화보기 > 다. 쇼핑 > 라. 국내여행 > 마. 스포츠 관람 > 바. 해외여행 > 사. 캠핑, 자연학습 > 아. 등산 또는 트래킹 > 자. 종교활동 또는 사회봉사 > 차. 미술관 또는 박물관 그리고 음악회 관람 > 카. 스포츠 참여 > 타. 지난 1년 동안 참여한 활동이 없음 등의 순서로 나타났다.

1) 청소년 친화적 가족활동 참여 실태 및 요구(2017 청소년활동 실태 및 요구조사 리포트 Vol.3), 한국청소년활동진흥원/한국청소년정책연구원 공동조사에서 참조.

3. 청소년 여가 문화의 현황[2)]

청소년 여가 문화의 현황은 여가 문화 활동 시간, 인터넷 정보 이용 그리고 인터넷 서비스 이용을 통해 알 수 있다. 그 현황은 다음과 같다.

1) 여가 문화 활동 시간

통계청 여성가족부의 '2019 청소년 통계'에서 한국청소년정책연구원과 아동청소년 인권실태조사에 의하면 2018년 초중고 학생의 평일 여가 문화 활동 시간은 하루에 (1) 1~2시간이 가장 많았으며, (2) 2~3시간 > (3) 1시간 미만 > (4) 3~4시간 순으로 나타났다. 이것은 2018년 대비 여가 문화 활동 시간은 2시간 미만은 감소하였지만, 2시간 이상은 증가하였다.

그리고 평일 여가 문화 시간이 1시간도 안 되는 청소년을 학교 급별로 살펴보면 (1) 초등학생 > (2) 중학생 > (3) 고등학생 순으로 고등학생이 가장 여가 시간이 부족함을 보여 주었다.

이러한 통계는 상급 학교로 가면 갈수록 청소년 여가 문화 활동 시간이 줄어드는 것은 대학 입시라는 관문을 위하여 여가 문화 활동 시간을 대신하여 공부로 이어지고 있음을 보여 주고 있는 것이다.

2) 인터넷 정보 이용

과학기술정보통신부 · 한국인터넷진흥원, '인터넷이용실태조사'에 의하면 2018년 (1) 10대 청소년은 일주일에 평균 1일 평균 2시간 32분, (2) 20대는 1일 평균 3시간 27분 인터넷 정보를 이용하는 것으로 나타났다. 이것은 인터넷 평균 이용시간이 최근

2) 통계청 여성가족부 '2019 청소년 통계' 참조.

6년 동안 지속적 증가 추세에 있는 것을 알 수 있다.

그리고 청소년이 인터넷 정보를 이용하는 빈도가 "하루에 1회 이상"인 경우가 대다수로, 10대와 20대 청소년은 거의 매일 인터넷을 이용하고 있다. 또한, 인터넷 정보를 매일 이용하는 것은 2018년 10~20대 청소년들은 (1) 커뮤니케이션(인스턴트메신저·SNS·이메일), (2) 여가활동(음악듣기·동영상보기·온라인게임), (3) 자료 및 정보 획득(정보검색·신문읽기) 순으로 나타났다.

이러한 부분은 상대적으로 10대는 교육과 학습, 20대는 직업과 직장을 위하여 인터넷 정보를 많이 이용하고 있다는 것을 알 수 있다.

3) 인터넷 서비스 이용

청소년들의 인터넷 서비스 이용 현황을 보면, 2018년 과학기술정보통신부와 한국인터넷진흥원의 '인터넷 이용실태조사'에서 청소년들은 최근 1년 이내에 이용한 인터넷 서비스 중 카카오톡·페이스북 메신저·라인 등의 "인스턴트 메신저"를 가장 많이 이용하였고, 그다음은 "페이스북·카카오스토리·인스타그램" 등의 "SNS(Social Network Service)"를 많이 이용하는 것으로 나타났다.

이러한 통계는 청소년들이 학교 급이 높아질수록 인터넷 서비스 이용률이 높아지는 경향을 보여 준다. 그리고 청소년은 인스턴트 메신저와 SNS 매체로 각각 카카오톡과 페이스북을 가장 많이 이용하고 있다.

Plus Point

2018년도까지 10대와 20대 청소년들의 인터넷 정보에 대한 주 평균 이용시간(시간)

① 10대: 14.1(2013) → 14.4(2014) → 14.5(2015) → 15.4(2016) → 16.9(2017) → 17.8(2018)

② 20대: 20.3(2013) → 20.5(2014) → 21.0(2015) → 22.8(2016) → 23.6(2017) → 24.2(2018)

4. 청소년 여가 문화 활동의 개선 방안

청소년 여가 문화 활동의 개선 방안을 살펴보면 다음과 같이 제시할 수 있다.

첫째, 미디어의 질적 양적발달에 의해 전달되는 청소년의 여가 문화는 온라인 커뮤니티와 관련된 초고속 인터넷 중독 및 게임 중독, 스마트폰 중독과 같은 하위문화 정보 등을 넘어야 할 것이다. 이것은 네트워크의 끊임없는 연결 구성으로 여가 문화의 일상을 중요하게 인식해야 할 필요성이 있다. 이러한 청소년 여가 문화는 네트워크 연결망 안에서는 정체성과 함께 여가 문화의 핵심 요소라 볼 수 있는 관계 맺기와 함께 새로운 탐구가 필요하다.

둘째, 많은 청소년들이 방학이나 휴일에 대부분의 여가 시간을 공부와 함께 하고 있다. 중학교의 자유학기제 전면도입과 고교평준화를 앞두고 있는 시점에서 청소년들이 지역사회 속에서 여가 문화 활동에 참여하고 자신들의 취미, 특기를 살릴 수 있도록 중앙 정부나 지방 정부가 앞장서서 청소년 여가 문화 활동 정책에 대한 변화와 함께 청소년들의 삶의 질이 향상될 수 있도록 할 필요가 있다. 예를 들면, 맞춤형 프로그램 개발과 함께 청소년 여가 문화 정책 방향에 맞춰 미래의 진로에 대한 체험과 함께하는 멘토링 프로그램 등을 적극적으로 도입할 필요가 있다.

셋째, 청소년들의 접근성이 좋은 생활권을 이용하여 그들만의 재능과 끼를 마음껏 자유롭게 활동할 수 있는 청소년 여가 문화 전용 공간을 지역 주민과 함께 건전하게 공유할 수 있도록 미술관 또는 도서관을 활용한 다양한 청소년 여가 문화 프로그램 개발이 필요하다.

넷째, 국회 광역의회 또는 기초의회에서 청소년 복지 정책을 실시하기 위한 예산확보를 위해서 충실히 노력해야 한다. 이러한 예산이 충분히 확보될 때 청소년을 위한 여가 문화 프로그램들을 많이 개발할 수 있다. '청소년들이 원하는 것이 무엇인지? 무엇을 하고 싶어 하는지?'에 대한 관심을 갖고 청소년 여가 문화에 관련된 관계자들과 함께 미래의 문화의 주역인 청소년들을 위해서 많은 노력이 필요하다.

[사진 8-1] 청소년들이 방과 후 여가를 즐기는 모습

그리고, 청소년들의 여가 문화 활동 중에서 제일 많이 활동하고 있는 동아리 활동(또는 동아리 축제)의 필요성에 대한 개선방안은 다음과 같다(장은화, 2014).

첫째, 청소년 스트레스를 해소할 수 있는 건전한 여가 문화를 형성한다.

둘째, 축제를 준비하면서 리더십 및 사회성 역량이 길러진다.

셋째, 자아정체성 형성 및 진로탐색에 도움을 준다.

넷째, 또래집단과의 건전하고 친밀한 관계 형성을 가능케 하며, 청소년기 좋은 추억을 만드는 데 도움을 준다는 점을 언급하였다.

또한, 동아리 활동(또는 동아리 축제) 등을 활용한 청소년 축제가 활성화되기 위해 반드시 개선되어야 할 부분으로 다음과 같이 지적하였다.

첫째, 청소년 동아리 활동이 자발적이고 능동적으로 이루어져야 한다.

둘째, 청소년 동아리 활동에 대한 교육 부족, 시설과 장소의 부족, 홍보부족, 예산부족 등의 운영상의 장애 문제가 많다.

셋째, 청소년 동아리 활동의 사회적 협조와 함께 인식 개선 문제가 좋아져야 한다.

넷째, 청소년 동아리 활동의 인기 콘텐츠 위주의 공연과 경쟁을 부추기는 축제의 풍토에서 청소년의 창의성을 향상할 수 있는 장이 되어야 한다.

다섯째, 청소년 동아리 활동을 함에 있어서 동아리를 운영하거나 축제가 개최됨에 있어 청소년의 안전성과 위생적인 부분에 있어서도 안전하여야 한다.

청소년 여가 문화 활동에 대한 개선 방안은 청소년의 개인의 문제로만 국한된 것이 아니다. 국가와 지역사회 그리고 학교와 가정 모두 함께 서로 고민하고 해결하고자 하는 국민 전체의 노력이 필요하다고 할 것이다.

Plus Point

- 정체성과 관계 맺기에 대하여 새로운 탐구가 필요
- 청소년들의 삶의 질이 향상될 수 있도록 할 필요
- 지역 주민과 함께 건전하게 공유할 수 있도록 미술관 또는 도서관을 활용한 다양한 청소년 여가 문화 프로그램 개발이 필요
- 청소년 복지 정책을 실시하기 위한 예산확보
- 2011년 주 5일 근무의 전면 시행으로 여가 문화의 확산과 함께 청소년의 여가(놀이 · 게임) 문화 활동의 중요성이 제기되면서 이에 대한 지원이 가정에서뿐만 아니라 학교, 지역 사회와 정부의 정책 단위에서도 이루어졌다. 이러한 청소년의 여가 문화 활동은 청소년에게 교양을 함양시켜 주고 균형 있는 성장을 도모해 주는 것을 말한다.

youth culture theory

연습문제

01 다음이 설명하는 청소년 여가 문화에 대한 시각은?

- 청소년은 보편적 규범을 벗어난 행동을 하고자 한다.
- 청소년은 공부나 주어진 과제를 열심히 하기보다는 놀기를 좋아한다.
- 청소년의 바람직한 성장이나 안정을 위해서라도 부모나 교사들의 지도와 감독하에 두는 것이 좋다.

① 전통문화 ② 대항문화 ③ 비행문화 ④ 적응문화 ⑤ 관념문화

02 청소년 여가 문화의 순기능이 아닌 것은?

① 자아 존중감 강화와 이상형적 자아실현의 기능
② 신체능력 향상의 기능
③ 평등적인 의식 배양의 기능
④ 공격적인 행동 성향 감소의 기능
⑤ 매체에 대한 의존성과 물질주의에 대한 가치 강화 등에 의한 탈인간화의 기능

03 청소년 여가 문화의 기능이 아닌 것은?

① 가족 여가 문화의 순기능적인 차원에서는 가족의 응집력을 높일 수 있는 기능
② 학업 성취를 포함한 학교 적응에 직접적인 영향을 미치는 기능
③ 자아 존중감을 포함한 청소년의 심리발달
④ 청소년문화의 사회화 과정 측면에서도 중요함의 관계를 연결
⑤ 청소년의 여가 문화는 개인의 문제로만 국한된 것

정답 | 1. ① 2. ⑤ 3. ⑤

youth culture theory | chapter

09

청소년의 소비문화

1. 소비문화의 이해
2. 청소년 소비자의 특성
3. 청소년의 비합리적인 소비문화 유형
4. 바람직한 청소년 소비문화의 방향

youth culture theory | chapter 09

청소년의 소비문화

1. 소비문화의 이해

1) 소비와 소비문화의 개념

소비(Consume)의 사전적 의미는 '다 써 버리다', '소멸하다', '없애 버리다' 란 뜻으로 물건을 구입하여 최종적으로 써서 없애는 과정 모두를 포함한다(William, 1976). 일반적으로 현대 사회를 소비문화로 규정한다. 소비사회에서 소비는 단순히 물질적인 소비 그 이상의 의미를 지닌다. 즉, 사회적인 이미지나 상징 등과 같은 인간 생활을 형성하는 비물질적 요소를 포함하게 되며 소비의 형태는 사용상의 효용 이상의 것으로 다양화된다(오윤선 · 황인숙, 2020; 이기춘, 2004).

소비문화의 상위 개념인 '문화'란 '사회집단이 삶의 양식을 발전시키고, 자신들의 사회적 · 물질적 생활경험에 표현적 형태를 부가하는 행위이다'라고 정의할 수 있다. 문화적 특징으로 소비문화 역시 문화의 개념과 유사하지만, 현대사회에서 말하는 소비문화란 '단순히 상품, 서비스를 소비하는 행위나 관행만을 가리키는 것이 아니라 현대사회의 사회적 관계를 형성하는 중요한 과정'으로 설명할 수 있다(김연지 외, 2014). 따라서 소비문화는 소비를 통해 인간의 욕구를 충족시키는 생활양식, 물질문화의 구체적 형태를 말한다.

현대사회에서 소비란 문화적인 특성이 있으며 특히 현대의 소비와 문화는 매우 긴밀한 관계를 맺고 문화형성의 주된 구성요인으로 소비문화를 형성한다.

2) 소비문화에 대한 관점

현대의 소비문화는 물질적 소비욕구의 일차적 만족에 국한되지 않고 정신적, 심리적, 서비스 소비를 포함하며 상징의 소비, 기호의 소비로서 소비자체가 의식과 행동방식을 규정하는 요인이 된다. 이는 기능적 소비에서 감성적 소비로 변해 갔음을 의미하기도 한다. 또한, 현대사회 안에서 소비문화는 개인과 집단의 라이프 스타일을 구성하고 인간의 정체성과 인간관계, 사회관계의 형성에 관여하게 되며 삶의 양식이 소비주의적 메커니즘에 편입되도록 한다. 소비문화론은 우리의 관심사인 청소년의 소비문화를 조망하는 데 유용한 이론적 틀을 제시해 준다(권이종 외, 2014: 김연지 외. 2014).

소비문화의 형성과정에 대한 소비문화론의 해석방법은 생산주도적 접근과 소비주도적 접근 두 가지 방법으로 발전되었다. 생산주도적 접근은 자본의 논리에 의해 소비문화가 형성된다는 점을 강조한 반면, 소비주도적 접근은 소비자의 주관적 의미 부여에 초점을 맞춘 이론으로서, 이는 쾌락주의적 소비문화론과 소비양식론의 두 갈래로 분화되어 발전하였다. 현대사회의 소비문화에 대한 관점은 크게 생산주도적 관점, 쾌락주의적 관점, 소비양식론 관점 세 가지로 설명할 수 있다(김보름, 2018; 권이종 외, 2014; 오윤선・황인숙, 2020; 이성림, 2006). 소비에 대한 사회학자들의 관점을 살펴보면 다음과 같다.

(1) 생산주도적 소비문화론

생산주도적 소비문화론은 대량소비의 증대와 소비양식화를 생산영역의 메커니즘을 조명하는 데 기여하였다. 그러나 소비자를 단순히 조작된 대상으로 보고, 소비자의 역할을 지나치게 수동적으로 다룬 단점이 있다. 하우크(Haug)는 상품의 교환 가치를 실현하기 위해 상품을 미적으로 포장하고, 이로부터 자본의 논리 형식에 부합하는 형태로 사람들의 상징적・미적 행위들을 조직하고 정체성을 가상화하며 인간의 감성을 정형화시키는 이데올로기적 메커니즘을 상품 미학이라고 하였다.

생산주도적 소비문화론에서 본 청소년 소비문화는 자본주의 생산의 논의에 기초하여 대중매체의 광고에 의하여 조장된 성격이 강하게 나타난다. 그 예로서 발렌타인데이, 블랙 데이, 화이트 데이 등이 있다. 신세대는 영상세대로 기성세대보다 광고에 훨씬 우호적이고 시각적 매체를 선호하고 있으며, 시각문화의 발달은 신세대의 감수성을 한층 높여 주었다. 생산주도적 관점에서, 자본가의 무한한 이윤 추구를 위한 다양한 종류의 상품 생산과 대대적인 광고가 소비의 양식화를 가져왔다는 생산주도적 소비문화론은 청소년을 대상으로 한 화장 산업의 발달 과정을 설명해 준다.

첫째, 90년대 이후에는 베이스 메이크업이나 포인트 메이크업 제품 하나만을 단독으로 광고하는 건수가 급증하였는데, 이는 청소년층에게 있어 색조 화장품의 종류가 세분화・전문화되고 있음을 반영한다. 둘째, 화장품 광고의 양적인 급증과 제품 유형의 다양화 추세는 청소년들의 화장품에 대한 관심과 구매 행동이 매우 확대되고, 화장 산업의 시장 환경이 전문화, 다양화된 것을 반영하는 결과로 보인다.

(2) 쾌락주의적 소비문화론

쾌락주의적 소비문화론은 생산주도적 소비문화론이 간과한 소비자의 개성, 능동적 역할을 조망했다는 점에서 의의가 있다. 그러나 사회적 맥락에서 형성되는 소비문화의 특성을 규명하는 데 한계를 지니고 있다.

① 캠벨(Campbell)의 소비 환상론

캠벨은 소비를 자기 자신의 독특한 주관적인 환상과 정체성을 재현하고 체험하기 위한 방식으로 인식하고 소비생활에서 욕구를 만족시키는 것과 즐거움을 추구하는 것으로 구별한다. 욕구의 만족은 부족한 것을 채우는 것이고 즐거움의 추구는 보다 큰 자극을 경험하는 것이다. 즐거움의 추구는 전통사회와 현대의 쾌락주의로 구분하는데 전통사회에서 쾌락주의는 오감을 즐겁게 하는 감각에 대한 추구로서 대상물과 사건을 통제하지만 현대적 쾌락주의는 감정에서 즐거움을 찾는 것으로 사물의 의미를 통제하며 경험에서 즐거움을 추구한다(이성림, 2006).

② 페더스톤(Featherstone)의 이론

페더스톤은 소비를 통한 대안적 주체의 실험을 '일상생활의 미학화'라는 개념으로 파악하였다. 일상생활의 미학화를 예술인이나 지성인처럼 지속적으로 자신을 풍부히 하고 새로운 가치를 추구하고자 하는 욕망과 호기심의 결과라고 하면서, 일반 사람들에 의한 예술적 하위문화의 라이프스타일 모방을 '계산된 쾌락주의'라고 하였다. 소비는 상상적으로 꿈꾸어 온 자아를 재현하고 실천을 시도하는 것이다.

이러한 쾌락주의적 관점은 생산주도적 관점이 간과한 소비자의 실제적 소비행위와 체험, 상품을 선택하는 데 있어서 소비자의 개성과 능동적 역할을 조명하는 데 공헌했으나 소비자의 주관적인 체험에 초점을 맞춤으로서 사회적 관계의 맥락에 형성되는 소비문화와 정체성과의 관계를 규명하지 못했다는 한계가 있다(김보름, 2018; 오윤선·황인숙, 2020).

(3) 소비양식론

소비양식론은 사회학적 시각에서 사회적 지위를 구분하기 위한 상품의 소비가 구조화되는 방식을 규명했다는 점에서 의의가 있다. 소비양식론의 관점에서는 소비는 다양한 범주의 사회적 정체성을 표현할 뿐만 아니라 정체성을 표현하고자 하는 욕구의 결과로 본다. 소비양식론에 근거한 대표적인 학자들의 관점을 살펴보면 다음과 같다(권이종 외, 2014: 김동일, 2008).

① 소비양식론

미국 경제학자인 베블렌(Veblen, 1899)은 베블렌 효과(Veblen Effect)를 자신의 저서 『유한계급론(The Theory of LeisureClass)』에서 주장했다. 베블렌 효과란 가격이 오르는데도 일부 계층의 과시욕이나 허영심 등으로 인해 수요가 줄어들지 않는 현상을 말한다. 베블렌은 자신의 사회적 지위를 드러내고 인정받기 위한 소비를 과시적 소비라 하였는데, 과시적 소비의 본질적 특징은 재화, 용역의 사용으로부터 효용을 얻기보다는 사치나 낭비 그 자체로부터 효용을 얻는 것으로 남에게 보이기 위한 지출이라고 하였다. 베블렌은 상품이 사회적 지위의 상징적 징표로서 상층의 고급 취향을 과시하기 위한 목적으로 사용되는 방식을 분석하였다.

베블렌은 상류층의 사치스럽고 낭비적인 소비를 일컬어 과시적 소비라 하였는데 과시적 소비는 상품의 소비로부터 사용가치로서의 효용을 얻는 것이 아니라 사회적 지위와 상징적 징표로서 상품 소비를 통해 자신의 사회적 지위를 나타내고 인정받기 위한 것이라고 설명한다. 즉, '소비는 사회적 지위 부여의 수단이자, 커뮤니케이션의 수단'으로 나타낼 수 있다. 그 예로서 경기가 불황임에도 고가의 제품이 잘 팔리는 현상을 들 수 있다.

② 부르디외(Bourdieu)의 구별짓기

부르디외(1996)는 『구별짓기(La Distinction)』란 책에서 프랑스 사회에서 문화적 위치와 예술적 취향 사이에는 밀접한 상관관계가 있음을 밝히고 있다. 구별짓기란 남들로부터 자신을 구별하여 두드러지게 하는 것으로 계급분화와 계급 구조를 유지하는 기본 원리 중 하나로 설명한다. 즉, 모든 일상생활에서 얼마나 자신의 계급을 구분하는지 보여 주는 상징으로서의 소비를 말한다. 이러한 부르디외의 이론은 소비의 상징성을 보여 주며 자신을 드러내는 자아정체성을 형성하는 모습으로 발전한다.

부르디외(1984)는 객관적인 계급구조에서 차지하는 위치가 직접적으로 그리고 자동적으로 정체성을 형성하는 것이 아니라 취향에 따라 이루어지는 일상생활에서의 소비를 통해 계급 정체성이 유지되고 인지된다고 하였다. 생활양식은 사회적 지위를 상징적으로 드러내며 또한 사람들은 생활양식을 통해서 사회적 지위를 인식한다는 것이다. 현대인의 생활양식이 사회적 출신배경, 교육자본, 문화 취향 등과 밀접한 상관관계가 있음을 보여 주며 사회계급에 따라 미학적 취향과 문화적 실천의 차이가 있다고 이야기한다. 즉, 문화적 실천, 문학, 회화, 음악에 대한 선호도는 교육수준과 이차적으로 출신계급과 관련이 있는 것이다. 박물관이나 미술관의 이용 빈도와 관람 내용에서도 계급적, 문화 자본적 차이가 나타나며, 의식주 소비와 스포츠에서도 하층계급의 '필수적 취향'과 상류층의 '사치스런 취향'은 뚜렷이 구별된다. 이러한 구별은 계급의 무의식적 실천행위의 결과이지만 동시에 계급 간 차별화를 위한 행위자의 의도적 전략의 결과로서 나타나기도 한다(최한윤, 2017).

부르디외는 취향이 단지 개인적 선택의 결과가 아니라 사회적으로 조직되어 있다는 사실을 밝히고자 하였다. 취향이 중요한 것은 그것에 의해 구성되는 상이한 생활양식들이 사회적 지위를 상징적으로 표현하고, 또 상징적으로 인지하게 된다는 점이다. 부르디외 취향의 분류를 살펴보면 다음과 같다(권이종 외, 2014; 김만기, 2010).

- 정통적(칸트적) 취향: 기능보다는 형식을 중시하고 무욕적이고 반성적이면서 필요로부터의 거리와 초연함과 밀접하게 관련되어 있다.
- 대중적 취향: 형식보다 기능을 강조하며 보다 물질적이고 감각적이다.

취향은 인지, 평가, 판단, 습득의 성향이며, 소비를 포함하여 일상적 행위를 일정한 유형으로(칸트적 혹은 대중적) 양식화함으로써 구조화된 생활양식을 형성한다. 부르디외는 객관적인 계급 구조에서 차지하는 위치가 직접적, 자동적으로 정체성을 형성시키는 것이 아니라 취향에 따라 이루어지는 일상생활에서의 소비를 통해 정체성이 유출되고 유지되고 인지된다는 점을 강조하였다. 이렇듯 사람들의 생활양식을 인식하고, 분류하고 평가할 수 있도록 해 주는 것이 바로 취향이기도 하다. 결국 소비행위가 중요한 것은 소비행위가 취향을 통해서 이루어지며, 사람들은 그러한 취향을 통해서 사람들의 정체성을 인식하고 평가하며 귀속적 판단을 한다는 점이다(김보름, 2018).

③ **보드리야르(Baudrillard)의 기호의 소비학**

프랑스 사회학자인 보드리야르는 현대사회를 소비사회로 지칭하면서 소비를 사회의 원동력이며, 코드, 규칙으로 조직되어 있는 기호체계로 보았다. 소비는 자신을 타인과 구별하는 기호로서 사물을 조직하는 과정이고 소비활동은 재화와 기호로 작용하는 언어활동이며 코드이고 따라서 소비에 의해 사회전체가 의사소통을 하고 있다고 보았다. 이러한 의미는 현대사회에서 생산과 노동 등에 비해 소비가 우위를 차지하게 되었음을 강조하는 의미로 해석할 수 있다. 즉, 내가 무엇을 사고 무엇을 쓰는지가 나를 나타내는 중요한 도구가 되는 것이다(Baudrillard, 1991).

보드리야르(1991)는 『소비의 사회』에서 사물의 지위를 언급하면서 "현대사회에서는 사물이 필요에 의해 소비되는 것이 아닌 상상에 의해 소비가 되는 사물의 의미작용에서의 변화"를 지적하고 있다. 그는 현대사회에서의 소비를 사물에 대한 결여의 욕구(사용가치)가 아니라 사회적 의미화된 욕구(기호가치)를 해소한다는 것이다. 이에 대해 '소비활동은 의미를 갖게 되는 코드에 기초한 의미작용 및 커뮤니케이션의 과정'이라고 말하면서 '기호의 소비'와 '차별의 기호'의 개념으로 분석하고 있다(심준섭, 2007).

현대 소비사회에서는 소비되는 상품이 무엇인가는 중요하지 않으며, 오히려 중요한 점은 상품이 주는 기호이다. 왜냐하면 기호가 모든 것을 지배하기 때문이다. 현대의 소비는 사물의 기능적 효용이나 물리적 사용가치를 소비하는 것에 그치지 않고 사회가 사물에 부여한 기호, 이미지, 상징을 소비하는 것이 되었으며, 자신의 정체성을 표현하고 타인과의 의사소통을 매개하는 중요한 수단이 되었다. 소비행위는 사회적으로 규정되며, 사회구성원에게 의미를 부여할 뿐만 아니라 소비의 기호적 질서는 사회 속의 차별화로 이어진다(윤태영 외, 2014).

살펴본 것과 같이 소비문화에 대한 소비양식론은 청소년의 소비특성, 특히 과시적이며 유행에 민감하여 또래집단 내에서의 동조적 측면을 이해하는 데 유용한 시각을 제공해 준다. 그 예로서 상류층 청소년집단은 하류층 청소년들에 비해 과시적인 소비성향을 갖는 현상들이다.

Plus Point

지루의 관점

미국사회에서 지난 30년간 시장이데올로기인 신자유주의의 강력한 영향으로 사회질서의 모든 측면이 시장의 논리로 인식하고 평가하는 관념이 강력해졌다는 것이 미국 교육사회학자 앙리 지루(A Giroux)의 지적이다. "경제적 담론이 사회정의를 압도하고 있으며, 신자유주의적 담론이 유행하면서 이것이 더욱 강화되고 있다"(Giroux, 2009). 신자유주의적 담론에서는 인간의 모든 행동과 영역들이 경제체제 안으로 흡수될 수 있고 또한 흡수되어야 한다는 주장이 강력한 힘을 얻고 있다(권이종 외, 2014).

2. 청소년 소비자의 특성

청소년 소비자의 특징이 나타나는 배경은 소비자 발달 단계에서 아동 소비자와 성인 소비자의 중간에 위치하며, 청소년기에 나타나는 정서적·사회적 특징이 청소년 소비자의 고유한 특징을 나타낸다. 청소년들은 환경에 적응하는 발달과정뿐만 아니라, 부모, 동료, 대중매체와의 상호작용을 통한 사회 학습과정에서 소비자능력을 학습하고, 취득한다는 특성을 지니고 있다.

청소년의 소비특성으로, 첫째, 충동구매, 또래집단의 모방 소비적 구매, 광고매체의 영향으로 인한 비합리적 의사결정이 있으며, 둘째는 브랜드가 가지고 있는 이미지를 자신의 기호로 과시하는 브랜드 네임의 상징적 효과, 셋째는 입시로 인한 스트레스를 풀 특별한 여가를 즐기지 못하는 청소년들이 구매행위 자체에서 만족감을 느끼는 목적적 소비과정이라고 밝히면서 청소년 소비자의 특성을 다음과 같이 설명하고 있다(유하숙, 2009; 유미란・구혜경, 2018: 장수한, 2020).

1) 부모로부터 독립된 소비행동이 증가한다.

청소년 소비자는 부모에게 의존하던 소비행동에서 벗어나 독자적으로 소비의사결정을 하려는 경향이 강해진다. 소비자로서의 청소년의 특징은 청소년기의 과도기적 특성과 밀접하게 연계되어 있다. 또한 부모의 의존으로부터 독립하려는 청소년기에는 자신의 구매 의사 결정권이 확대된다. 즉, 구매와 소비 행동에 있어서 아동 소비자보다는 부모의 영향을 덜 받고 본인 스스로 행동하는 비율이 높아지게 된다. 더불어 가족 공용의 상품과 서비스에 대한 구매 의사 결정에도 참여도가 커져 가계 구매 행동에도 영향을 미치게 된다.

2) 청소년 소비문화는 또래집단의 영향력이 커진다

청소년은 자신을 개념화시키고 가족보다도 친구・동료, 집단・교사와의 동일시에 초점을 두면서 생활양식의 의식적인 변화를 갖기 시작하며, 또래집단이 청소년의 사회화에 중요한 역할을 한다. 청소년기에는 부모나 학교 선생님보다는 또래의 의견을 중요시하는 경향이 있으며, 아동이 청년이 되어감에 따라 소비자의 사회화의 요인으로써 부모보다는 또래의 영향이 더 크다고 했다. 청소년은 자신을 개념화시키고 친구・또래집단・교사와의 동일시에 초점을 두면서 생활양식의 의식적인 변화를 갖기 시작하며, 또래집단이 청소년의 사회화에 중요한 역할을 한다.

3) 청소년기 가치관 혼란에서 오는 소비행동의 특징이 있다.

청소년들은 점차 가정의 테두리에서 벗어나 빠른 속도로 변화하는 환경적 자극에 접하게 되고, 그와 동시에 전통적 가치관과 새로운 가치관 사이에서 혼란을 경험하게 되면서 자신의 위치나 역할, 능력에 대해 갈등을 겪게 된다. 또한 청소년들은 미래의 소비자로서 자신의 신념이나 가치, 생활양식 등을 형성하는 과정에 있고, 소비행동의 경험이 부족해서 나름대로의 소비 형태를 갖추고 있지 못하여 성인 소비자와는 다른 소비자 문제를 경험하게 된다. 이러한 갈등과 경험의 부족은 심리적・정서적 불안을 가져오고 이를 해소하기 위한 나름의 수단이나 방안을 마련하게 되는데 이것이 과시 소비, 충동구매, 모방 소비 등과 같은 바람직하지 못한 소비행동으로 표출되고 있다. 이와 함께 자유재량 소비액 증가, 가치관과 가족 구조의 변화, 가정의 경제적 향상 등이 맞물려 작용하면서, 청소년 소비자의 소비지출이 전체 경제에서 차지하는 비중이 커졌고, 그 결과 청소년들이 영향력 있는 소비자 집단으로 대두되고 있는 실정이다.

4) 성인 소비자로 나아가기 위한 이행과정으로 볼 수 있다.

청소년기의 과도기적인 특성으로 인해 아동기와 청소년기의 소비 관련 경험들은 성인이 될 때까지 지속되어 성인 소비자 행동의 유형을 결정한다(이기춘, 2004; 장수한, 2020). 청소년기에 건전하게 형성된 소비 습관은 성인이 되어서 경제 활동할 때에도 계속적인 영향을 미칠 수 있기 때문에 청소년기의 소비행동이나 소비문화가 중요하다고 할 수 있다.

3. 청소년의 비합리적인 소비문화 유형

청소년들은 성장하면서 점차 가정이라는 테두리를 벗어나 학교, 사회와 접촉하면서 변화하는 환경의 자극에 접하게 되어 전통적인 가치관과 새로운 가치관 사이에서 혼란을 겪게 된다. 이런 갈등 속에서 과시 소비, 모방 소비, 충동구매, 과소비 등 바람직하지 않은 소비 행동이 나타난다. 이는 각 가정에 경제적 위험을 가져오고 사회적으로 자원이 낭비되는 결과를 가져온다. 그러므로 우리는 소비에 대한 잘못된 가치관이나 소비를 부추기는 사회적인 풍조 때문에 생긴 비합리적인 소비문화에서 벗어나 합리적이고 건전한 소비문화를 만들어 가야 한다. 우리나라 청소년들의 비합리적인 소비문화의 특징과 문제점을 알고 자신의 소비 형태가 어떤 점에서 비합리적이였는지를 살펴본다(김지혜 · 윤정혜, 2019; 노자은 외, 2019; 오윤선 · 황인숙, 2020).

1) 다른 사람의 소비를 따라 하는 동조 소비

동조 소비는 개인의 필요와 선호에 의하여 소비하는 것이 아니라 집단에서 소외되지 않으려는 욕구로 선택하는 소비 행동이다. 이러한 동조 소비는 과시 소비와 함께 나타나는 또 다른 소비 유형으로, 연예인이나 동료 집단의 소비를 모방하는 것이다. 모방 소비는 대중 매체 특히 텔레비전을 통하여 많은 영향을 받게 되며, 친구의 영향도 많이 받게 된다. 청소년들은 주변의 친구들이 갖고 있는 물건을 따라 사고 싶어하는 동조 소비 경향이 강하다. 동조 소비는 개성이나 주관적 판단 없이 사람들이 구입하는 제품은 나도 가져야 한다는 소비 심리로, 특히 청소년들의 경우 광고나 선전을 통해 대중화된 스타일을 동조하려는 성향이 매우 강하다. 이러한 현상은 청소년들 사이에 빠른 속도로 확산되는 특정 연예인에 대한 호감이나 머리 모양에서부터 의복, 소지품의 유행 등에서 관찰할 수 있다. 그리고 외모에 많은 관심을 갖게 되는 청소년들은 의복에 의해 행동과 심리에 크게 영향을 받는다. 또 또래집단은 모방의 기준을 제공하는 준거집단으로 작용하기도 하는 한편, 자신들의 소비 행태에 맞지 않는 청소년들에게는 따라 하라고 압력을 가하는 집단으로도 작용하기도 한다. 따라서 여러 가지 소비 행동 중에서 청소년기에 가장 문제를 일으키기 쉬운 소비행동 양식은 동조 소비라고 할 수 있다. 동조 소비행동은 주어진 상황이 애매모호하거나 집단의 응집력이 강한 경우, 그리고 소속되고 싶은 욕구가 클 경우에 강하게 나타나게 된다. 결국 동조 소비는 대중스타와의 동일시나 준거집단에서 소외되지 않으려는 소속욕구에 의한 소비행동으로 소비자 자신에게 꼭 필요하고 어울리는 것보다는 남들이 많이 구매하고 사용하는 유행브랜드를 소비하는 형태로 나타난다.

2) 남에게 자신의 부를 과시하기 위한 과시 소비

청소년의 과시 소비는 타인의식 소비나 유행추구 행동과 관련되며 또래들 사이에서 자신을 나타내고, 남들에게 뒤쳐지지 않기 위해 값이 비싸더라도 유행에 맞는 옷이나 패션 잡화류를 구입하는 것으로 나타난다(김상진 외, 2019). 이러한 과시 소비의 원인은 크게 심리적 원인(개인의 심리적 동기), 사회 심리적 원인(소비에 영향을 미치는 타인), 사회문화적 원인(사회 · 문화적 관습)으로 분류할 수 있는데, 사회 심리적 · 사회문화적 원인에 의해 보다 많은 영향을 받는다. 과시 소비 자체가 자신의 우월한 입장을 보여 주는 방편이 되기 때문이다.

이처럼 제품이나 서비스를 구매하여 효용을 얻기 위한 목적보다는 금전력 또는 자신의 지위를 과시하기 위한 목적으로 제품이나 서비스를 소비하는 것을 과시 소비라고 한다. 과시 소비는 가격이 비싼 제품이나 유명 상표의 제품을 통해 우월감을 느낀다고 하는데, 이는 유명 상표 제품을 소비하여 자신의 지위를 상징적으로 과시함으로써 만족을 느끼는 것이다. 사회적으로나 개인적으로 바람직하지 않은 소비 행태로서 청소년 소비자의 과시 소비는 사회의 이목을 집중시키는 문제로 나타나고 있다.

3) 계획 없이 즉흥적으로 하는 충동 소비

충동 소비란 사전 구매계획 없이 구매 현장에서 꼭 필요하지도 않은 제품을 모양, 포장, 디자인 등에 순간적인 감정이 이끌려 구매하는 소비행태이다. 최근에 급속히 발달하고 있는 기업의 마케팅, 광고, 판촉 활동과 인터넷 및 휴대 전화의 보급은 청소년의 소비 욕구를 자극하면서 충동구매를 부추기고 있다. 특히 연령층이 낮을수록, 남학생보다는 여학생이, 부모의 직업이 화이트칼라 계층이고, 용돈을 많이 받을수록, 제품을 구매할 때 친구 영향을 많이 받을수록 충동구매 성향이 높은 것으로 나타난다.

4) 자신의 소득이나 자산을 고려하지 않는 과소비

자신의 소득수준이나 한정된 예산규모를 초과하여 불투명한 미래의 소득까지도 앞당겨 사용하는 과도한 소비를 과소비라 한다. 소비를 할 때 고려해야 하는 것은 소득과 자산이다. 중요한 것은 '얼마나 많이 쓰느냐'가 아니라, '소득과 자산에 비해 얼마나 쓰느냐'이다. 이렇게 자신의 소득이나 자산을 초과해 사용하는 것을 '과소비'라고 한다. 과소비를 판단하는 기준은 상대적인 것으로, 값비싼 물건을 사더라도 자신의 소득이나 자산으로 그 값을 지불할 수 있다면 과소비라고 하지 않는다. 소비 활동은 경제가 원활하게 돌아가게 하는 중요한 요소이며, 자신의 소득과 자산을 고려해 적절한 금액을 소비하는 것은 생산자들에게는 더 나은 상품을 만들 요인이 된다. 그러나 소득과 자산을 넘어선 과소비는 개인의 지불 능력을 감소시키고 소비 활동을 위축시켜 경제 전반에 부정적인 영향을 미칠 수 있다. 과소비의 가장 대표적인 원인은 사회 전반의 절약정신 퇴조, 지나친 과시욕구, 백화점 등의 광고 및 세일 등 각종 다양한 마케팅 전략 등이다. 이들 마케팅 전략은 소비자의 제품 구매 욕구를 자극하여 과소비를 부추기거나, 유행을 좇아 비싼 제품을 구매하는 소비행동을 유발한다.

[사진 9-1] '2019 교복물려주기 알뜰나눔장터'(서울 성북구청)
교복나눔을 통한 건전한 소비문화 확산 및 따뜻한 나눔정신을 정착시키고자 2009년부터 진행되었다.

4. 바람직한 청소년 소비문화의 방향

청소년들의 합리적이고, 효율적인 소비문화 정착의 필요성과 중요성을 알고 그 방안을 찾기란 쉽지 않다. 청소년기의 건전한 소비 행동이 중요한 이유는 청소년기의 소비 행동은 이 시기에 그치지 않고 성인기까지 영향을 미치기 때문이다. 변화하는 미래사회에서 소비자로서 청소년이 처해 있는 개인적 · 사회적 조건과 상황으로 볼 때 청소년의 소비문화에 대한 변화와 개선은 단번에 이루어지기는 어렵다고 할 수 있다. 변화하는 미래사회와 치열해지는 경쟁 속에서 건전하고 합리적인 소비문화 정착은 현대 청소년이 반드시 갖추고 함양해야 할 자질이다. 이러한 의미에서 청소년소비자들의 바람직한 소비문화의 정착을 위한 방안에 대해 살펴보자(노자은 외, 2019; 오윤선 · 황인숙, 2020; 주수언, 2016).

1) 지속 가능한 소비, 세상을 바꾸는 착한 거래, 환경친화적 소비행동

지속 가능성이란 현재 세대의 필요를 충족시키기 위하여, 미래 세대가 사용할 경제, 사회, 환경 등의 자원을 낭비하거나 여건을 저하시키지 않고 서로 조화와 균형을 이루는 것을 말한다. 따라서 지속 가능한 소비란 우리가 일상생활에서 소비를 할 때, 주어진 자연환경을 파괴하지 않으면서 필요를 충족시키는 방식이라고 할 수 있다. 지속 가능한 소비를 실천하기 위해서는 소비자는 환경 친화적인 소비를 적극적으로 해야 한다. 즉, 상품을 구매, 사용, 처분하는 모든 과정에서 개인의 욕구 충족이나 경제적 효용성뿐만 아니라 자신이 소비한 결과가 사회와 환경에 미치는 영향을 고려해야 한다.

자신의 소비행동이 욕구 충족이나 자신이 원하는 바를 만족시키는 것에 그치지 않고 타인과 사회에 미치게 될 영향력까지 고려할 줄 안다면 청소년의 소비문화는 더욱 성숙한 문화로 발전될 것이다. 이러한 환경친화적 소비행동을 위해서는 청소년들이 환경교육, 즉 타인과 환경, 사회를 고려할 수 있는 능력을 신장시킬 수 있도록 교육의 장이 제공되어야 한다. 또한 그 교육은 매우 구체적이고 정교하게 구성되어 청소년 내에서도 각 학교급에 따라 체계적인 로드맵이 마련되어야 할 것이다(김지예・신혜원, 2012).

2) 건전한 가족소비문화 정착

부모가 계획적인 소비를 하고 있는 청소년들은 제품 구매 시 적극적인 정보탐색을 하고 제품의 실용적인 면을 선호하며 자율적이고 활발한 소비행동을 보인다. 반면 부모가 충동적인 소비를 하고 있는 청소년들은 외향적이고 충동적인 비합리적 소비를 하는 것으로 나타났다(김미정, 2012). 이러한 조사결과는 청소년의 직접적인 소비교육도 중요하지만 가정에서 부모가 먼저 계획적인 경제 운영과 합리적인 소비를 실천함으로써 모범을 보이는 것이 중요하다는 것을 의미한다. 나아가 가정 내 구매결정에 있어 부모의 지나친 간섭과 무조건적인 강요와 같은 통제적 태도보다는 대화와 더불어 자녀의 합리적 의사결정능력을 함양시키는 접근이 요구된다. 또한 소비는 습관이기 때문에 가정이나 사회에서 자연스럽게 부모에게 익힌 소비행태는 그대로 청소년의 소비문화에 반영된다는 것을 기억해 가정 내에서 바람직한 소비문화를 확립하고 실천하고자 노력해야 한다.

3) 건강한 경제관을 위한 경제교육 강화

청소년들에게는 경제교육과 함께 소비자 교육이 함께 요구된다. 무엇보다도 소비자 교육을 통해 대중매체 선전광고에 대한 비판적이고 분별적인 수용 자세를 길러주는 것이 요구된다. 또한 현대사회는 인터넷을 통한 구매가 많아짐에 따라 소비자 피해가 확대되고 있다. 그러나 청소년들은 소비자 피해를 당해도 번거롭고 귀찮으며, 대응절차에 대해 알지 못해 그냥 참고 넘어가는 경우가 많다. 따라서 청소년들이 소비 관련 피해에 대해 대처할 수 있도록 철저한 소비자 교육의 필요성이 요구된다. 나아가 국가는 청소년소비자 교육 프로그램과 소비자 정보를 제공할 수 있는 매체를 개발할 필요성이 있다. 청소년은 소득과 소비를 할 수 있는 존재로 점차 성장하는 추세임에도 불구하고 실제 청소년들이 올바른 소득과 소비를 할 수 있도록 안내하는 교육은 제대로 이루어지지 않고 있다. 그 원인을 다음과 같이 정리한다(권이종 외, 2014: 노자은 외, 2019).

(1) 가정에서의 경제교육이 부실하다.

우리 사회는 특히 다른 나라에 비해 가족주의적 전통이 짙게 깔려 있고, 부모 - 자녀 간 상호 의존적 관계가 매우 강하게 나타난다. 경제적인 측면에서 본다면 우리 청소년의 다수는 부모의 용돈에만 의존하는 실정이다. 이는 한국사회의 문화적 특성인

가족주의에서 기인하며, 우리사회가 가진 장점으로도 꼽히는 부모 - 자녀 간 강한 상호 의존성이 경제적 측면에서는 자녀의 자주적 판단력과 자립 의지 또는 책임 의식 형성에 있어서 저해 요소로 꼽히기도 한다.

(2) 청소년이 경제적으로 부모에게 의존하게 된 데에는 사회의 책임도 있다.

청소년이 마음껏 아르바이트 등을 통해 경제적 자립심을 기를 수 있는 사회적 · 제도적 여건이 마련되어 있지 않다. 여전히 이슈가 되고 있는 청소년의 노동력 착취나 임금 갈취 등은 청소년이 마음껏 경제적으로 자립할 수 있도록 하는 기본적 여건조차 조성되고 있지 않다. 대학입시 위주의 교육제도가 여전히 지속되고 있고 경쟁은 심해져 가는 상황에서 청소년들은 경제교육이나 실제 생활에 필요한 경제교육에 시간과 노력을 할애하는 것 자체가 매우 힘든 상황이다.

(3) 공교육현장인 학교에서 조차 제대로 된 경제교육이 이루어지고 있지 않다.

청소년들에게 체계적인 소비자교육이 행해짐으로써 올바른 소비가치관 확립과 건전한 소비문화의 형성이 필요하다. 이러한 것이 학교교육의 한 과정으로 수행되고, 효율적인 경제교육 프로그램이 개발되고 도입되어야 한다. 그렇다면 경제 과목을 배우며 실제 생활에서 건강한 경제활동을 할 수 있도록 실제적인 도움이 될 것이다. 수업 시간에 무조건적인 이론 중심의 학습이 아니라 다양한 프로그램과 활동을 활용하여 올바른 경제활동이 가능하게 하는 교수법 개발이 시급하다.

청소년 경제교육의 중요성을 심각하게 받아들여 미래의 경제 주체인 청소년들이 경제 · 사회 변동에 대응할 수 있는 사고력과 경제적 시민의식을 함양할 수 있도록 청소년에 대한 경제교육을 확대 · 개선시켜 나가야 한다. 소비는 습관이므로 작은 것에서부터 시작하여 다양하고 건강한 청소년 소비문화가 뿌리 내릴 수 있도록 개인, 가정, 학교, 사회에서 지속적인 관심과 교육이 이루어져야 할 것이다.

4) 청소년을 대상으로 하는 홍보 및 광고의 배려

무엇보다 기업들은 이익을 추구함에 있어 대중매체를 통하여 청소년들의 과시 소비와 모방 소비를 부추기는 광고를 지양하려는 자발적 노력과 실천이 요구된다. 그리고 언론매체는 청소년들의 합리적 소비생활을 위한 정보 나눔 공익 프로그램과 사이트를 운영하여 청소년 소비에 유익한 정보를 제공하여 합리적 소비의 선택을 하도록 돕는다. 그리고 방송심의위원회에서는 드라마, 광고, 오락프로그램 등 특별히 청소년들이 즐겨 보는 프로그램에 대하여 청소년 대상 광고에 대한 규제와 심의를 강화하고, 방송 모니터 요원들을 활용하여 청소년 프로그램에서의 소비 자극 정도를 평가·반영하는 것이 요구된다.

youth culture theory

연습문제

01 소비에 대한 관점과 그것을 주장하는 학자가 바르게 연결되지 않은 것은?

① 유한계급은 본인의 사회적 지위를 인정받기 위해 과시적 소비의 경향을 나타낸다. - 베블렌(T. Veblen)
② 특정 계급의 사람들은 특정 상품에 대한 선호로써 그들의 계급 정체성을 나타낸다. - 부르디외(P. Bourdieu)
③ 소비활동은 하나의 의미화 된 사회적 기호이며 커뮤니케이션의 과정이다. - 보드리야르(J.Baudrillard)
④ 소비와 시장가치 만연은 인간적인 삶의 위협이 되고 있다. - 지루(H. Giroux)
⑤ 소비는 사회화된 아비투스이다. - 홀(E. Hall)

02 소비문화에 관한 이론과 이를 주장한 학자의 연결이 옳은 것은?

① 소비중독이론 - 베블렌(T. Veblen)
② 합리적 선택이론 - 부르디외(P. Bourdieu)
③ 기호의 소비이론 - 보드리야르(J. Baudrillard)
④ 대중소비이론 - 엘리아스(N. Elias)
⑤ 과시 소비이론 - 콜맨(J. Coleman)

03 자신의 사회적 지위를 드러내고 인정받기 위한 소비를 '과시적 소비'라고 비판했던 학자는?

① 베블렌(T. Veblen)
② 지루(H. Giroux)
③ 마르크스(K. Marx)
④ 부르디외(P. Bourdieu)
⑤ 보드리야르(J. Baudrillard)

정답 | 1. ⑤ 2. ③ 3. ①

10

청소년 생활 속 언어문화

1. 언어문화란
2. 청소년의 언어문화
3. 청소년 언어와 실태
4. 청소년 언어문화의 향상 방안

youth culture theory | chapter 10

청소년 생활 속 언어문화

1. 언어문화란

언어문화라는 표현이 흔히 쓰이는 것은 문화의 특성이 결국 언어로 표상되어 나타나기 때문이다. 요컨대 언어문화는 언어로 표상된 문화라고 정의를 내려 볼 수 있다(이관규, 2017).

언어문화는 전체 인간의 생활양식 중 언어 생활양식에 초점을 둔 하위 개념이다. 인간 집단의 언어 생활양식 전부로 정의할 수 있지만, 언어문화의 개념 또한 광범위하기 때문에 맥락에 따라 다른 의미로 사용된다. 언어문화의 개념은 두 가지로 구분할 수 있다. 첫째, 표현된 언어문화 어휘나 행동 등 표면적으로 나타나는 언어표현과 언어적 활동, 언어 예절, 규범 등 언어생활에서 가시적으로 표현되는 언어문화이다. 둘째, 내재된 언어문화는 가시적인 언어문화의 기저에 놓인 사고, 즉 언어 및 언어생활에 대한 가치와 태도를 가리킨다(민병곤 외, 2015; 정혜승 외, 2017). 언어문화는 그 밖에도 관점에 따라 다양하게 정의될 수 있다. 언어문화는 제도, 이데올로기, 경제, 기술 등에 영향을 받는 복합적이고 유동적인 개념이라고 할 수 있다. 언어문화는 사회구성원들의 언어에 대한 태도와 이것에 영향을 주는 문화적 · 사회적 · 정치적 · 경제적 배경까지 포함한 개념으로 사용되기도 한다(Bonvillain, 2019).

〈표 10-1〉 **언어문화의 포괄적 개념**

표현된 언어문화	언어표현이나 언어적 활동 및 언어 예절, 규범 등과 같은 언어생활에서 가시적인 형태로 표현되는 언어문화
내재된 언어문화	가시적인 형태로 나타나는 언어표현, 언어적 활동 및 언어 예절, 규범 등과 같은 언어생활을 생성하게 유발하는 기저에 놓인 사고(의식), 즉 언어 및 언어생활에 관한 인식과 태도를 의미

출처: 국립국어원(2017).

2. 청소년의 언어문화

청소년의 삶에서 친구와의 대화는 매우 중요한 의사소통의 장을 구성하고 있다. 청소년은 사회의 구성원으로서 여러 형태의 공동체를 형성하고, 그 안에서 언어를 통해 지식과 정보, 의견, 감정, 친분 등을 교류하며 살아간다(민병곤 외, 2016). 청소년들의 의사소통 양상을 살펴보면, 청소년들은 서로 통하든 그렇지 않든 상관없이 현상학적으로 그들만의 표현 방식과 고유성을 지닌 채 언어 행위를 하고 있으며, 언어를 주고받는 행위는 그들의 인식과 태도를 엿볼 수 있는 특수성을 지닌다. 또한, 청소년 언어는 사회문화적 의미 체계이다. 이것은 청소년 언어를 통해 그들의 사회문화적 의미를 이해할 수 있다는 것을 의미한다. 청소년의 사회문화적 의미를 이해하기 위해서는 청소년의 언어를 이해하는 작업이 절대적으로 필요하다(박정희 · 김민, 2007). 또한, 청소년의 언어문화는 기성세대의 언어문화 또는 TV나 인터넷과 같은 매체 언어문화의 영향을 받기도 하지만, 청소년 언어가 오히려 기성세대의 언어문화에 영향을 주는 역동적 역할을 하기도 한다. 청소년의 언어사용 다양성은 부정적인 사회적 평가에 상관없이 청소년의 문화 속에서 문화적 탐색 과정에서 얻어진 산물로 보아야 할 것이다.

1) 청소년 언어문화의 개념

청소년의 언어문화는 '9세~18세에 속하는 사람들의 언어와 언어생활 및 그에 기저하는 언어와 언어생활에 대한 인식'으로 정의할 수 있다. 즉, 청소년 언어문화는 '언어 사용의 주체로서 청소년이 능동적이고 역동적으로 구성하는 언어생활과 언어 의식의 총체'이며, 청소년이 사용과 향유의 주체로서 만들어 가고, 소통하며, 변화시켜 나가는 언어생활과 언어 의식이다. 언어생활은 언어표현과 예절, 규범 등 언어 및 언어 외적 행동으로 확인할 수 있는 언어활동이며, 언어 의식은 그러한 언어생활을 유발하거나 제지하는 언어생활을 둘러싼 가치관이나 태도, 사고, 의식의 총체를 의미한다(정혜승, 2018).

2) 청소년 언어문화의 특성

청소년기는 성장과 퇴행의 측면이 공존하는 과도기적인 시기이며, 급격한 심리·사회적 성장을 겪는 만큼이나, 청소년 언어도 아동기와 청년기와 확연히 다른 양상을 보인다. 아동의 언어 발달과 달리 청소년의 언어 발달에서는 어휘적이나 통상적인 변화가 급격히 나타나지는 않지만, 언어를 통한 힘과 지위의 확보, 친밀성의 확인 등 상호작용의 절차와 규칙에 대한 발달이 나타난다. 또한, 청소년은 경제적인 의존성과 사회적인 독립성을 지니는 모순적인 존재이다. 이는 실제 언어생활과 그 기저에 있는 언어 인식 사이의 간극이 있을 수 있음을 시사한다. 이러한 과도기적인 존재로서의 청소년에 주목하여 언어문화의 특성을 알아보고자 한다(김민정 외, 2013; 김희화, 2014; 변윤언 · 이광호, 2004; 손진희 외, 2013; 이관규, 2017; 이철, 2014; 정혜승 외, 2017).

(1) 성장에 따른 언어생활의 변화

청소년들은 성장하면서 치열한 입시제도 때문에 자유로운 활동에 제약을 받고, 스트레스를 높이는 요인들에 노출된다. 청소년들은 이러한 심리적 고통으로부터 즉각적으로 벗어나기 위한 수단으로 갈등적인 상황을 폭력적으로 극복하려는 성향이 강해져서 언어폭력이나 언어적 따돌림 현상, 은어와 비속어 사용이 증가하고 있다.

(2) 창조와 개성의 언어화

청소년은 기성세대와는 다른 디지털 문식 환경에서 태어나고 자라고 있으며, 디지털 환경을 주된 공간으로 활용하며 언어화를 재편하고 있다. 청소년 언어문화에서 창의성은 부정적인 면과 긍정적인 면을 모두 내포한 양가적인 특성으로 이해될 수 있다. 청소년 언어문화의 특성이 규범에서 벗어난 일탈에 가까운 것인지, 기존의 관습을 탈피하고 전에 없던 것을 창조해 나가는 개성에 가까운 것인지를 판단하기는 어렵다. 다만 청소년은 창조와 개성, 무언가를 추구하는 존재로 볼 수 있다. 유연하고 톡톡 튀는 사고를 바탕으로 새로운 언어문화의 장을 만들어 가는 주체로 인정될 필요가 있다.

(3) 성인 언어와의 차별화

청소년에게 있어 주요한 성장과 발달은 주위 사람들과의 상호작용을 통해 이루어진다. 청소년은 기성세대의 언어문화를 수용하고 모방하면서도, 동시에 적극적으로 언어문화를 재생산하고 새로운 언어문화를 만들어 가는 주체이다. 그래서 다른 세대 및 계층이 알아듣지 못하게 언어를 변형시켜서 사용한다. 청소년이 또래집단 안에서 사용하는 언어와 기성세대의 공간 안에서 사용하는 언어가 구별되며, 언어를 변화시키고 새롭게 만들어 사용하는 것에 재미를 느낀다. 그러므로 각 공간 안에서 다른 언어를 사용, 즉 일종의 이중 언어를 구사하며 자신들만의 언어 세계를 추구한다.

⑷ 또래집단 언어문화

또래란 비슷한 연령과 발달 수준을 공유하는 집단으로, 밀접한 상호작용을 하며 사회적으로 동일시되는 청소년 집단을 의미한다. 청소년기는 가족에 대한 애착 관계가 또래에 관한 관심과 흥미로 전환되는 시기로, 이 시기 청소년들은 또래와 많은 시간을 함께 보내며 사회적 관계를 형성 및 유지하는 방법을 학습한다. 청소년의 언어사용은 욕구 발산의 수단이자 또래집단에 순응하는 방법이기 때문에 청소년들은 행동을 같이 하는 성향을 보이고, 혼자 행동할 때에도 최소한의 집단 언어에 영향을 받는다. 그러다 보니 청소년들 간의 소통을 강조하고 남들에게 특이함을 보이기 위해 억양이 부드럽지 않고 매우 강한 성향이 있다. 예를 들어, 짱, 짭새, 꼰대, 쫄다, 쌩까다 등과 같이 자신의 감정을 드러내거나 표현의 의미를 강조하기 위한 경음 사용이 많이 일어나고 있다.

⑸ 창의적 통신언어[1)]의 확대

인터넷의 보급이 확산됨과 동시에 인터넷은 청소년들의 개성 표출의 공간이자 새로운 놀이 공간으로 자리매김하였다. 인터넷 통신언어는 오락성, 경제성, 상징성, 창조성 등 청소년의 언어문화적 특성을 대변해 주기도 한다. 축약어나 상징 표현을 사

1) 통신언어의 개념
① 넓은 의미: 의사소통을 위해 통신상에서 사용되는 모든 문자언어.
② 좁은 의미: 의사소통을 위해 통신상에서 사용되는 문자언어로, 일반 언어의 음운 또는 형태적 변이형이나 통신상에서 만들어진 새말, 통신상에서 새롭게 의미가 부여된 말, 또는 통신상에서 사용되는 독특한 문체나 어법, 의사 전달을 위해 사용되는 특수 기호를 포괄하는 것으로 어느 정도 정형성을 갖고 있어야 한다(박동근, 2001).

용하면서 또래집단의 유대를 강화하고, 경제적이면서도 창조적으로 언어를 사용하는 측면이 있다. 그리고, 모방과 창조라는 순환 관계 속에서 유행어와 신조어를 생산하는 특징이 있다. 특히 청소년들이 만들어 내는 새로운 문법 현상 중에서도 최근 한자나 로마자, 일본어, 특수문자, 이모티콘 등을 조합하여 만들어지는 외계어 현상은 최근 인터넷상 외에 일상생활에서도 많이 사용하고 있다. 외계어는 청소년들이 자신의 개성 표현을 위해 사용하는 도구 중에 하나인 셈이다(박정희 · 김민, 2007).

3. 청소년 언어와 실태

1) 청소년 언어의 기능

(1) 청소년 언어의 순기능

청소년 언어가 가지는 긍정적 기능은 다음과 같다(국민대통합위원회, 2015; 전숙경, 2014).

첫째, 또래 문화 코드로 친밀감 형성과 유대감을 강화시킨다.
둘째, 서로 간의 의사소통이 빠르게 진행된다.
셋째, 상호 간의 비밀이 보장된다.
넷째, 스트레스와 정서적 긴장감을 해소할 수 있다.

(2) 청소년 언어의 역기능

청소년 언어가 가지는 부정적 기능은 다음과 같다(국민대통합위원회, 2015; 전숙경, 2014).

첫째, 청소년과 기성세대 간의 의사소통을 단절시킨다.
둘째, 청소년들 간에도 다른 집단을 배제시키는 경우가 생겨나 점차 폐쇄적인 소통이 이루어지게 하는 패거리문화를 구축한다.

셋째, 언어 사용이 자신을 과장하거나 어긋나게 표현함으로써 자신과 타인세계에 대한 부정적 감정을 확대하고 왜곡된 개념을 가지게 할 수 있다.

넷째, 어문 규범 파괴 등 국어체계의 붕괴가 올 수 있다.

2) 청소년 언어의 유형

청소년은 기성세대가 제작한 대중매체 속에 등장하는 은어, 비속어 등을 가장 적극적으로 수용한 소비자들이다. 그들만 사용하는 언어가 생기기도 하고 말을 줄이려 하거나, 은어, 비속어 등을 사용하여 의사소통하기도 한다. 청소년의 은어, 비속어 사용이 청소년 또래집단 내에서 광범위하게 유포되는 것은 딱딱한 어감을 주는 표준적 어법보다 은어, 비속어 등의 사용이 또래들 간에 감정적 친화를 더욱 쉽게 만들기 때문이다. 또한, 청소년 언어를 사용함으로써 같은 시기에 태어나 유사한 경험과 가치관을 공유한 집단끼리 하나의 동질적 관계로 연결되기 때문이다. 그리고 기성세대에 대한 저항의식 또는 따돌림의 의미로 은어, 비속어 등을 사용하기도 한다. 이러한 언어사용이 기성세대의 시각에서는 청소년기 문제행동으로 보이겠으나, 청소년집단 내부에서는 그들만이 공유하는 소통의 유용성으로 기능한다(길은배, 2014).

(1) 은어

① 은어의 개념

은어는 사회의 특정 집단에서 그 구성원들끼리 은비(隱秘)를 목적으로 사용하는 말이다. 집단 내적으로 볼 때는 외부에 대한 방어나 집단 결속 등의 효과를 지니기도 하나, 타 집단과는 의사소통의 단절을 야기하기도 한다(김정선 외, 2011). 또한 학생, 군인, 노름꾼, 거지, 부랑패, 도둑, 도박꾼 등 각종 집단에 의해 형성된 사회 방언의 하나로 보기도 한다(국립국어원, 1999).

② **은어의 특징**

첫째, 청소년이 사용하는 은어는 청소년 내 집단 분화를 가장 크게 반영하는데, 일탈성에 대한 지향이 강할수록 은어를 풍부하게 사용한다.

둘째, 은어의 생산에는 언어 형식을 변형하는 방법, 기존 단어를 다른 뜻으로 사용하는 방법, 통신 언어적 구성을 활용하는 방법 등이 쓰이고 있으며, 특히 청소년 은어의 경우 통신관련 어휘들이 사용되는 경우가 많다. 최근 청소년 집단의 은어는 청소년이 교사나 부모 등 다른 세대에 대한 대립 감정, 비행, 일탈 등에 대한 욕구 등을 감추고자 하는 동기에서 만들어지는 경향이 있다. 따라서 청소년에게 금기의 대상인 사물이나 행동에 대한 은어가 주로 사용된다(장경희 외, 2011).

셋째, 청소년 은어를 살펴보면 성과 관련된 은어, 또래집단을 비하하는 은어, 게임 은어들이 주로 많았으며 은어를 표기하는 방법은 초성 자음을 따거나 영어알파벳을 이용하여 은비의 목적을 드러내고 있다. 사용빈도가 높은 은어의 예로는 셔틀(심부름하는 사람), 아바타(시키는 대로 하는 아이), 찐따(진정한 왕따), 잉여(필요 없는 사람), 빡치다(힘들다, 화나다), 솔까(솔직히 말하면), 누물보(누구 물어보신 분; 관심 없는 내용을 말했을 때 비꼬는 표현), 무지개매너(예의가 매우 없음) 열폭(열등감 폭발) 등이 있다(김정선 외, 2011).

(2) 비속어

① **비속어의 개념**[2)]

비속어는 비어와 속어로 대별된다고 보고, 비어는 '대상을 낮추거나 낮잡거나 얕보는 말'로 평어와 대조되는 개념이다. 비어가 사용되면, 대상에 대한 화자의 '비하의 태도'가 전달되어 상대방은 체면 손상을 경험한다. 속어는 '통속적으로 쓰는 속된 말'의 의미로 보통어와 대조되는 개념이다. 속어 사용은 일상에서 벗어나 대화에서 신선

2) 비속어에 욕설(욕)을 포함한다.

한 느낌을 주거나, 생동감이나 친밀감 등 주목을 끌기 위한 표현을 느끼기도 한다(김정선 외, 2011). 표준국어대사전(1999)은 '속되게 이르는 말'로 풀이하고 있으며 그 내용이 사람의 신체 부위, 직업, 계층에서부터 동작, 정서에 이르기까지 다양하다.

비속어에 포함되는 욕설은 '남의 인격을 무시하는 말, 남을 저주하는 말', 또는 '타인을 비난, 비방, 조소, 야유, 조롱하기 위해 하는 말', '화가 났을 때 혼자 감탄조로 하는 말'인데 욕설은 이 외에도 상대방에 대한 언짢음, 특히 청소년들이 친근감의 표시로 사용하고 있으며, 또래집단의 의사소통 수단으로 이미 욕설이 자리매김하였다는 것과 욕설이 또래집단 간의 유대와 결속을 위한 한 방편으로 사용되고 있다는 것을 의미한다. 이는 욕설 사용을 강화하는 한 기제로 사용되어 청소년들이 욕설 사용에 대해 문제의식을 느끼지 못하게 하고 자신들의 언어적 표현이 당연한 것이라고 여기게 되는 결과를 가져오게 된다(김희화, 2014; 이동민, 2012; 이선영, 2015).

② 비속어 사용의 특징

청소년이 일상생활에서 사용하는 비속어는 다음과 같이 설명될 수 있다.

첫째, 청소년들은 자신들이 속한 사회에 적응하고 나름의 네트워크를 형성하기 위해 비속어를 사용한다. 청소년들이 사용하는 비속어는 친구들 간에 무언가 인정을 받으려는 자연스러운 행위로 보이며 자신들만의 공동체 속에서 자신의 모습을 드러내려는 심리로 볼 수 있다. 즉, 청소년들끼리 같은 비속어를 사용하면서, 유대감을 느끼고, 대인관계를 형성하고 규칙을 만들어 가면서 소속감을 강화하려는 그들만의 하위문화라 볼 수 있다(소재희, 2011; Kerswill, 1996).

둘째, 초등학교 때는 '남들이 사용하니까', '스트레스를 풀기 위해' 사용하던 비속어가 학년이 높아지면서 '습관이 되어서', '남들이 다 쓰니까', '나도 모르게' 많이 사용하고 있다. 이는 원뜻을 전달하려는 의도가 아닌 자신의 감정을 단순하고 즉흥적으로 표현하거나, 무의식적으로 사용하는 경우가 많다는 것이다(양명희 · 강희숙, 2011; 이진숙, 2015).

셋째, 청소년들의 비속어에는 '존나', '씨발', '졸라', '새끼', '개~', '처~'와 같이 비속한 느낌의 정도 부사와 감탄사의 사용이 많았다. 새롭고 과장된 표현을 사용하려는 욕구가 비속어로 표현되었다고 볼 수 있다(김정선 외, 2011).

넷째, 청소년의 비속어 사용은 미디어에 의해 어느 정도 영향을 받았으나, 궁극적인 원인은 청소년의 환경, 사회 심리적 상태, 또는 동료집단이나 과거 습관에 더 큰 영향을 받았을 가능성이 높다(이정기 외, 2011).

3) 인터넷 언어를 통해 본 청소년 언어사용 실태

인터넷은 성별, 나이와 상관없이 모두 사용하는 21세기의 도구이지만, 성인들보다 청소년들이 인터넷을 자유자재로 사용할 수 있다. 특히, 언어문화의 측면에서 청소년들의 인터넷 언어 사용 양상은 성인들과 많은 차이를 보인다(이관규, 2017). 인터넷에서 사용하는 청소년들의 언어의 특징을 살펴보면 다음과 같다.

(1) 일상적인 구어체의 표현

청소년들이 사용하는 카카오톡 등의 인터넷 언어에는 무엇보다 구어체 표현이 많이 나타나고 있다. 종결 표현에서 문어체는 찾아보기 쉽지 않을 정도로 마치 친구에게 면전에서 하듯이 말하는 구어체 표현이 나타난다. 특히 의사소통만 가능하면 충분하다는 의식 속에서 단순한 단어 나열식의 구어체 표현이 사용되고 있다.

(2) 붙여 쓰기와 발음대로 쓰기

대부분의 언어 표현을 붙여 쓰고 있다는 사실이다. '니껀알아00아(네 것은 알아 00아)'에서처럼 음절을 붙여 쓰는 것은 물론이고 '버노좀줘애드라(번호 좀 줘 애들아)'에서처럼 글자를 소리 나는 대로 쓰고 있다. 어체 표현을 SNS에서 사용하는 표현으로 활자화하다 보니까 발음대로 나열해 두고 있다.

(3) 축약어 사용

축약 표현이 많이 사용된다. '그냥'을 '걍'으로, '마음의 상처'를 '마상'으로 단축하여 표현하고 있으며, '노잼, 꿀잼'은 '재미가 없음, 재미가 꿀처럼 좋음'이라는 의미로 음절을 축약해서 일상적으로 사용하고 있다. 축약어는 단순히 단어를 실용적으로 줄인 말도 있으나, 그 당시의 청소년들 사이에서 유행하는 새로운 표현을 줄여 사용한 단어도 포함된다.

- 슬세권: 슬리퍼와 같이 편한 복장으로 돌아다닐 수 있을 정도로 가깝거나 편리한 주거 권역
- 고스팅: ghost(유령)와 ing의 합성어. 유령처럼 연락이 두절된 것을 뜻함. 잠수와 같은 의미
- 멍청비용: 나의 부주의로 뜻하지 않게 낭비하게 되는 돈
- 현시창: 현실은 시궁창. 암담한 처지의 현실을 비유적으로 이르는 말
- 졌잘싸: 졌지만 잘 싸웠다.
- 만반잘부: 만나서 반가워. 잘 부탁해
- 쌉파서블: 완전 가능
- 편도족: 편의점 도시락 족
- 반신・반모: 반말 신청・반말 모드
- 발컨: 발로 컨트롤. 일상생활에서 무언가에 능숙하지 않은 사람을 보거나 서툰 상황
- 갑통알: 갑자기 통장을 보니 알바를 해야 할 것 같다. 용돈이 떨어지거나 돈이 필요할 때 사용
- 나심비: 나+심리+가성비 합성어. 가격과 성능을 비교한 기존의 소비형태가 아닌 내가 만족할 수만 있다면 망설이지 않는 소비심리

(4) 상징어 사용

축약을 넘어서 일종의 상징어처럼 자모자를 사용하여 자신의 사고를 표현하는 것도 한 특성이다. 'ㅋㅋㅋ, ㄷㄷㄷㄷ, ㄱㅅ, ㅈㅅ' 같은 표현이 바로 그것들인데, 음절 차원의 축약어라기보다는 자모자 차원의 상징적 표현이다. 'ㅋㅋㅋ'는 '크크크' 하면서 웃는 모습, 'ㄷㄷㄷㄷ'은 '덜덜덜덜' 하면서 떠는 모습, 'ㄱㅅ, ㅈㅅ'은 '감사', '죄송'이라는 의미를 띠고 있다. 의성어, 의태어를 비롯하여 완전한 의미를 나타내는 자모자라고 볼 수 있다. 'ㅋ, ㄷ'의 숫자는 많을수록 해당 의미를 더 강조하는 의도가 들어 있다.

(5) 이모티콘 사용

자신들이 생각하고 있는 바를 소위 이모티콘을 사용하여 함축적으로 나타내기도 한다. 이모티콘은 감정 전달에 효과적이기도 하며, 오락적인 언어유희의 표현이기도 한 창조적 언어사용의 한 예라고도 할 수 있다(정혜욱, 2018). 'ㅠㅠ'는 눈물을 흘리는 표정을 나타내며, ':)'은 웃고 있는 눈과 입을 표현하였다. 'ㅡㅡ' 당황하거나 황당해 하는 표정을 나타낸다. 이렇게 기존의 문자와 기호를 이용한 이모티콘도 있으며, 그 밖에는 SNS에서 새롭게 제공하는 이미지 파일을 활용하여 대화하기도 한다.

4. 청소년 언어문화의 향상 방안

청소년의 은어, 비속어, 차별적 언어의 사용 등과 같은 문제는 여러 차례 지적되어 온 바와 같이 개선이 필요한 부분이지만, 청소년 언어 사용 동기에 대한 이해 없이 시행되는 형식적인 지도는 이 문제 현상을 개선하는 데에 큰 효과가 없다. 또한, 청소년의 언어문화가 어디까지가 파괴이고 일탈인지 구분이 모호한 상황에서 언어규범의 옳고 그름을 따지는 것은 설득력이 약하다. 청소년 언어문화의 향상을 위해서는 청소년의 언어문화를 올바르게 이해한 후에 방안을 마련해야 한다고 여겨진다(권희린, 2013;

민병곤 외, 2016; 변윤언 · 이광호, 2004; 이진숙, 2015; 정혜승 외, 2017; 정혜승, 2018).

1) 청소년 스스로 언어문화를 개선해 나가야 하는 동기를 부여

청소년의 언어문화의 주체는 청소년이다. 청소년의 언어문화를 향상시키기 위해서는 기존의 동기를 인정하는 바탕 위에 언어 사용의 주체로서 자기 언어를 성찰하는 태도를 계발하도록 도와주는 것이 필요하다. 언어문화 개선 방안에 대한 부모나 교사의 조언은 가능하지만 이를 내면화하고 실천하는 주체는 청소년 자신이기 때문이다. 이를 위해서는 부모나 교사, 어른들이 청소년의 언어와 언어생활을 비판만 하지 말고 따뜻하게 바라보고 인정해 주는 균형적 지도가 요구된다. 청소년들의 언어문화에서 창의적이고 의미 있는 것을 애써 찾고 이를 높이 평가할 때 어른들의 지도와 충고가 조언으로 받아들여질 수 있으며, 이는 결과적으로 청소년의 의사소통 효능감과 공감적 태도도 높일 수 있게 한다.

2) 청소년 주도의 언어문화 활동 지원

언어문화는 다른 문화와 직간접적으로 연결되어 있는 만큼 청소년들이 다양한 방면에서 양질의 문화를 경험하도록 문화 프로그램을 만들어 참여하고 이를 소통의 자원으로 활용하도록 지원할 필요가 있다. 청소년들이 어떤 능력과 수단을 갖추었는지에 따라 그들이 만드는 언어문화의 내용과 형식, 수준이 상이해진다. 청소년들이 보다 나은 언어문화를 만들어 가는 데 의미 있게 기여하는 능력과 수단을 제공해 주는 것이 필요하다. 그러므로 청소년이 당면한 삶 속에서 자신이 사용하는 언어의 특성을 발견해 가며 이를 창의적인 말문화로 발전시켜 나갈 수 있도록 최대한의 자율성을 부여해야 한다. 바로 청소년 주도의 세대 통합적 언어문화 활동 개발과 국어사랑 활동 지원 등이 필요하다.

3) 언어문화 교육 프로그램 개발

현재 대부분의 청소년들은 가정에서도 학교에서도 사회에서도 의사결정의 주체로서 참여하고 있지 못하기 때문에 공적인 의사소통에 참여하거나 경험을 쌓기 어렵다. 학교 안팎에서 청소년들이 목소리를 내고 참여할 수 있는 기회가 주어지고, 그 과정에서 다른 사람을 배려하면서 설명하고 설득하고 자신의 말에 책임을 지는 긍정적인 의사소통 경험을 먼저 쌓아야 한다. 우리나라 청소년들에게 상대의 말을 들어주는 교육이 부족하다 보니 자신의 말만하고 상대의 말은 잘 듣지 않는 경향이 많다. 이를 위해 상대의 감정과 생각을 이해할 수 있는 공감 훈련을 기반으로 갈등 상황에서 대인관계를 조절하거나 적응할 수 있는 화법 교육 프로그램을 개발하고 이를 통해 실제적 교육이 이루어지도록 지원할 필요가 있다

4) 청소년 언어문화생활 인정하기

청소년기는 다른 시기보다 또래 간의 친밀감을 형성하고 싶은 욕구가 높은 시기로서 또래에 대한 소속 및 사랑의 욕구가 무엇보다 필요한 시기이다. 은어와 비속어를 사용하는 것이 청소년들의 이러한 욕구를 충족시키는 데 기여하고 있다는 점에 관심을 가질 필요가 있다. 이제는 은어나 비속어를 사용하는 것이 청소년들의 소속감이나 친밀감을 형성하는 데 기여하지 않도록 하고 청소년들이 다른 활동들을 통하여 소속 및 사랑의 욕구를 충족할 수 있도록 돕는 노력이 필요하다. 더 이상 청소년 언어생활을 문제로만 여기고 소거하려는 노력만을 기울이기보다는 이를 청소년문화의 한 측면으로 인정하고 이를 건강하게 성장시키려는 노력을 기울여야 할 것이다(이진숙, 2015).

5) 사회적 지지망을 통한 언어문화 개선

교사와 부모의 언어 사용 태도가 학생들의 욕설 사용 습관에 영향을 준다. 청소년의 언어문화는 단순히 청소년들만의 문제가 아니므로 청소년 언어생활에 영향을 미치는 다양한 환경에서의 언어문화 개선이 뒷받침되어야 한다. 평생 교육 차원에서는 학교 교육 제도 밖에 있는 다양한 기관과 협력하고 교사나 학부모, 청소년지도사 등 사회적 지지망을 대상으로 하는 프로그램 역시 별도로 마련하여 순환적 상호작용이 이루어질 수 있도록 해야 할 것이다.

6) 학교 내 언어문화 개선을 위한 장기적인 캠페인

학교 현장에서의 지속적인 관심으로 언어문화를 개선할 수 있는 장기적인 캠페인을 전개해야 한다. 학교는 청소년들이 가장 많은 시간을 보내는 공간이자 학습과 생활을 하는 장소이다. 학교 교육의 목표는 학습에만 국한된 것이 아니라 학생들의 전인적 인격 형성에 있기에 학생들의 언어문화 개선 역시 주요한 교육 목표의 하나로 다루어져야 할 것이다. 이를 위해 학교에서는 지속적인 관심을 지니고 학생들이 바른 언어를 사용할 수 있는 다양한 비판적 사고와 건전한 자아의식의 함양이 키워질 수 있도록 이끌어 나가야 한다. 하지만 언어 습관이라는 것은 단기간에 개선될 수 있는 것이 아니므로 장기적인 안목에서 캠페인을 전개하고 관련 활동들을 지원해 나가야 할 것이다.

7) 청소년 놀이 공간 확보와 인터넷 매체 활용 교육

청소년 욕설 습득은 초등학교 때부터 시작되었으며 욕설 습득 경로는 주로 인터넷 매체였다. 이는 초등학교 때부터 학생들이 제대로 된 놀이 공간을 확보하지 못하고 친구들끼리 말로 스트레스를 푸는 언어생활을 하고 있음을 보여 주는 예이다. 이를 위해 청소년 놀이터, 청소년 문화의집 그리고 청소년 수련관 등의 확충이 시급하며, 초등학교 때부터 학생들의 바른 언어 습관 형성을 위한 교육이 적극적으로 실시되어야 하고 인터넷 매체 활용에 대한 교육과 더불어 인터넷상에서 욕설을 자제할 수 있는 제도적 정비가 이루어져야 한다(이동민, 2012). 이를 통해 익명성을 바탕으로 하는 온라인상에서도 올바른 예절과 절제가 있는 표현을 통한 청소년들만의 밝고 건전한 문화가 형성될 것이다.

이제는 창의성의 관점에서 청소년 언어문화를 바라볼 필요가 있다. 청소년들이 경제적으로 언어를 사용하고 이를 통하여 언어유희의 즐거움을 갖기도 하고, 성인들의 닫힌 언어 사용 양상을 창조적으로 파괴하면서 새로운 언어문화를 만들어 가고 있다고도 볼 수 있다. 현대 사회가 청소년들에게 요구하는 대표적인 역량이 창의성이다. 청소년들에게 이전의 시대 사람들이 생각하지 못한 새로운 것들을 생각해 내고, 만들어 내기를 바란다면, 신조어, 외계어 같은 새로운 언어 또는 문화를 부정적으로 바라보기보다는 긍정적인 시각에서 존중해 줄 필요가 있다. 기존의 언어 문법을 통해 사고를 표현하는 것이 아니라, 새로운 문법, 새로운 언어를 만들어 내는 문화를 장려하고 이해하려는 사회 환경을 만들어 줌으로써 창의력 풍부한 청소년들을 기대할 수 있을 것이라고 본다.

Plus Point

신조어 '급식체'와 '야민정음'(강영배, 2018; 강옥미, 2018; 이지용, 2018; 정혜승, 2018)

1. 급식체

- 2009년부터 인터넷 방송인 아프리카 TV 진행자들이 유행어를 만들어 유포했고, 시청자들도 사용하기 시작함
- 학교에서 급식을 먹는 학생의 뜻으로 쓰여, 급식을 먹는 사람을 비하하여 말하는 '급식충'에서 '충'을 삭제한 '급식'에 문체를 뜻하는 '체'가 붙어서 된 말로서, 학생들이 쓰는 언어라는 뜻도 포함함
- '휴먼급식체', '휴먼명조체', '휴먼편지체': 급식체와 같은 컴퓨터 글꼴 이름을 흉내 냄
- '인정? 어 인정'을 'ㅇㅈ? ㅇㅇㅈ'과 같이 초성만 따서 사용함. 또 다른 예로 'ㅇㄱㄹㅇㅂㅂㅂㄱ'은 '이것레알 반박불가'를 의미함.
- '현실에서 웃는 것'을 '현웃'으로 표기하는 것과 같이 앞 글자만 따서 사용함.
- 어떤 상황이 벌어질 것 같은 분위기를 '~각'이라고 표현하는 등 기성세대와 다른 말과 표현을 사용함.
- 급식체가 학생의 언어로서 '아재체', '아지매체', '노익(노인토익)'과 같이 기성세대들이 사용하는 언어와 구체적인 표현 측면에서는 물론 사용의 '주체' 측면에서부터 다르다는 것을 분명하게 보여줌.

2. '야민정음'

- 2016년을 전후로 인터넷 커뮤니티에서 시작된 새로운 조어법(造語法) 혹은 이전과 다른 읽기 방법(read mode), 또는 텍스트에 대해 새롭게 생겨난 인지 방법(embodied cognition)이라고 할 수 있음.
- 청소년들만의 언어문화라고 보기는 어렵지만, 청소년들이 자주 사용하는 표기 방식이기에 청소년 언어문화의 일부로 볼 수 있음.
- 한글의 자음과 모음 체계가 가지고 있는 시각적 기호성을 해체하고 재정의하는 방식으로 유희가 이루어지는 방식을 취하고 있음.
- '훈민정음'과 대비되는 '야민정음'은 청소년들이 기성세대와 다른 언어문화를 가지고 있으며, 이를 기성세대와 차별화되는 존재로서 자신들의 정체성을 드러내는 코드로 사용됨
- 예를 들어, '명'과 '띵', '대'와 '머', '귀'와 '커', '고'와 'ㅍ', 시각적으로 비슷하다는 점을 활용하여 '명작'을 '띵작', '멍멍이'를 '댕댕이', '귀엽다'를 '커엽다', '관광명소'를 '판팡핑소'로 바꾸어 사용함.

- 신조어는 계속해서 생성되고 있으며, 청소년들에게는 개성 표현의 한 방법으로서 신조어가 매우 친숙한 소재가 될 수 있음.
- '급식체'나 '야민정음' 모두 성인들이 이해하기 어려운 말이나 표기법을 사용하기 때문에 전통과 규범을 존중하지 않는 일탈적 행위로 받아들여지고 있음.
- 하지만, 우리말을 사용한 언어 놀이의 일환이며, 신조어 또한 생성, 진화, 소멸의 과정을 겪으면서 시대와 당시 사람들의 생각을 반영하고 있으므로 신조어를 살펴보는 것도 큰 의미가 있는 일임.

youth culture theory 연습문제

01 현재 청소년 언어문화에 관한 설명으로 옳지 않은 것은?

① 통신어는 신조어, 축약어, 외계어, 이모티콘 등을 지칭한다.
② 은어사용은 자신이 속한 집단과 위치를 나타내는 기능도 한다.
③ 신조어는 한번 생겨 나면 오랜 기간 지속되며 표준어로 활용된다.
④ 신조어를 창의성이 반영된 새로운 의사소통 방식으로 보는 관점도 있다.
⑤ 비속어문화는 청소년들이 처한 문제 상황 개선이 시급함을 드러낸다.

02 청소년들은 그들만의 신조어, 은어, 축약어 등을 사용한다. 그 이유로 옳지 않은 것은?

① 대인관계를 형성한다.
② 금기의 벽을 허물 수 있다.
③ 또래집단에서 소외되지 않기 위해서이다.
④ 성인들의 언어를 모방하기 위해서이다.
⑤ 사회풍자가 가능하다.

03 청소년 언어의 순기능에 속하지 않는 것은?

① 상호 간의 비밀이 보장된다.
② 사고와 행동이 그들이 사용한 언어에 물든다.
③ 스트레스가 해소된다.
④ 또래집단 내에 소속감이 강화된다.
⑤ 빠르게 의사소통이 가능하다.

정답 | 1. ③ 2. ④ 3. ②

youth culture theory | chapter

11

청소년 또래관계와 또래집단문화

1. 또래집단의 이해
2. 또래집단문화의 이해
3. 또래집단문화의 영향

youth culture theory | chapter 11

청소년 또래관계와 또래집단문화

1. 또래집단의 이해

1) 또래집단의 개념

또래란 '대등한 위치를 가진 동반자, 사회적으로 동등한 사람, 또는 일시적으로라도 행위의 복잡성 정도가 유사한 수준에 있는 사람'이라고 할 수 있다. 또래와 유사한 단어로 친구를 들 수 있는데, 친구란 '가깝게 오래 사귄 벗'을 말한다. 또래와 친구는 유사한 의미로 우리의 일상생활에서 통용되는 경우가 많다. 그러나 엄밀하게 말하자면 친구라는 말은 정서적으로 친밀한 관계에 더욱 중점을 둔 말이라고 할 수 있으며,

나이와 상관없이 정말 가까운 관계라고 느끼면 '친구'라고 표현할 수 있다. 이에 비하여 '또래'라는 말은 친밀하거나 가까운 관계보다는 '나이나 수준이 비슷한 개체들'이라는 의미에 중점을 둔 말이라고 할 수 있다. 또한 '비슷한 경험을 공유하는 개체들'이라는 개념을 더해서 보면 또래집단이란 청소년기에 '나이가 비슷하며 정서적 · 인지적 · 사회적 발달의 정도가 비슷하여 다양한 경험들을 공유하는 집단'을 일컫는다(이주형, 2012).

청소년들은 자아개념 및 독립심 등의 발달로 인하여 부모에게서 독립하기를 원하고 또래집단에 참여하는 일이 증가한다. 발달심리학자들은 또래집단이 현대사회에서 청소년들을 사회의 구성원으로 사회화시키는 데 있어서 매우 중요한 역할을 한다고 보았다. 또래는 대등한 입장의 사람과 사회적 상호작용의 기술을 학습하고 연습하는 기회를 제공하고, 사회인지적 발달을 촉진하며, 동료애와 사회적 지지를 제공하고, 정서적 완충의 역할을 한다. 또한 청소년들은 또래들로부터 사회에 필요한 새로운 행동양식을 배우게 되고, 여러 가지 상황에서 기대되는 행동과 적절한 행동에 대한 정보를 전달받는 등 또래는 청소년 자신의 인성과 능력을 측정하고 평가할 수 있는 표준으로서의 모델 역할까지 하게 된다(Erwin, 1998).

또래집단은 '소통적이며 개인을 넘어선 관계 그물망으로서 모든 구성원들 간 의사소통이 이루어지는 장'으로도 볼 수 있다. 즉, 또래집단이 개인의 정체성과 더불어 집단의 정체성까지 제공하는 기능을 포함한다고 보고 있는 것이다(Krafeld, 1992). 아울러 또래집단은 '청소년 생활 장의 한 부분이며 이 안에서 구성원들의 일상적 삶이 영위되고, 새로운 삶의 가치관, 새로운 유형의 개인성 · 정체성 등을 수용하는 장'으로도 볼 수 있다(Backe, 1987). 이를 통해 아동기부터 시작되는 또래관계는 청소년기의 사회 · 심리적 발달에 중요한 변인으로 작용한다고 할 수 있다. 비슷한 연령의 또래집단은 아동 및 청소년기 행동의 기준과 모범이 되고 또한 사회적 압력의 주체로 작용하면서 인간의 사회 및 성격 발달의 가장 중요한 매개자 역할을 수행하게 되는 것이다.

청소년기는 사회적 영역을 확장하고 가족보다는 또래와의 의미 있는 상호작용을 더 많이 한다. 이 시기 다른 사람과의 원만한 상호작용은 청소년들의 사회에 대한 적응에 있어 중요한 역할을 한다. 특히 이 시기는 또래관계에 매우 큰 가치를 두며, 그들로부터 많은 영향을 받는다. 청소년기의 학생들에게 복잡한 환경에 대처할 수 있는 긍정적이고 적합한 방법을 발달시키는 것은 건강한 성인기로 진입하는 기반이 된다 (Daunic et al., 2000).

한편 청소년들이 흔히 겪고 있는 갈등 상황의 대부분은 또래관계에서 발생한다. 또래 간 갈등이 원만하게 해결되지 않을 경우 또래관계에 심각한 손상을 가져오는 반면, 건설적으로 또래 간 갈등이 해결된다면 또래 간 공통된 근거를 발견하게 되어 또래관계가 더욱 돈독해지는 계기로 작용한다(Hartup, 1989).

2) 또래관계의 중요성

청소년들에게 있어 또래관계는 매우 중요하다. 가족과 보내는 시간이 감소하고 또래와 같이 보내는 시간이 증가하면서 청소년은 또래로부터 점차 영향을 많이 받게 되고 상호작용을 하게 된다. 청소년은 자신이 겪는 문제를 또래를 통해 해소하려는 경향이 강하고 감성적 애착관계를 중요시한다(박아청 · 우채영, 2008; 안도희 외, 2008). 청소년들은 또래에게서 심리적 지지를 얻으려고 하고, 걱정과 문제가 생겼을 경우 또래친구와 의논하며, 서로의 내면을 깊이 이해하고자 하는 욕구도 또래를 통하여 충족시키고자 한다. 청소년들은 사회적 상황에서 일어난 문제들을 해결하기 위하여 부모보다 또래집단 및 친밀한 친구에게 더 많이 의존하는 경향이 높다. 이를 통해 청소년 시기에는 또래집단이 청소년 개개인과 대등한 관계에서 정서적 위안을 제공하고, 청소년 개개인에게 다양한 방식으로 영향력을 미친다는 것을 알 수 있다.

또래관계가 중요한 점은 청소년들이 또래집단과 어울림으로써 심리적 충족감을 얻게 되고, 또래와의 의사전달과정에서 다른 아이들도 자신과 똑같은 고민과 갈등이 있다는 것을 알게 됨으로써 죄의식이나 긴장감이 감소된다는 데 있다. 청소년기에는 공통적인 관심사와 고민을 또래친구와 함께 나누며, 또래친구라는 연결고리와 소속감은 청소년들에게 심리적 안정감을 제공한다. 아울러 청소년 또래집단은 한 개인의 행동규범을 정하고 성격형성과 사회성 발달에 영향을 미치는 준거집단으로서의 역할도 담당한다는 점에서 중요하다.

청소년의 또래관계는 신뢰와 친밀감을 바탕으로 더욱 성숙한 관계로 발전하며, 정서적 안정감과 만족감을 제공한다. 청소년의 또래관계는 연령이 올라갈수록 스트레스 상황과 문제 발생 시에 의논의 대상이 되고 도움이 되는 충고를 해 주는 사회적 지지자로서의 역할을 하는 등 부모보다 더 많은 영향력을 행사한다(박영신 · 김의철, 2008; 박재숙, 2011). 이러한 또래관계는 청소년들에게 있어 인지적 · 정서적 · 사회적 지지자원이 되며, 자기 인식과 자아 개념 형성의 중요한 원천이 되어 다른 친구들을 돕거나 사회적 책임감을 가지게 한다(송영혜, 2007). 긍정적인 또래관계를 형성하는 청소년은 학업과 자기조절능력, 심리적 안녕감과 행복감, 자아존중감, 도덕성과 기본생활습관 형성, 학교생활 적응력에 있어서 높은 경향성을 보인다(김주연 외, 2012). 또한 긍정적인 또래관계를 형성한 청소년은 타인과 상호작용하는 방법, 사회관계적인 기술 등의 높은 적응능력과 강한 소속감을 가진다(오승환, 2001). 반면에 청소년의 또래관계는 긍정적인 대인관계를 위한 자원의 기능뿐만 아니라 갈등과 경쟁 또는 배신과 같은 부정적 측면도 포함된다. 또래관계가 원만하지 않은 청소년은 학급에서 지지를 받지 못해 소외감을 가지고 긍정적인 사회적 관계를 갖지 못하여 학업성취도도 낮아지게 된다(김민성 외, 2012). 이러한 또래관계는 비행이나 범죄, 약물복용, 정신질환 등의 문제를 야기할 수도 있다(Parker & Asher, 1993). 청소년의 또래관계는 가정생활과 학교생활, 타인과의 상호작용을 통해 자신의 정서를 다루는 기술을 익히고, 긍정적인 자아존중감과 정서적 안정감을 줄 수 있는 요인으로 볼 수 있다.

여러 학자들의 의견을 종합해 볼 때 또래관계의 중요성은 다음의 여섯 가지로 정리할 수 있다. 첫째, 유사성(similarity) 차원으로서 이는 친구 간의 흥미와 행동, 태도에 있어서의 유사성과 공통성을 말하는데, 이 차원은 우정관계 형성의 외형적 근거가 된다. 둘째, 상호성(reciprocity) 차원으로서 상호성 차원은 서로 도와주거나 지지해 주는 행동을 일컫는다. 즉, 서로 간의 의견이나 행동을 이해하고 격려하거나 너그럽게 받아들이는 자세를 말하는데, 상호성 차원은 상호 간의 신뢰감에 바탕을 둔 것이다. 셋째, 양립가능성(compatability) 차원으로서 이는 친구 간에 별다른 다툼이나 갈등 없이 잘 어울려 지낼 수 있는 측면을 가리킨다. 즉, 서로 간에 편안한 마음자세로 상호관계를 맺고 배려하는 정도를 나타낸다. 넷째, 구조적(structural) 차원으로서 이는 우정관계의 질적인 문제와는 상관없이 살고 있는 지역의 근접성, 서로 교류해 온 기간의 정도, 교우관계로 인한 편리한 점 등을 말한다. 다섯째, 역할모델(role model) 차원으로서 이는 친구가 보여 주는 이상적인 행동과 태도, 갈망이나 특성들과 친구에 대한 존경심 등을 의미한다. 여섯째, 기타 차원으로서 여기에는 친구가 가진 신체적 특징이나 매력, 사회경제적 지위와 특성 등이 포함된다(최은영, 2008).

3) 또래집단의 특성

(1) 또래집단의 기능

청소년들은 청소년기가 되면 관심이나 흥미가 가족이나 부모로부터 또래집단으로 옮겨 간다. 이러한 또래집단을 통해 도덕적 판단과 가치를 형성하는 데 필요한 사회적 기술을 연마하고 그들이 성인이 되었을 때 할 수 있는 사회적 역할을 시연하기도 한다. 또래집단은 청소년의 자아존중감을 고양시킬 수 있는 지위, 인정, 인기 등을 제공하는 강력한 사회적 보상의 원천이 되고 있으며, 청소년들은 또래관계를 통해 서로 유사한 삶의 경험을 공유하는 누군가와 함께 자유롭게 대안적 관점을 확인하고 검증하고 표현하는 기회를 갖게 된다. 또한 청소년들은 또래관계를 통해 친밀한 관계에서 발생하는 갈등을 해결하는 기술, 보살핌, 신뢰, 자기 노출, 상호이익의 중요성을 배울 수도 있다.

청소년기의 또래관계가 사회적 발달에 미치는 유익한 점으로는 다음의 여덟 가지 특징을 들 수 있다. 첫째, 안정감을 촉진시켜 준다. 둘째, 즐거울 때 기쁨을 나눌 수 있다. 셋째, 다른 사람들과 원만하게 일할 수 있는 경험을 얻으면서 사회성을 발달시킨다. 넷째, 타인에 대한 관대함과 이해력을 발달시킨다. 다섯째, 대화기술, 예의, 상대를 즐겁게 하는 방법 등 사회적 통찰력을 기르게 된다. 일곱째, 구애행동의 경험을 갖게 되면서 앞으로의 효율적인 이성 간의 교제를 발달시킨다. 여덟째, 자기가 속하고 있는 집단에 대한 충성과 봉사의 행동양식을 배우게 된다.(이명우, 2004).

위의 논의를 바탕으로 또래집단의 기능을 요약하면 다음과 같다.

첫째, 청소년들은 여러 가지 스트레스와 갈등 해소를 위해 부모보다 또래집단에 의지함으로써 정서적인 안정감을 제공 받는다.

둘째, 또래집단은 준거 집단의 역할을 한다.

셋째, 또래집단은 보다 성숙한 인간관계를 형성하는 기회를 제공한다.

넷째, 또래집단은 청소년의 정체감을 추구하는 과정에서 중요한 역할을 한다.

다섯째, 또래집단은 청소년이 가정에서부터 사회로 적응하는 데 중요한 역할을 담당하게 되며, 집단의 성격에 따라 청소년문화의 특성도 다양하게 나타난다.

(2) 또래집단의 유형

또래집단은 크게 학교 내 또래집단과 학교 밖 또래집단으로 구분될 수 있다. 학교 내 또래집단은 학교생활을 함께하는 친구들로 이루어져 있으며, 주로 학교생활에 대해 논의하고, 공부 및 대학진학 등 향후 진로에 대한 정보를 함께 공유한다. 그 외 학교생활을 벗어난 활동, 예컨대 영화, 연극, 운동 등 문화 활동이나 노래방, PC방 등 놀이 활동을 통해 집단의 응집성을 키우기도 한다. 학교생활과 관련하여 청소년 또래집단은 두 부류로 구분되기도 하는데, 첫째는 학업적 성향을 지닌 또래집단이고, 둘째는 학우에 대한 친화(집착)성향이 강한 또래집단으로 구분된다(한준상 외, 1999).

학교 밖 또래집단은 학교생활이 아닌 학교 밖 생활이 주가 되는 또래집단으로서 스스로 문화를 만들어 나가는 주체가 되기에는 여전히 현실적 제약이 있지만 나름대로의 또래집단문화를 꾸려 나가는 청소년들을 일컫는다. 이들 중에는 아예 학교를 떠난 경우가 많아 제도적인 보호를 받지 못할 경우 자칫 범죄에 연루되거나 반사회적 성향을 지니게 되는 등 부정적인 집단으로 변모할 수 있으므로 학교 밖 또래집단은 사회적 관심의 대상이 되고 있다.

일반적으로 청소년집단은 또래집단을 포함하여 다음과 같은 형태로 구분된다.

① **동료집단**(clique)

동료집단은 2~12명, 보통은 5~6명으로 구성되는 또래집단을 말한다. 이들 청소년 동료집단은 같은 취미와 비슷한 활동에 관심을 나타내는 동성친구들 간에 유지된다. 동료집단은 구성원들끼리 서로를 끌어당겨 집단에 머무르게 하는 사회적 환경을 제공해 주는 친구 관계를 의미하며, 주로 청소년기 초기(11~13세)에 형성되며 강한 응집력을 갖는다(주은지, 2011).

② **패거리집단**(crowd)

비슷한 성격과 특성을 지닌 청소년들이 조직되지 않은 형태로 어울려 다니는 또래집단을 일컫는다. 이들은 물리적으로는 가깝게 모여 있지만 조직화되어 있지 않으며, 서로가 의도적으로 모이거나 의견을 같이 나누면서 상호작용을 유지하지도 않는다. 그러나 이들은 서로의 존재를 의식하며, 또한 서로가 서로에 의해 영향을 받는다.

③ **성별집단**

성별(gender) 구분은 생물학적 구분이라기보다는 사회·문화적 관습에 따른 성역할 구분이라고 할 수 있다. 이들 집단은 구성원을 뽑는 과정에서도 자기집단의 성격에 맞는지를 검토하여 구성원을 받아들인다.

④ **연령별집단**(age group)

연령 단계에 의해 조직된 또래집단을 연령 집단이라고 한다. 즉, 연령에 따른 학업 기준에 따라 초등학생·중학생·고등학생·대학생 또래집단으로 구분되며, 발달 과정상으로 사춘기 이전과 사춘기, 사춘기 이후 등으로 구분된다.

⑤ **또래집단**

또래집단이란 연령이나 성별, 학년이 비슷하여 비슷한 특성을 가지고 있으며, 신체적·정신적 발달이 유사하고, 사회적으로도 동일시되어 함께 상호작용을 할 수 있는 집단을 말한다.

⑥ **사이버 집단**

청소년들은 인터넷상에서 가상 공동체를 형성하여 자신들의 공동의 관심사를 표명하고 담론을 형성하며, 나아가 실생활에서 지속적인 관계를 유지하기도 한다. 이러한 가상 공동체는 특정 관심이나 지식을 공유하고, 사회적 집단으로 구체화되면서 현실사회에서도 큰 사회적 세력으로 등장하기도 한다. 청소년들은 이러한 가상 공동체 참여에 있어 성인들보다 훨씬 활발하다. 특히 시·공간적 제약이 비교적 심한 청소년들의 경우 인터넷을 통한 공동체 참여는 시공간적 제약에 구애받지 않고 네트워크를 형성할 수 있으며, 특히 가입과 탈퇴의 구속력이 적고, 자신의 입장을 비교적 자유롭게 표명할 수 있어서 청소년들의 사이버 공동체 형성은 매우 활발하다(정용교, 2003).

2. 또래집단문화의 이해

1) 또래집단문화의 형성요인

일반적으로 또래집단문화가 형성되는데 영향을 미치는 요인으로 비슷한 나이, 지리적 근접성, 신체적 조건의 유사성, 흥미와 태도의 유사성, 공유된 관심과 선호도, 사회경제적 배경의 유사성, 빈번하고 즐거운 만남, 보상성 등이 거론된다(조성남 외, 2001).

또래집단문화의 형성요인을 구체적으로 요약하면 다음과 같다.

첫째, 사회경제적 배경의 유사성: 서로에게 친근함을 느끼게 한다.

둘째, 차별적 선택: 사람들은 자신과 유사한 특징을 지닌 사람들을 친구로 찾게 된다.

셋째, 빈번한 만남을 통한 상호작용: 또래들은 빈번한 만남을 통한 상호작용을 통해 또래문화를 형성하고 사회화를 경험한다.

넷째, 감염효과: 응집력이 매우 높은 또래집단의 구성원들은 종종 자기 혼자라면 하지 않는 일도 또래집단에 속해 있기 때문에 하는 경우가 많다

다섯째, 선택적 제거: 또래집단에 동조하지 않는 구성원들은 자발적으로 집단을 떠나거나 떠나도록 압력을 받는다.

또래집단문화가 형성되고 나면 또래집단의 구성원들은 다음과 같은 행태를 보이게 된다.

첫째, 관찰학습: 청소년들은 또래의 행동과 특성을 관찰하고 모방한다.

둘째, 강화: 또래집단 구성원들의 행동은 또래 친구들의 정적 피드백 및 부적 피드백을 통해 수정될 수 있다.

셋째, 부정적인 처벌: 또래집단 내 거부와 따돌림이 나타날 수 있다.

넷째, 집단 활동에 참여: 또래집단문화는 기술을 익히고 피드백을 받을 수 있는 기회를 제공한다.

다섯째, 사회적 비교: 자신의 사고와 느낌을 또래와 비교한다.

2) 또래집단문화의 특성

또래집단문화의 특성으로는 우선 또래집단의 역동성을 들 수 있다. 또래집단의 구성원들은 시간이 지날수록 여러 가지 측면에서 비슷한 특성을 보이며, 취미나 운동, 관심사 등의 여러 다양한 분야의 활동을 같이 하고 서로의 생각에 대해 강화를 주고받는다. 아울러 또래집단의 구성원 개개인들은 집단의 영향을 받고 집단은 다시 구성원들에게 영향을 미친다. 또한 또래집단에서 지배적인 위치에 있는 리더는 구성원들에게 공식적으로 권위를 행사하지는 않지만, 집단의 의사소통과 의사결정권을 지니게 된다.

또래집단문화의 특성은 크게 동조현상 및 인기와 소외로 요약된다.

(1) 동조현상

첫째, 또래집단 구성원들은 자신과 유사한 특성을 지닌 상대를 친구로 삼으며, 상대와의 상호작용을 통해 이러한 유사한 특성은 더욱 강화되고 지속적으로 유지된다.

둘째, 상대 친구의 태도와 행동이 자신과 유사하거나 일치하지 않아 불균형 상태가 되면, 또래집단 구성원들은 그 상대와 친구관계를 갖지 않고 다른 상대를 찾거나 아니면 상대와 친구관계를 유지하면서 자신의 행동이나 태도를 변화시키든지, 아니면 상대의 행동과 태도를 변화시켜 균형 상태를 유지하려 한다.

셋째, 동조현상으로 인해 또래집단 구성원들은 친구나 주변의 의미 있는 타인의 평가에 대해 집단적으로 민감하게 반응한다.

넷째, 동조현상은 집단의 특성과 집단에서 추구하는 가치에 따라 긍정적 또는 부정적 영향을 미친다.

다섯째, 또래집단 중 여자 청소년들이 남자 청소년들에 비해 더 높은 동조 경향을 보인다.

(2) 인기와 소외

첫째, 또래집단에서 인기가 있다는 것은 청소년들에게 매우 중요한 목표가 된다.

둘째, 또래집단 내에서 지적인 청소년은 그렇지 않은 청소년에 비해 인기가 높다.

셋째, 또래집단 내에서의 인기가 청소년들에게는 매우 가치 있고 중요하게 인식되므로 누구나 인기 있는 사람이 되고자 하지만, 또래집단 내에서 한 개인의 인기가 너무 높게 되면 오히려 구성원들로부터 소외될 가능성이 있다.

3. 또래집단문화의 영향

1) 왕따 문화의 이해

(1) 왕따의 개념

왕따란 여러 사람들이 한 사람을 집중적 · 지속적으로 괴롭히는 행위를 일컫는다. 왕따는 기본 명칭이 '집단따돌림'으로서 영어권에서는 '불링(bullying)'이란 단어를 사용하며 일본에서는 '이지메(苛め, イジメ)'라고 부른다. 왕따는 입시 문제와 함께 우리나라에서 미성년자 자살의 주요한 원인 중 하나로 꼽히고 있으며, 일본에서는 오래전부터 중요한 사회 문제로 거론되고 있기도 하다.

왕따는 극단적으로는 3명 이상인 모든 집단에서 나타날 수 있고, 가해자는 누구나 될 수 있다. 심지어 과거 왕따를 당했던 피해자들도 가해자로 전락하는 경우도 있다. 우리나라에서 왕따가 가장 심하게 나타나는 곳은 학교와 군대이며, 그 밖에 직장과 반상회 모임, 경로당 등에서도 나타나며, 심지어 온라인 커뮤니티상에서도 발생한다. 이렇게 볼 때 왕따 문화는 가해자가 누구든, 어디가 되었든 사람들이 모여 있는 모든 집단에서 나타날 수 있는 것이다.

왕따는 엄밀히 말하면 집단구타와는 의미가 다르지만 집단괴롭힘과 함께 발생하는 경우가 많다. 프랑스 평론가 르네 지라르는 인간이 모여 있는 사회에서는 아무리 체제의 개입이 있다고 해도 구성원들 사이에 반목이 생길 수밖에 없기 때문에, 공동체 내부에서 폭력을 막기 위해 부정적 감정을 배출하기 위한 희생양을 정하는 것이 '왕따현상'이라고 하였다.

역사적으로 대부분의 사회는 소수자를 배척하고 핍박하는 경향을 보여 왔는데, 이때 소수자는 '대부분의 사람과는 다른 특징을 지닌 사람'으로서 소수민족에 대한 핍박이나 성소수자 차별 등이 이에 해당한다. '약자'라는 위치 또한 집단괴롭힘의 조건이 될 수 있다. 같은 집단 내 소수자라 해도 그 위계가 집단 내에서의 강자일 경우 집단괴롭힘의 피해자가 되는 경우는 극히 드문 반면, 집단 내 약자이거나 소수자일 경우 집단괴롭힘의 피해자가 될 확률은 매우 높게 나타난다.

구체적으로 왕따는 소위 '왕 따돌림'의 줄임 말로서 집단괴롭힘이나 집단따돌림이라는 용어보다 더 익숙한 개념이다. 학교에서 한 아이를 중심으로 왕따라는 개념이 형성되면 대부분의 학생들은 이에 대해 깊이 생각해 보지도 않고 또래집단의 구성원으로서 그 학생에 대한 따돌림을 묵인하게 된다. 학교 안에서의 이러한 왕따 현상은 청소년들 간의 원만한 관계형성에 큰 걸림돌이 되고 있다. 또래집단은 자라나는 아동과 청소년에게 없어서는 안 될 매우 중요한 가치 준거집단이자 정서적 · 심리적 지지집단이다. 아동과 청소년들은 이러한 또래집단과 상호 교류하는 과정을 통해 보다 발전적으로 성장하고, 건강한 사회구성원이 된다. 그런데 이 시기에 왕따의 대상이 된다면 이는 준거집단의 상실이고 정서적 기반의 상실을 의미하므로 개인에게 많은 부적응을 초래하게 될 것이다. 더욱이 개인주의보다 집단주의 문화가 강조되는 우리나라와 같은 상황에서 성장하는 학생들에게 왕따는 심각한 후유증을 가져온다. 왕따는 학교폭력의 중요한 한 부분이 되고 있으며, 또한 청소년 자살의 주요 원인 중의 하나가 되고 있을 만큼 심각한 문제가 되었다(남준희, 2009).

한편 왕따는 학교폭력의 하위 범주 중의 하나라고 볼 수 있지만, 그 형태가 주로 비폭력적이면서 심리적 형태의 심한 괴롭힘이 포함된다는 점에서 학교폭력과는 다소 구별된다. 즉, 학교폭력에서는 일방적이고 잔혹한 폭력행위가 주로 수반되지만, 왕따는 이런 부분보다는 주변 친구들로부터의 무관심 · 소외 · 방관이 주문제가 되기 때문이다. 왕따는 가해를 하는 집단구성원의 집단 내 영향력의 정도, 인원 수, 가해 집단의 정서적 응집정도에 따라 다르게 나타난다. 또한 피해자가 소속된 또래집단의 수가 적거나 없는 경우에, 그리고 대처능력이 부족할수록 그 피해는 심각해진다. 학교에서의 왕따는 피해학생의 학업부진, 등교거부는 물론 자살 등 학생의 심각한 심리장애의 원인이 될 수도 있다는 점에서 특별한 지도를 요하는 현상이다(남준희, 2009).

(2) 왕따로 인한 피해

① 피해자의 정신적 고통

왕따를 당한 사람은 사람들과의 소통이 단절되고 고립되어 행동이 소극적이 되고, 자신감과 자존감이 상실된 채 생활하게 되어 원만한 인간관계를 유지할 수 없게 된다. 이러한 왕따의 피해는 극단적인 경우 자살로 이어지며, 이는 단지 우리나라만의 문제가 아닌 전 세계의 문제이기도 하다. 왕따가 단순히 장난이라고 받아들일 수 있는 선을 넘게 되면 피해자는 자신이 뭔가 잘못했다고 생각하게 되며, 가해자 집단에 대한 분노를 느끼지만 시간이 지날수록 오히려 자신을 자책하게 된다. 특히 집단적으로 무시를 당하거나 공개적인 폭력, 폭언, 비웃음, 모욕 등을 겪게 되면 자신에 대한 부정적인 생각이 더욱 강하게 자리 잡게 된다. 특히 이러한 상태가 장기화할 경우 자신이 죽어야만 가해자들이 미안한 마음을 갖게 되어 그나마 자신의 존재감이 드러날 수 있다고 느끼는 등 극단적인 선택을 할 확률이 매우 높게 나타난다.

② 피해자의 신체적 고통

왕따를 당하는 경우 피해자를 대상으로 가해자들의 폭행이 동반되는 경우가 매우 흔하다. 더욱이 왕따 피해자를 대상으로 가해지는 폭력은 반복적이며 상당 기간 지속되는 경우가 대부분이며, 집단폭행으로 이어지는 경우가 많기 때문에 피해자가 겪는 신체적 고통은 매우 크다. 한편 집단폭행의 가해 주동자가 피해자에 비해 지위가 높으면 높을수록 잔인함의 정도가 더욱 심해지는 경향이 있어 피해자의 신체적 고통 또한 깊을 수밖에 없게 된다.

(3) 왕따 문화가 형성되는 이유

왕따가 되는 이유는 여러 가지가 있겠지만 청소년들에게 있어 왕따 문화가 형성되는 이유로는 해당 집단에서 평균치를 현저하게 벗어나는 경우 왕따의 대상이 되기 쉬운 것으로 알려져 있다. 인간은 능력이나 외모에서 여러 가지 차이가 존재하는 것이 사실이다. 성적, 지능, 키, 외모, 몸무게, 운동 능력 등은 대개 정규분포의 형태로 나타나는데 현격하게 평균 수준에 미달된다고 여겨지는 경우 왕따가 되기 쉽다. 특히 청소년들은 외모를 매우 중시하여 자신들이 생각하는 기준치에 못 미치는 경우 왕따라는 형태로 이들을 또래집단에서 아예 배제시키려는 행태를 보인다. 또 한 가지 인간은 사회적 동물이므로 인간관계를 통해 자신의 위치를 서열화하려 한다. 청소년들도 예외가 아니라 자신보다 약해 보이면 은근히 얕보게 되고, 이 과정에서 자신이 우월하다는 감정을 갖게 되어 약한 친구를 무시하고 왕따를 시키는 행동으로 이어지게 되는 것이다.

일반적으로 왕따가 발생하는 원인에 대하여 여러 학자들의 연구를 종합하면 다음과 같다.

〈표 11-1〉 선행연구로 본 왕따의 일반적 발생원인

선행연구	구본용 (1997)	한국교육개발원 (1998)	서울시교육청 (1997)	한국교원단체연합회 (1999)	교육월보 (1998)
일반적인 왕따 발생원인	• 청소년들의 심리, 사회적 정체감 확립과정에서 만연된 좌절감 • 왜곡된 방식으로 우월감 추구 • 이기적 자기중심	• 정체감 형성과 관련된 좌절과 갈등 • 자기와 다른 것에 대한 반응 • 튀는 행동 • 지나친 경쟁과 관리적 학교시스템	• 욕구불만에 대한 인내심의 결여 • 열등감의 해소책 • 자기의 존재를 인정받으려는 본능 • 타인을 배려하는 마음의 결핍	• 극심한 이기주의로 인하여 자신만이 소중한 존재인 것으로 생각 • 지나친 질투심(자신보다 성적이 우수하고 뛰어난 친구에 대	• 가정·학교·사회의 권위적이고 경쟁적인 교육환경으로 인한 만연된 좌절감 • 왜곡된 개인주주의의 만연

선행 연구	구본용 (1997)	한국교육개발원 (1998)	서울시교육청 (1997)	한국교원단체연합회 (1999)	교육월보 (1998)
	화 경향의 확대로 타인 수용 능력의 결핍 • 도덕교육의 부재 • 가족 및 집단갈등의 희생양	• 인권침해와 차별의 원인이 되는 교직원의 언동 • 학교성적만 중시하는 어른들의 일방적인 가치관	• 인권의식의 미흡 • 자신의 행동에 대한 자제력 부족	한 열등감으로 인한 질투심) • 일등이 최고라는 사고방식(친구를 동반자가 아닌 적으로 생각) • 나만 아니면 된다는 생각 • 매스컴의 영향	• 윤리의식의 부재 • 매스컴의 영향 • 획일화된 교육 • 교사의 지도능력 함양의 기회 부족 • 폐쇄적 학교 경영

출처: "이인재(2014).

한편 또래집단문화가 왕따 문화를 형성하기도 한다. 청소년들이 흔히 겪고 있는 갈등 상황의 대부분은 또래관계에서 발생한다. 그런데 또래집단 구성원 간 갈등이 있게 되고 이러한 갈등이 원만하게 해결되지 않을 경우 또래관계에 심각한 손상을 가져오게 되며, 이로 인해 왕따를 당하는 경우가 나타나게 되는 것이다. 이렇게 또래집단 내에서 발생된 왕따 문화는 집단의 결속력으로 인해 더욱 확대되고 강화될 가능성이 있기 때문에 또래집단 내 왕따 문제는 반드시 해결되어야 할 과제이기도 하다.

2) 또래집단문화의 과제

청소년기에는 공통적인 관심사와 고민을 또래친구와 함께 나누며, 신뢰와 친밀감을 바탕으로 더욱 성숙한 관계로 발전하는 등 또래관계는 청소년들에게 정서적 안정감과 만족감을 제공한다. 그런데 일반적으로 올바른 또래관계와 또래집단문화는 청소년들에게 타인과 상호작용하는 방법, 사회관계적인 기술 등을 경험하게 하여 올바른 성인으로 성장하는 데 큰 도움이 되지만, 반면 부정적인 또래관계와 또래집단문화는 청소년들에게 부정적인 자아개념을 갖게 하고, 올바른 사회적 관계를 형성할 수 있는 기회를 제공하지 못하게 되어 학교생활에 부적응적이거나 폭력성향을 동반하는 등 부정적인 행태로 나타나게 된다. 이들 집단은 심할 경우 비행이나 범죄, 약물복용 등의 문제를 야기할 수도 있다.

특히 1990년대 후반부터 나타나기 시작한 왕따 문화는 청소년 또래집단의 부정적 문화로 인식되기 시작하였는데, 이는 입시위주의 지나친 경쟁적 교육 풍토, 각종 폭력물이 난무하는 영상 매체에서의 노출, 개별화·원자화된 사회 풍토, 윤리 의식의 부재 등이 그 원인으로 지적되고 있기도 하다. 왕따가 문제시되는 것 중의 하나는 집단의 힘으로서 다수의 횡포를 통해 소수를 배제한다는 점이다. 아울러 자신들이 왜 왕따 행위를 저지르는지 합리적인 이유나 정당성이 존재하지 않는 경우도 대부분이다. 특히 청소년 또래집단 사이에 형성되어진 왕따 문화는 집단적인 성격으로 인해 그 피해가 더 크다. 청소년들은 또래집단의 구성원으로 행동하기 때문에 가해자가 되기를 원치 않는 경우에도 최소한 방관자로서 행동하는 등 실질적으로 누군가를 왕따시키는 데 동참한다. 왕따는 피해자에 대해 가해자 집단이 특정한 가치나 기준을 내세워 피해자를 무자비하게 괴롭히는 현상으로 이어지기 일쑤다. 가해자들은 피해학생에 대해 자신들과는 다르다고 인식하고 이들을 비정상적으로 간주하여 집단적으로 따돌리고 터부시 한다. 문제는 어느 한 또래집단에서 행해지는 왕따 가해자들의 이러한 사고가 점차 다른 또래집단 전체로 확산되고 심지어 공유되어 그 문제가 더욱 커진다는 데 있다. 더구나 최근 SNS와 인터넷 기술이 발달하여 소셜 미디어가 확산되면서 이러한 현상은 점차 심화되고 있는 실정이다.

그런데 흔히 왕따 문제는 가해자를 처벌하는 것에 초점을 맞추고 있는데, 가해자 처벌만이 해결방안이 될 수는 없다. 실제로 왕따 피해가 회복되는 가장 좋은 방법은 가해자들의 진솔한 사과와 재발 방지 약속과 실천, 그리고 피해자가 피해의식에서 벗어나 다시금 원만한 학교생활을 할 수 있도록 해 주는 것이다. 사실상 왕따 피해자는 청소년 누구나 될 수 있다. 따라서 중요한 것은 왕따를 만들지 않는 또래집단문화를 형성하는 것이다. 그러기 위해서는 왕따의 가해자와 피해자 간의 갈등 조정이라는 미시적 상황 해결에만 초점을 맞출 것이 아니라 이러한 현상이 일어나는 보다 넓은 사회·문화적 구조를 제대로 파악하여 건전한 또래집단문화가 형성될 수 있도록 해야 한다. 아울러 또래집단문화가 청소년기에 일시적으로 나타났다 성인이 되면 사라지는 문화로 간주할 것이 아니라 청소년기의 또래집단문화가 성인으로 이어지는 집단문화의 발판이 된다는 점을 인식하고 올바른 또래집단문화 형성을 위한 노력이 지속적으로 이루어져야 할 것이다.

Plus Point

또래애착

- 개념: 또래에 대해 형성된 정서적인 유대감
- 부모와의 위계적 애착관계에서 또래와의 수평적 애착관계로 변화된 것
- 또래애착을 통해 청소년들은 자신의 정체성을 형성하고 부모로부터 자율성과 독립성을 획득하게 됨
- 또래애착은 학교생활 적응을 예측하는 중요 요인 중 하나로 인식되고 있음
- 또래애착의 질이 높을수록 청소년들은 심리적인 안정감을 갖게 되고 이를 통해 자존감이 향상되며 삶의 만족도가 높아지면서 원만한 학교생활 적응으로 이어지게 됨
- 또래애착과 같은 정서적인 유대감은 공동체 내에서의 상호 관계를 더욱 돈독히 하여 공동의 노력을 촉진하게 함으로써 공동체의식을 형성하게 함
- 또래와의 애착관계는 서로 간에 협력하고 갈등을 상호 호혜적인 방식으로 해결하는 맥락이 됨으로써 이를 기반으로 공동체의식이 증진될 수 있음

youth culture theory

연습문제

01 또래관계의 중요성에 대하여 잘못 설명하고 있는 것은?

① 청소년들은 부모보다 또래집단 및 친밀한 친구에게 더 많이 의존하는 경향이 높다.
② 또래관계가 중요한 이유는 또래와의 의사전달과정에서 죄의식이나 긴장감이 감소되기 때문이다.
③ 청소년 또래집단은 한 개인의 행동규범을 정하고 사회성 발달에 영향을 미치는 준거집단으로서의 역할도 담당한다.
④ 청소년의 또래관계는 갈등과 경쟁 또는 배신과 같은 부정적 측면도 포함된다.
⑤ 원만하지 못한 또래관계라 하더라도 학교생활이나 학업성취도에 직접적으로 영향을 미치는 것은 아니다.

02 또래집단문화의 형성요인으로 볼 수 없는 것은?

① 서로 다른 사회경제적 배경
② 차별적 선택
③ 빈번한 만남을 통한 상호작용
④ 감염효과
⑤ 선택적 제거

03 또래집단문화의 특성 가운데 동조현상에 대한 설명으로 옳지 않은 것은?

① 또래집단 구성원들은 자신과 유사한 특성을 가진 상대를 친구로 삼는다.
② 또래집단 구성원들은 상대 친구의 태도와 행동이 자신과 불일치할 경우 상대 친구의 행동과 태도를 변화시켜 균형 상태를 유지하려 하기도 한다.
③ 동조현상으로 인해 또래집단 구성원들은 친구나 주변의 의미 있는 타인의 평가에 집단적으로 민감하게 반응한다.
④ 또래집단 중 남자 청소년들이 여자 청소년들에 비해 더 높은 동조 경향을 보인다.
⑤ 동조현상은 집단의 특성과 집단에서 추구하는 가치에 따라 긍정적 또는 부정적 영향을 미친다.

정답 | 1. ⑤ 2. ① 3. ④

youth culture theory | chapter

12 청소년과 다문화

1. 다문화사회의 이해
2. 청소년과 다문화사회
3. 청소년기 다문화수용성
4. 청소년을 위한 다문화수용성 증진 방안

youth culture theory | chapter 12

청소년과 다문화

1. 다문화사회의 이해

1) 다문화사회(Multicultural Society)의 개념

현재 '다문화사회', '다문화주의', '다문화정책', '다문화가족' 등 '다문화'관련 개념이 다양하게 쓰이고 있다. 다문화는 객관적 사회현상을 지칭하는 기술적 개념이기도 하고, 특정한 사회 구성을 목표로 한 이념적 개념을 의미하기도 한다(김효선, 2015). 다문화는 다양성의 존재자체를 의미한다. 문화적 다양성은 국가 내에 인종 · 언어 · 역사와 문화적 동질성에 기반을 둔 공동체가 다수 존재하는 현상을 의미한다. 다문화란 설령 그것이 충돌과 갈등의 양상을 띤다고 할지라도 여러 개의 다문화가 공존하고 있는 양상을 일컫는 개념이다. 사회에는 문화적 다양성이 존재한다. 문화적 다양성이 존재하는 사회는 다문화적 성격을 가지고 있다. 인종적 구성이 다양해지고 민족적, 문화적 다양성이 증대될 경우 다문화사회로 이행하고 있다고 할 수 있다. 한국사회가 민족적, 문화적 다양성의 존재를 이해하고 다문화사회에 대한 논의가 활발한 것은 민족국가 외부로부터의 이주의 증가가 중요한 계기가 된다(김이선 외, 2007).

정부가 다문화주의를 공공정책 이념으로 채택한 국가는 다문화국가 또는 다문화사회로 불린다. 이러한 사회는 민족적 다양성이 기본 원리로 받아들여지며, 이를 사회 발전에 긍정적인 힘으로 받아들인다. 다문화사회는 사회를 구성하는 집단들이 서로 다른 문화와 정체성을 유지, 발전시켜 가려는 움직임이 인정된다는 특성을 지니고 있다. 다문화사회는 국가구성원으로 누릴 수 있는 사회・경제・정치・문화적 권리를 취득하고 향유하는 데 인종과 민족이 차별의 근거가 되지 않는 사회를 뜻한다(윤인진, 2008).

2) 다문화사회의 도래

오늘날 국가 간 인적 교류 확대로 인해 일어난 다문화사회로의 전환은 전 세계적인 현상이지만 특히 우리 사회는 상대적으로 매우 단기간에 다문화 사회로의 변화를 경험하고 있다. 한국사회는 지구화과정과 더불어 1991년 '산업연수생'으로 코리안 드림을 안고 찾아오는 이주노동자의 유입, 2000년 초부터 한국 남성들과의 국제결혼 증가, 외국유학생의 유입 등으로 국내 체류 외국인주민 비율은 2006년 1.1%(주민등록인구 대비)에서 2018년 4.0%(총인구 대비)로서 3배 이상 증가하였으며(행정안전부, 2019), 법무부 출입국 통계에 따르면(출입국외국인정책본부 2019.12월호 통계월보) 2019년 12월 현재 체류 외국인은 250만 명을 넘었으며, 이 수치는 대한민국 전체 인구의 4.9%에 해당한다[1]. 이제 우리나라는 다문화사회 문 앞에 다다른 셈이다. 외국인 증가는 한류 영향으로 유학생과 외국인 근로자가 많이 늘어났기 때문으로 출입국 관계자는 분석했다.

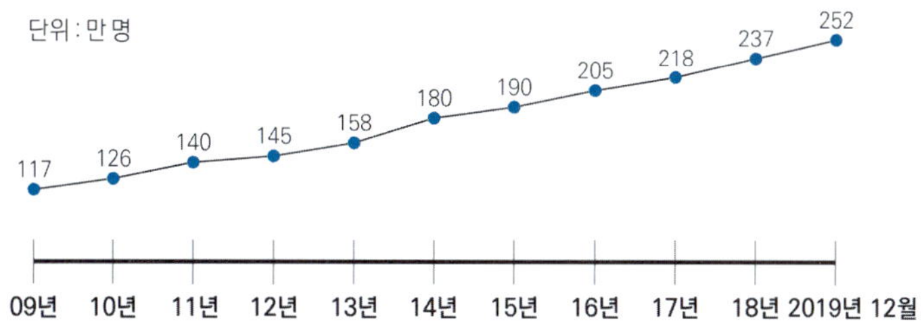

[그림 12-1] 외국인 증감추이

출처: 법무부(2019).

3) 다문화사회에 대한 한국사회의 시각

현재 한국사회는 결혼이민자, 외국인 근로자, 유학생, 북한이탈주민, 재외 동포 등 국내 거주 이주민의 급격한 증가에 따른 인구구성의 변화 및 문화다양성으로 새로운 사회적 갈등을 경험하고 있다. 한국사회가 다문화사회로서 성장하고 발전하는 과정에 있다고는 하지만 아직은 적응적인 단계수준에 있는 것이 사실이다. 이렇게 다가온 다문화사회에 대한 한국사회의 시각에 대해서 구체적으로 알아보고자 한다.

(1) 단일민족국가라는 자부심

한국사회는 단일민족국가와 순혈주의라는 자부심을 오랫동안 강조하고 가르쳐 왔기 때문에 인종, 민족, 문화적 소수자를 배려하고 보호하는 데에 미흡하고, 다양한 인

1) 전체인구에서 이민자의 비율이 어느 정도여야 이민사회 혹은 다문화사회라고 볼 수 있느냐에 대해서는 학계에서 합의된 바는 없다. 단 서구 선진국(OECD 국가)들의 이민자 비율이 10%를 넘는 것을 볼 때 이 수준에 이르면 이민사회 또는 다문화사회로 간주해도 무리가 없다. 프랑스(1999년 10%), 미국(2004년 12.2%) (윤인진, 2008).

종과 문화가 공존하는 다문화적 현상에 대해 비판적이었다. 그 결과 문화적 이질감에 대한 거부, 피부색과 혼혈에 대한 편견, 여러 가지 유형의 문화적 갈등, 차별의 문제를 발생시키며, 나와 다른 타인 혹은 내가 속하지 않은 외집단에 대한 배타성이 이주민에 대하여 여전히 강하게 나타나는 사회이다(윤인진, 2008; 홍석준, 2018).

(2) 유엔인종차별철폐위원회(CERD)의 권고

유엔인종차별철폐위원회(CERD)는 2007년 8월 한국 정부의 '인종차별철폐조약'(제71차 인종차별철폐위원회: 2007) 관련 이행보고서를 심사한 후 "한국이 단일민족을 강조하는 것은 한국 땅에 사는 다양한 인종들 간의 이해와 관용, 우호 증진에 장애가 될 수 있으므로 현대 한국사회의 다인종적 성격을 인정하고 적절한 조치를 하라"고 권고한 바 있다. 또한 제2691차 · 2692차(2018)회의에서는 "illegal immigrants (불법 체류자)" 용어의 사용을 철폐하고 이주민에 대한 적대감을 감소시키고 이주민의 사회통합을 촉진할 수 있는 환경을 조성하기 위한 조치를 취할 것과 "다문화가족"의 정의를 재검토하여 (외국인 부부로 구성된 가족 및 재외동포로 구성된 가족과 같이) 적어도 한 명의 구성원이 한국인이 아닌 모든 가족으로 확대하여 차별 없이 모든 가족에게 동일한 혜택을 제공할 것을 권고하였다(외교부: CERD 국가보고서 최종견해: 2019. 2. 8.).

(3) 경제적 우월주의와 결합

단일 민족주의는 경제적 우월주의와 결합하여 일부 선진국의 문화는 선호하면서 동남아국가와 같은 후진국 문화와 민족에 대해서는 매우 편견적인 태도를 보이는 모순을 보여 왔다. 즉, 한국사회는 미국이나 유럽의 백인들에게는 무척 호의적이지만 동남아인들이나 흑인들은 멸시하는 인종차별적인 이중 논리를 지녀 왔다(조희원, 2010).

2. 청소년과 다문화사회

1) 이주배경 청소년의 이해

여성가족부에서는 이주배경청소년(9세~24세)이란 「청소년복지지원법」 제18조에 따라 「다문화가족지원법」 제2조 제1호에 따른 다문화가족의[2] 청소년과 그 밖에 국내로 이주하여 사회・문화 적응 및 언어 학습 등에 지원이 필요한 청소년을 의미한다. 이들은 문화적 차이나 언어적 제약, 사회적 편견 및 배제 등으로 인해 사회 부적응을 경험하고 있다. 특히 이주배경 청소년의 경우 청소년기의 일반적인 특성인 신체적 정신적 혼란은 물론 새로운 환경에 적응해야 하는 다양한 어려움에 직면하게 된다. 더욱이 이주배경 청소년은 부모와의 의사소통이나 또래와의 관계 형성의 제약으로 인한 사회적 지지 기반 형성의 취약성을 지니고 있다. 이는 학교 부적응과 주류사회의 부정적 인식으로 연계되어 향후 사회적 위험요소로 작용할 가능성도 배제할 수 없다. 학교생활에서의 성취 여부는 장래의 사회적응과 밀접한 관계가 있으며, 사회적 지지와 주류사회의 다문화에 대한 인식이 이주배경 청소년의 학교적응에 중요한 요소로 작용하기 때문이다(설진배, 2018). 다양한 이주배경을 가진 청소년을 살펴보고자 한다.

(1) 다문화청소년

다문화청소년은 일반적으로 「다문화가족지원법」 제2조에 따른 다문화가족 중에서 24세 이하의 자녀를 말하고 있다. 하지만 '다문화청소년'이라는 용어는 각 부처에 따

2) 2008년 제정된 「다문화가족지원법」에서는 다문화가족을 「재한외국인 처우 기본법」 제2조 제3호의 결혼이민자와 「국적법」 제2조부터 제4조까지의 규정에 따라 대한민국 국적을 취득한 자로 이루어진 가족으로 규정하고 있다. 「재한외국인 처우 기본법」 제2조 제3호의 결혼이민자란 대한민국 국민과 혼인한 적이 있거나 혼인관계에 있는 재한 외국인을 의미한다. 즉, 이 법에 따르면 결혼이민자는 한국국적으로 가지지 않는 '외국인'으로 한정된다. 그러나 이러한 정의는 혼인귀화자의 존재를 간과함으로써 다문화가족의 양태를 살펴봄에 있어서 상당히 제한적이다. 결혼이민자를 정의함에 있어 국적의 기준을 삭제하고, '대한민국 국민과 혼인한 적이 있거나 혼인관계에 있는 외국출신자'(혼인귀화자)로 확대 적용하고자 한다(2018 여성가족부: 전국다문화가족실태조사연구).

라 다르게 사용되어지고 있다. 행정안전부에서는 다문화청소년을 '외국인 주민자녀'라고 사용하며, '외국인 부모', '외국인 - 한국인 부모', '한국인 부모' 세 가지로 구분하고 있다. 교육부는 정책의 대상이 학교에 재학 중인 학생이기 때문에 '다문화 학생'이라는 용어를 사용 중이다. 여성가족부에서의 '다문화 청소년'은 만 9~24세의 다문화가족 자녀를 의미한다. 사실상 다문화청소년은 좀 더 복잡한 양상을 띠고 있는 경우가 많다. 부모 중 한쪽이 외국출신이고 나머지 한쪽이 한국 출신인 가정의 자녀가 가장 전형적인 예라고 할 수 있다. 이 외에도 한국인 부모에게 태어났으나 부모가 이혼이나 사별로 한국인이 아닌 자와 재혼한 경우와 외국인 근로자 부부 사이에서 출생한 청소년 등도 포함되어 있다.

「다문화가족지원법」이 처음 시행된 2008년 당시만 해도 다문화가구 수는 약 144,000가구였으나, 현재 통계청이 집계하고 있는 전국의 다문화가구 수는 31만 9천 가구로 전체 가구원 수는 96만 4천 명으로 추정되어, 지난 십여 년 간 두 배 이상 증가하였다(통계청, 2018). 여기에서 다문화가족 자녀의 규모 추이를 살펴보면 결혼이민자·귀화자[3]의 증가는 그들의 존속세대인 다문화자녀의 증가와도 맞물려 있다. 외국인주민현황조사에 따른 만 18세 미만 국내출생 외국인 및 귀화자의 자녀 규모는 지속적으로 증가하였다. 연령별 분포를 보면, 그동안은 만 6세 미만의 규모가 크게 증가해 왔으나, 최근 1~2년을 기점으로 만 7~12세 이하의 규모가 크게 증가, 기존 만 6세 이하의 자녀 세대의 일부가 초등학령기인 만 7~12세로 진입하여 이들의 비중이 확대된 것으로 보인다(여성가족부 전국다문화가족실태조사 연구, 2019). 유엔 미래보고서에 따르면, 한국사회의 저출산 고령화추세가 현재와 같이 유지될 경우 2050년경 한국사회의 다문화가족 비중은 전체 인구의 약 21%를 차지할 것으로 예측되고 있다(양계민 외, 2019).

3) 2018. 여성가족부 전국다문화가족실태조사 연구보고서에 기록되어진 용어를 그대로 사용한다(각주2)에서 보충 설명됨).

〈표 12-1〉 교육부 기준 다문화학생 유형(2020)

국제결혼 가정	국내출생 자녀	한국인과 결혼이민자 사이에서 태어나 한국에서 성장한 경우
	중도입국 자녀	결혼이민자가 한국인과 재혼한 이후에 본국에서 데려온 경우, 한국인과 결혼이민자 사이에서 태어났으나 결혼이민자 본국에서 성장하다가 입국한 경우 등
외국인 가정	외국인가정 자녀	외국인 사이에서 태어난 경우(조선족, 중앙아시아 고려인, 시리아 난민 등 포함)

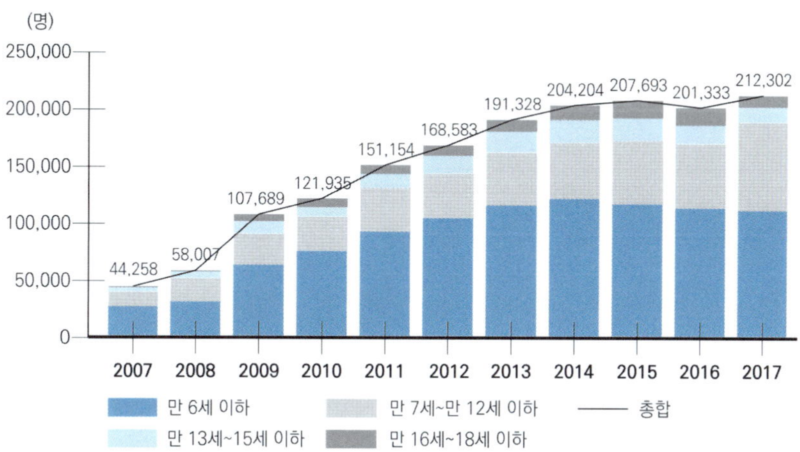

[그림 12-2] 다문화가족자녀 규모 추이 현황

출처: 여성가족부(2019).

(2) 탈북청소년

탈북청소년(북한이탈 청소년, 새터민 청소년)은 북한에서 출생하여 현재 한국에 살고 있는 만 6세 이상 24세 이하의 북한이탈주민[4]을 지칭한다. 북한이탈주민 가운데 청소년 연령의 집단을 탈북청소년이라고 부른다. 교육지원대상이 되는 청소년연령은 초・중・고등학교 학령과 「청소년기본법」이 규정하는 만 24세까지 연령을 포함한다. 넓은 의미로 볼 때, 탈북청소년에는 '부모 중에 한 명 이상이 북한이탈주민이고 중국 등 제3국에서 출생한 아동・청소년'이 포함된다고 하며(탈북청소년교육지원센터, 2019), 이

4) 북한이탈주민은 「북한이탈주민의 보호 및 정착지원에 관한 법률」에 북한을 벗어난 후 외국국적을 취득하지 않은 사람이라고 정의되어 있다(통일부).

는 「북한이탈주민의 보호 및 정착지원에 관한 법률」 제24조 2항에서도 탈북청소년을 '제3국에서 출생한 북한이탈주민의 자녀로서 부 또는 모와 함께 정착지원시설에 입소한 사람을 포함한다'[5]로 넓은 의미로 두고 있다.

〈표 12-2〉 탈북청소년 유형별 분류

출생지	정착지
한 국	한국에서 자라고 있는 자녀
북 한	북한에서 한국에 입국한 자녀
제 3 국	제3국에서 한국으로 입국한 자녀

출처: 탈북청소년교육지원센터(2019).

탈북청소년 연도별 학생 수 변화추이를 보면, 전국 초·중·고에 재학 중인 탈북청소년 규모는 2005년 421명에서 2019년 2,531명에 이를 정도로 그 규모가 급격하게 증가하였다.

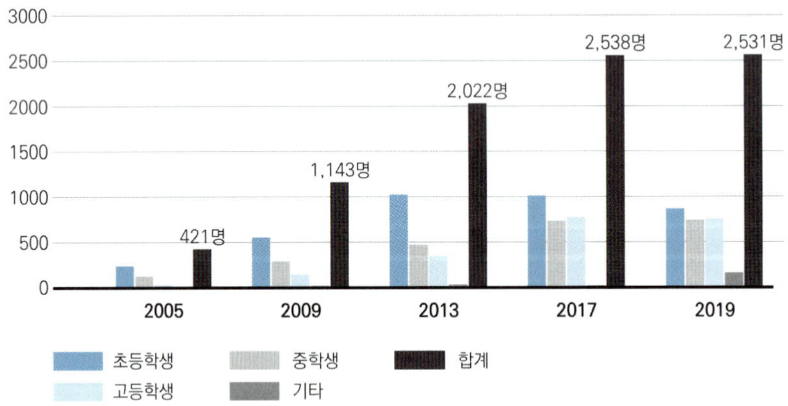

[그림 12-3] 탈북청소년 학생 수 변화추이

출처: 탈북청소년교육지원센터(2019).

5) 흔히 '비보호청소년'이라고 지칭하지만, 청소년으로서 보호받지 못한다는 의미는 아니다.

탈북청소년의 학업중단율은 2008년 10.8%에 달했으나 2019년 3%수준으로 매우 낮아졌다. 특히 고등학교에서의 학업중단율이 급격하게 낮아졌는데, 고등학생의 학업중단율은 2008년 28.1%에서 2019년 4.7%로 크게 감소하였다.

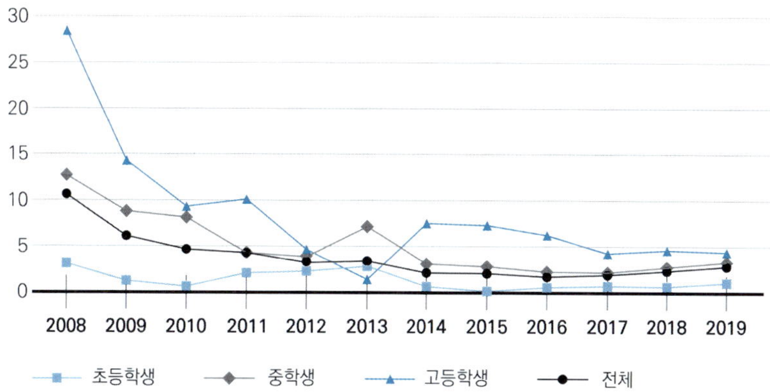

[그림 12-4] 탈북청소년 연도별 학업중단율 변화

출처: 탈북청소년교육지원센터(2019).

(3) 외국인근로자 가정 자녀

「외국인근로자의 고용 등에 관한 법률」 제2조에 따른 외국인근로자란 대한민국의 국적을 가지지 아니한 사람으로서 국내에 소재하고 있는 사업 또는 사업장에서 임금을 목적으로 근로를 제공하고 있거나 제공하려는 사람을 말한다. 2018년 기준 국내 거주 외국인 중에서 외국인근로자는 528,063명(32.0%)으로 2017년 대비 외국인근로자는 6.5% 증가 추세이다(행정안전부, 2019). 외국인근로자 가정의 자녀는 외국인 근로자 고용허가제에 의해서 고용된 외국인 근로자의 자녀를 말한다. 하지만 우리나라는 「외국인근로자의 고용 등에 관한 법률」에서 이주노동자의 경우 가족 동반을 엄격하게 금지하고 있으므로(신윤정 외, 2018) 외국인근로자 가정의 자녀들의 경우 합법적 신분으로 체류하는 경우는 어려울 수 있다. 외국인근로자 고용허가제 만족도 조사 연구에서 외국인근로자의 사회연결망에서 중요한 부분을 차지했던 가족 관계의 특성을 살펴본 결과, 전체 응답자 중 55.4%가 현재 배우자가 있는 상태임을 알 수 있었고, 배우자가 있는 응답자 중 현재 배우자가 한국에 거주하고 있는 경우는 5.2%에 불과하며, 대부분이 근로자의 출신국에 있는 것으로 나타났다. 자녀 역시 대다수가 출신국에 있는 것으로 응답하였다(설동훈 · 고재훈, 2015).

(4) 중도입국 청소년

중도입국 청소년이란 결혼이민자와 출신국 현지 남성의 사이에서 출생하여 한국인 남성과 재혼한 어머니를 따라 한국으로 동반(또는 추후) 입국한 자녀와 외국인 이주노동자 자녀들 중 출신국에서 출생하여 성장하다가 학교를 다닐 시기(학령기)에 부모를 따라 한국으로 이주한 자녀들을 말한다. 이 외에 근로 혹은 학업을 목적으로 청소년기에 입국한 무연고 외국인 청소년(난민), 그리고 제3국에서 북한이탈주민과 외국인 사이에 출생하여 성장하다가 한국으로 입국한 청소년 등도 중도입국 청소년의 범주에 포함될 수 있다. 이러한 배경으로 부모와 장기간 별거한 경험, 그 사이의 교육적 공백, 가정의 해체, 방임과 방치, 재결합 등의 경험을 가지고 있는 경우가 많으며, 이들은 본국의 언어와 문화에 익숙해진 상태에서 새롭게 한국어를 배우고, 한국 사회의 문화에 적응해야 하는 도전에 직면하며, 문화적 혼란을 겪을 가능성이 있으며, 심리 · 정서적 불안과 위기를 경험하고 있다. 그러므로 중도입국 청소년에 대한 사회적 관심이 높아지고 있다(국회다문화가족정책연구포럼, 2011; 양미진 외, 2012; 오성배 외, 2013).

결혼이주여성과 한국인 남성의 재혼가정의 자녀가 다수인 중도입국청소년의 경우, 전체 다문화청소년과 비교해 보면 2014년 8.3%(5,602명), 2015년 7.6%(6,261명), 2016년 7.5%(7,418명)로 숫자는 계속 증가추세이나 전체 다문화청소년 중 차지하는 비율은 소폭 감소하는 추세이다(양계민 외, 2019). 이렇게 중도입국청소년의 숫자가 증가함에도 불구하고, 중도입국 청소년이 학교에 진학하지 않는 비율이 약 30%에 달하며, 입학 소요 기간도 6개월 이상 걸린 경우가 약 43%에 이르는 등 공교육 진입이 어려운 경우가 많을 수 있다(제18차 다문화가족정책위원회, 2020.6.26.).

〈표 12-3〉 각 부처별 중도입국 청소년 관련 개념 정의

부처	명칭	주요개념
교육부	중도입국・외국인 가정 학생	결혼이민자가 한국인과 결혼한 이후에 본국에서 데려온 자녀, 국제결혼가정자녀 중 외국인 부모의 본국에서 성장하다가 청소년기에 입국한 자녀 등
여성가족부	중도입국자녀	다문화가족 자녀 중 재혼, 취업 등으로 이주하는 부모를 따라 청소년 본인이 이주하여 한국에 입국한 자녀(만 9세~24세 이하)
법무부	중도입국자녀	결혼이민자(혼인 귀화자 포함)의 이전 혼인관계에서 출생, 입국해 외국인 등록한 미성년 외국인 자녀(만 18세 이하)

출처: 각 부처.

(5) 기타

재외국민 청소년, 외국 국적 재외동포 청소년, 재한외국인 청소년, 불법체류 외국인의 자녀, 난민 지위 인정자 또는 난민 지위 인정 신청자 청소년 등이 있다. 앞으로 이주배경 청소년은 기타의 경우도 다 포함하는 개념으로 확대되어야 할 것이다.

2) 다문화가족 청소년 현황

다문화가족 청소년은 '다문화가족'이라는 단일한 하나의 집단으로서가 아니라, 성장배경이나 외국계 부모의 출신국적 등에 따라 이질적이고 다층적인 성격을 가진 집단으로 인식되어야 한다. 특히 다문화가족 자녀의 성장배경은 다문화가족 자녀를 설명하는 중요한 요인으로 작용한다.

(1) 다문화가족 자녀의 성장배경별・연령별 분포

여성가족부(2019) 전국다문화가족실태조사에서 만 9~24세 다문화청소년을 대상으로 성장배경별・연령별 분포를 살펴보면, 외국 주로 성장의 경우에는 18세~24세 연령이 34.5%로 가장 높고, 기타 연령대의 비율은 22% 안팎으로 비슷하게 나타난다. 반면 외국 거주 경험의 경우에는 9~10세가 31.4%로 가장 높고, 그다음으로 12~14세

가 28.9%를 차지하는 등 비교적 저연령대 자녀의 비중이 상대적으로 높게 나타난다.

〈표 12-4〉 만 9~24세 다문화가족 자녀의 성장배경별 · 연령별 분포 (단위: %, 명)

구분		국내에서만 성장	외국 거주 및 성장			전체
				외국 거주 경험	외국 주로 성장	
계		100.0 (79,189)	100.0 (15,335)	100.0 (8,816)	100.0 (6,519)	100.0 (94,524)
연령	9~11세	49.4	27.1	31.4	21.2	45.8
	12~14세	23.8	25.9	28.9	21.9	24.1
	15~17세	16.0	18.0	14.8	22.4	16.4
	18~24세	10.8	29.0	24.8	34.5	13.8

주: 2018년 전국다문화가족실태조사 분석 결과(가구원 가중치 적용)
출처: 여성가족부(2019).

(2) 다문화가족 자녀 출생 수 및 출생 비율

다문화가족의 출생 건수는 지난 2012년을 기점으로 지속적으로 감소 추세에 있다. 그러나 주목할 만한 점은 전체 출생 건수 중 다문화출생이 차지하는 비율은 지속적으로 상승 추세에 있다는 점이다. 다문화가족의 출생 비중은 지속적으로 상승, 2017년 기준으로 전체 출생 건수 중 5.2%를 차지한다. 우리나라 전체 가구 중 다문화가구의 비율이 1.58%에 불과하다는 점을 상기하면(통계청, 2018), 전체 출생에서 다문화 출생이 차지하는 비율이 상당히 높다는 것을 알 수 있다. 다문화 출생 건수 자체는 계속 감소함에도 불구하고, 출생 비중이 계속 상승하는 것은 우리나라 출생 건수 자체가 급감하기 때문으로 사료된다. 그러나 다른 한편으로 국내 출생 신생아 100명 중 5명 이상이 다문화자녀라는 사실은 향후 이들 세대의 성장과 함께 우리나라 이주배경을 가진 국민의 비중이 급속히 팽창될 것임을 전망하게 한다(여성가족부, 2019).

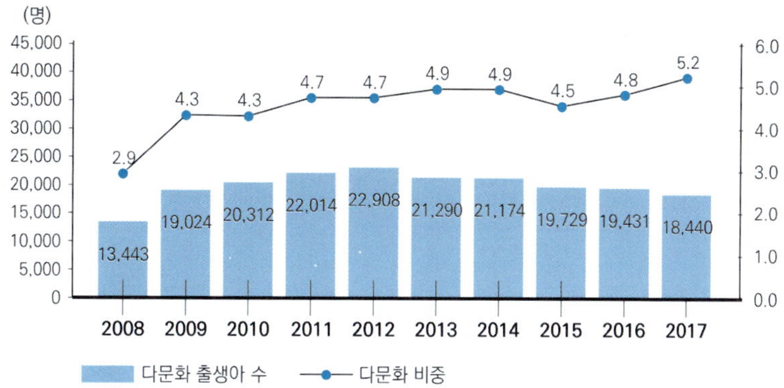

[그림 12-5] 다문화가족 자녀 출생 수 및 출생 비중 추이

출처: 여성가족부(2019).

(3) 다문화학생 추이

2019년 초・중등학교 다문화학생은 전체 학생의 2.5%를 차지하며, 전년대비 12.3% 증가하였다. 다문화학생이 과거 초등학교 학생이 대부분이었던 것에 비해 현재 점차 성장하여 중・고등학생 다문화학생의 수가 증가하고 있다. 하지만 성장배경별로 나눠 보면 국내성장 자녀의 경우 95.5%가 학교에 다니고 있으나, 외국에서 주로 성장한 자녀는 66.8%만이 학교에 다니고 있어(여성가족부, 2019), 이들에 대한 대책 마련도 필요한 실정이다.

한국 사회가 다문화사회로 발돋움하면서 학교 현장에서도 변화의 흐름이 포착되고 있는 것이다. 학교에 재학하고 있는 다문화가족 학생의 수가 매년 1만 명 이상씩 증가하는 추세는 인상적이라고 할 만하다. 또한 학교 급이 내려갈수록 재학하고 있는 다문화가족 학생의 수가 많다는 점은 앞으로 중・고등학교에 재학할 다문화가족 학생의 수가 점점 많아질 것임을 예측할 수 있다.(박희훈・이유정, 2019). 이들의 성장에 대한 대비도 필요한 상황이다. 이상의 결과들은 향후 우리 사회에서 다문화 비중의 증가와 함께 이에 대응하는 다문화가족정책의 중요성을 부각시킨다.

〈표 12-5〉 다문화학생 증가 추이

연도 인원 수	2012	2013	2014	2015	2016	2017	2018	2019
다문화 학생 수(A)	46,954	55,780	67,806	82,536	99,186	109,387	122,212	137,225
전체 학생 수(B)	6,732,071	6,529,196	6,333,617	6,097,297	5,890,949	5,773,998	5,633,725	5,502,880
다문화학생 비율 (A/B*100)	0.70%	0.86%	1.07%	1.35%	1.68%	1.89%	2.17%	2.49%

출처: 교육부(2019).

3) 다문화가족 청소년 실태

학교에 재학하는 다문화가족 학생이 급속하게 증가하면서 이들의 학교생활에 대한 관심이 높아지고 있다. 청소년의 발달에서 사회화 기관인 학교에 원활하게 적응하는 것은 청소년들에게 중요한 과업 중 하나이다(박종효, 2013). 그러나 안타깝게도 다문화가족 학생의 학교생활적응은 그리 긍정적이지 않은 것으로 확인되고 있다. 특히, 학교생활 초기에서부터 경험하는 학교생활적응의 어려움을 적절하게 해소하지 못하면서 상위학년으로 진학할수록 어려움이 누적되어 다른 학생과의 격차가 더 확대되고, 급기야 학업중단 또는 학업중단 위기 상황에 봉착하기도 한다(박희훈 · 오성배, 2014).

(1) 다문화가족 청소년의 차별 경험

청소년기에 경험하는 타인의 부정적인 평가와 태도의 일종인 차별의 경험이 사회 내에서 소수자로 위치하고 있는 다문화청소년들의 삶에 미치는 영향과 파급력은 매우 클 수 있다(이지연 · 그레이스 정, 2016). 만 10세부터 시작되는 초기청소년기(보건복지부 등, 2013)부터는 인지적인 능력이 발달하게 되는데, 이로 인해 다문화청소년은 자신들이 다문화가족의 자녀로서 경험하게 되는 미묘한 차별적인 상황에 대해서도 인지할 수 있게 된다.

2018년 전국다문화가족실태조사(여성가족부, 2019)에 따르면 다문화가족자녀의 19.2%가 다문화가족의 자녀라는 이유만으로 지난 1년간 차별을 당한 경험이 있다고 응답하였으며, 이는 2015년(6.9%)에 비해 증가하였다. 차별경험에 있어서 성별 차이는 없으나, 비재학(13.9%) 자녀와 외국에서 주로 성장한(17.6%) 자녀 중 차별을 경험한 비율이 특히 높게 나타났으며, 차별은 주로 친구로부터 받는 경우(64.0%)가 가장 많으며, 차별 시, 거의 절반에 해당하는 다문화가족 자녀들은 '옳지 않다고 생각했지만 참았다'(42.7%)고 응답했다. 다문화가족의 청소년들은 청소년기의 특성상 경험하는 일반적인 정체성 및 가치관의 혼란뿐만 아니라, 가족 내에서 서로 다른 문화가 동시에 존재하는 데에서 오는 어려움, 다문화가족 구성원으로서 겪는 차별적인 상황들을 다층적으로 경험하며 이에 적응해야 하는 과제를 안고 있다. 실제로 한국사회에서 살아가는 다문화청소년은 그들의 인종이나 민족 지위로 인해 차별을 경험하게 되는데, 다문화가족 청소년들은 언어학습, 정체성 형성, 대인관계 형성 등에 문제가 있고, 학습결손과 편견 및 차별로 인해 학교를 중퇴하거나 방황한다고 지적되고 있다(오성배, 2005). 여전히 외국인과 다문화가족의 구성원들에 대한 사회적 편견과 차별이 존재하는 한국의 상황과 사회적 분위기를 바꾸기 위한 노력이 필요함을 시사하고 있다.

(2) 다문화가족 청소년의 학교 적응

초・중등학교 및 대학에 재학 중인 자녀의 86.6%는 학교생활에 잘 적응하고 있다고 응답하였으며, 평균 또한 5점 만점에 4.38점으로 높은 수준이다. 학교생활에 잘 적응하지 못한다는 학생들은 학교공부가 어렵거나(63.3%), 친구들과 어울리지 못해서(53.5%)이므로, 다문화가족 자녀들이 학업성적과 또래관계에 대한 고민이 적지 않음을 알 수 있다.

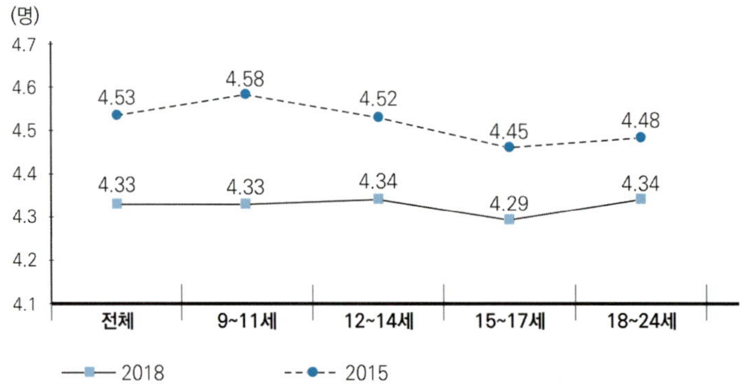

주: 전혀 적응하지 못한다=1점, 적응하지 못하는 편이다=2점, 보통이다=3점, 잘 적응하는 편이다=4점, 매우 잘 적응한다=5점.

[그림 12-6] 다문화 청소년의 학교 적응 정도

출처: 여성가족부(2019).

(3) 다문화가족 청소년의 학교폭력 피해 경험

다문화가족 자녀의 8.2%가 학교폭력 피해를 경험한 것으로 나타났다. 학교폭력 경험은 연령별 차이가 두드러진다. 초등학교 고학령기인 만 9~11세의 경우 학교 폭력 피해 경험률이 9.9%에 달하지만, 이후 점차 낮아져 18세 이상은 4.6%로 낮아진다. 성장배경별로는 외국 거주 경험이 있는 자녀가 5.2%로 가장 낮고 국내 성장(8.5%) 자녀와 외국에서 주로 성장한(8.6%) 자녀는 비슷하게 피해 경험을 가진다.

특히 학교 환경 요인을 포괄적으로 분석한 연구에서 학교폭력 피해학생은 다문화 수용성에 부정적인 영향을 미치는 것으로 나타났다(오상아 외, 2017).

이러한 결과는 다문화가정 청소년이 학교부적응으로 인해 학교폭력, 따돌림, 인터넷 중독 등의 위기문제를 경험할 가능성이 높음을 보여 주고 있다. 특히 현재는 전체 다문화가정 자녀 중 대다수가 아동기에 있으나 이들이 곧 청소년기에 접어들 것을 고려하면 이들에 대한 전문적인 상담 서비스에 대한 요구는 나날이 증가될 것으로 예상된다(양미진 외, 2012).

〈표 12-6〉 다문화가족 청소년의 학교폭력 피해 여부 (단위: %, 명)

		있다	없다	합계
전체(2015)		5.0	95.0	100.0
전체(2018)		8.2(6,849)	91.8(76,453)	100.0(83,302)
성별	여성	8.0	92.0	100.0
	남성	8.4	91.6	100.0
연령	9~11세	9.9	90.1	100.0
	12~14세	7.2	92.8	100.0
	15~17세	5.5	94.5	100.0
	18~24세	4.6	95.4	100.0
성장배경	국내에서만 성장	8.5	91.5	100.0
	외국 거주 경험	5.2	94.8	100.0
	외국에서 주로 성장	8.6	91.4	100.0

출처: 여성가족부(2019).

(4) 다문화가족 청소년의 부모와의 관계

아버지에 비해 어머니와의 대화시간이 훨씬 길고, 청소년 일반(청소년종합실태조사, 2017)과 비교했을 때에는 아버지와의 대화시간은 다문화가족 자녀가 청소년 일반에 비해 대체로 더 긴 반면, 어머니와 전혀 대화하지 않는다는 응답이 청소년 일반(1.4%)에 비해 다문화가족 자녀(10.5%)가 월등히 높다. 더욱이 초등학교 고학년 학령기인 만 9~11세 자녀들도 10명 중 1명에 달하는 11.1%가 어머니와 전혀 대화하지 않는다고 응답한 점은 우려를 더 한다. 다문화가족 자녀의 경우 고민이 있을 때 일반 청소년과는 달리 또래보다는 어머니에 대한 의존도가 높은 상황임에도 일부 다문화가족 내에서는 어머니와 자녀 간의 대화단절이 진행되고 있는 것은 아닌가 하는 우려를 갖게 한다. 게다가 다문화가족만의 고유한 강점이라 할 수 있는 이중 언어 환경 또한 2012년 이후 점차 약화되는 양상을 보이는 것 또한 어머니와의 유대감을 약화시키는 요인으로 작용할 가능성을 배제하기 어렵다.

특히 이주배경 청소년의 경우, 성장기 시절 부모와 떨어져 지낸 기간이 길었거나 언어장벽 등의 이유로 부모와의 대화가 부족하고 부모와의 관계 만족도가 낮게 나타나는 경우가 있다(제18차 다문화가족정책위원회, 2020).

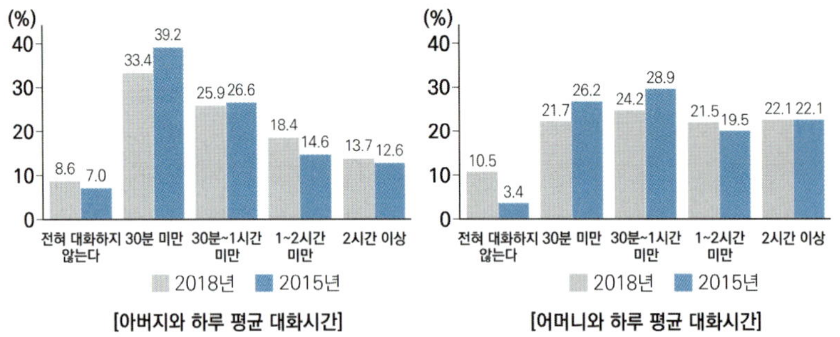

[그림 12-7] 다문화가구의 자녀: 부모와의 소통

출처: 여성가족부(2019).

(5) 다문화가족 청소년의 평일 저녁휴식시간

다문화가족 자녀의 평일(월~금) 저녁식사시간 이후 주된 활동을 복수응답으로 조사한 결과, TV, 비디오 보기(1위)와 게임, 문자 등 휴대폰 하기(2위), 집에서 인터넷(게임 포함)(3위), 숙제 등 공부하기(4위)가 가장 많이 하는 활동이며, 그냥 쉬거나 잠자기(5위), 학원이나 과외(6위)도 많이 하는 활동 중의 하나이다. 이를 2015년과 비교해 보면, 게임, 문자 등 휴대폰 하기와 학원이나 과외를 하는 경우가 뚜렷이 증가했음을 알 수 있다.

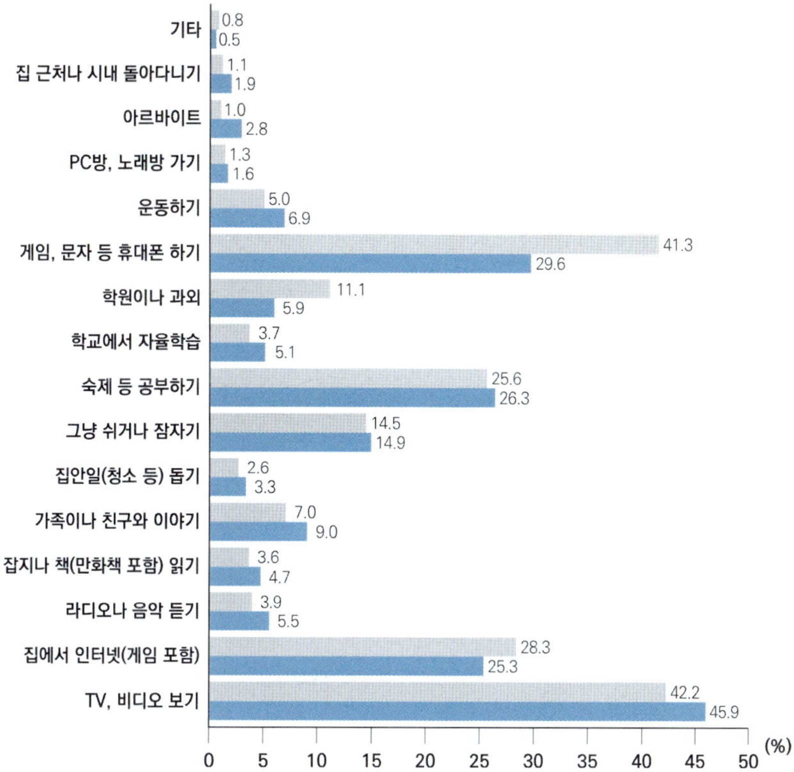

[그림 12-8] 다문화가족 청소년 평일 저녁시간 주된 활동(복수응답)

출처: 여성가족부(2019).

(6) 다문화가족 청소년의 재학과 경제활동

2018년 조사 결과를 2015년 결과와 비교해 보면, 전일제 학생인 재학·비취업 집단의 비율이 2015년 54.8%에 비하여 크게 증가한 것을 알 수 있다. 그에 비해 학교를 다니지 않고 취업만 한 상태의 비율은 2015년 15.0%에서 2018년 11.5%로 감소하였고, 학교를 다니면서 동시에 취업도 하고 있는 비율은 2015년 12.2%에서 2018년 7.1%로 감소하였다. 마지막으로 학교도 다니지 않고 취업도 하지 않은 상태의 NEET(비재학·비취업상태: Not in Education, Employment, or Training) 청소년의 비율은 2015년 18.0%에서 2018년 10.3%로 크게 감소한 것으로 나타났다. 하지만 만 15~24

세 자녀 중 NEET에 있는 자녀를 대상으로 지난 1주일간 주로 한 활동을 조사한 결과, 거의 절반(45.8%)은 아무 것도 하지 않고 지내고 있었고, 특히 고등학교 학령기에 해당하는 15~17세의 경우 특별히 하는 일 없다는 응답(58.2%)이 18~24세(44.6%)보다 더 높으며, 국내에서 성장한 자녀(35.1%)에 비하여 외국 거주 경험자(62.8%)와 외국에서 주로 성장한 자녀(54.5%)의 경우 특별히 하는 일이 없다고 응답한 비율이 높고 취업이나 진학을 준비하는 비율이 낮아서 이들에 대한 대안 마련이 필요함을 시사하고 있다. 2000년대 중후반 국제결혼의 급증과 함께 출생한 다문화자녀들이 청소년세대로 진입함에 따라, 다문화가족을 둘러싼 다양한 환경 변화를 파악하고 관련 정책이 모색될 시점이라 하겠다.

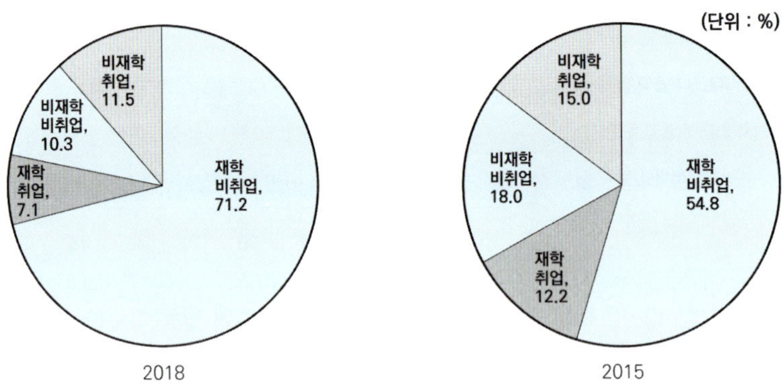

[그림 12-9] 다문화가족 자녀의 재학과 취업 상태(만 15세~24세)

출처: 여성가족부(2019).

3. 청소년기 다문화수용성

1) 다문화수용성(multicultural acceptability)의 개념

다문화수용성은 추상수준이 매우 높은 개념이며 매우 다양한 하위요인들로 구성되는 복합적 개념이다(황정미, 2010). 표현 방법 또한 문화적 수용성, 문화적 역량, 비교문화 적응성, 비교문화 유능성, 문화 간 감수성, 다문화 효능성 등으로 다양할 뿐만 아니라, 사회적 거리감, 소수인종집단에 대한 태도, 종족적 배제주의, 국민정체성, 외국에 대한 태도, 친밀감 정도, 다문화 관계형성 능력, 다문화 인식, 다문화 개방성, 다문화 공감 등의 다양한 개념들로 측정되고 있다(장연진 · 구혜영, 2013; 박순희 · 유지형, 2017). 여러 연구자들이 정의한 다문화수용성의 개념을 정리해 보고자 한다.

첫째, 한국형 다문화수용성 진단도구(KMCI: Korean Multi-culturalism Inventory)에서 가정하고 있는 다문화수용성이란 다문화사회에서 살아가는 시민으로서 자기와 다른 구성원이나 다른 문화에 대하여 집단별 편견(인종, 국가 등)을 갖지 않고 자신의 문화와 동등하게 인정(상호 인정)하고, 그들과 조화로운 관계 설정(공존의 방향)을 위하여 협력 및 노력하며, 외국인이나 이주민을 대할 때 출신지역이나 경제적 수준별로 차등을 두지 않으면서 세계시민의 한 일원으로서 보편적 가치에 입각하여 이를 실천하고자 하는 총체적인 의미의 태도를 말한다(안상수 외, 2010).

둘째, 다문화수용성은 자신과 문화적 배경이 다른 사람을 수용하는 정도라고 정의한다(Hunter & Elias, 2000).

셋째, 다문화사회로의 변화를 긍정적인 것으로 받아들이고 다양한 민족 · 인종과의 공존이라는 사회적 가치를 지지하는 태도를 다문화수용성으로 폭넓게 정의하기도 한다(황정미 외, 2007).

넷째, 다문화주의 관점에서 살펴볼 때 다문화수용성은 우리와 다른 문화를 인정하고 존중하려는 다문화 지향적 태도이며, 집단별 편견을 가지지 않고, 자신의 문화와 동등하게 인정하고, 우리 문화만이 옳고 가치 있다고 생각하지 않는 열린 사고이며, 다문화사회의 구성원인 외국이주민들을 경쟁자가 아니라, 공존의 대상으로 인정하는 태도이다(윤인진 · 송영호, 2011).

다섯째, 다문화수용성은 다문화에 대한 태도, 다문화 지향성, 문화에 대한 이해와 개방정도, 외국이주민에 대한 차별과 편견, 국민정체성, 타문화와 인종에 대한 사회적 거리감 등 다양한 요인들로 구성되는 복잡한 개념이다(황성욱 · 조윤용 · 이철한, 2014).

여섯째, 다문화수용성은 문화 차이에 대한 인식을 의미하는 인지적 요인과 타 문화권의 사람에 대해 공감할 수 있는 정서적 요인, 그리고 다른 문화권의 사람들과 공존 가능성을 포함하는 다차원적인 개념이다(김문수, 2014).

이상의 연구들은 용어와 표현, 접근방식에서 차이는 있지만, 다문화 수용성에 대해 문화 간 차이를 인지하고 특정 국가와 문화, 인종에 대한 편견이나 고정관념 없이 다른 문화를 인정하고 받아들이는 내용을 공통으로 포함하고 있다고 할 수 있다.

2) 다문화수용성 연구

현재 한국사회는 빠른 속도로 다문화사회로 진입하고 있으며, 우리 사회의 통합과 지속가능한 발전을 위해서 다문화수용성은 그 어느 때보다 중요하게 부각되고 있다.

(1) 여성가족부 「국민 다문화수용성 조사」 연구(2018)

일반국민 및 청소년의 다문화수용성 인식 현황 및 실태를 조사하여 사회통합 및 다문화 정책에 활용하기 위하여 여성가족부에서 매 3년마다 조사하는 「국민 다문화수용성 조사」는 국가 승인 통계(2012, 2015, 2018)로 국민의 다문화수용성을 주기적으로 파악하여 정책 수립을 위한 기초 자료로 활용된다(여성가족부, 2019).

〈표 12-7〉 국민 다문화수용성 조사 하위 구성요소

	차원	하위 구성요소	내용
구성요소	다양성	① 문화개방성	다양한 배경의 이주민 유입 및 정주에 대해 인정
		② 국민정체성	국민됨의 자격기준에 대해 다양성 인정
		③ 고정관념 및 차별	외국 이주민에 대한 선입관이나 부정적 지식
	관계성	④ 일방적 동화 기대	이주민이 한국문화에 동화 및 순응을 기대
		⑤ 거부·회피 정서	이주민 접촉상황에서 비합리적인 부정적 정서
		⑥ 상호교류 행동 의지	이주민과의 친교관계를 맺고자 하는 의지
	보편성	⑦ 이중적 평가	경제개발 수준, 문화적 배경 등에 등급을 둠
		⑧ 세계시민 행동 의지	인류애와 같은 보편적 가치 추구 및 실천 의지

① 대상별 다문화수용성 지수

「2018년 국민 다문화수용성 조사」 결과, 일반국민(성인)과 청소년은 다문화수용성 지수에 있어 서로 다른 특징을 보이는 것으로 나타났다. 청소년의 다문화수용성은 71.22점인데 비해, 성인은 52.81점으로 청소년이 성인에 비해 18.41점 높았다. 2015년과 비교하면 청소년의 다문화수용성은 3.59점 높아졌으나, 성인은 같은 기간 중 1.14점 하락해 성인과 청소년 간 다문화수용성 차이는 더욱 커졌다. 청소년이 성인보다 다문화수용성 수준이 월등히 높은 것은 이주민의 증가가 일상화된 환경 속에서 다문화 학생과 관계의 양과 질이 높아졌으며, 지속적인 다문화이해교육도 많은 영향을 미쳤을 것으로 보인다.

〈표 12-8〉 대상별 다문화수용성 지수(성인/청소년)

구 분	2015년	2018년	증감
격 차	13.68	18.41	4.73
성 인(점)	53.95	52.81	Δ1.14
청소년(점)	67.63	71.22	3.59

② 이주민과의 관계별 다문화수용성

이주민과 가족, 친척, 친구, 이웃 등의 관계를 맺고 있는 청소년은 늘었다('15년 34.7% → '18년 41.1%). 이주민과의 관계별 다문화수용성은 이주민과의 관계에 따라 다문화수용성 수준을 비교해 보면, 이주민과 관계를 맺고 있는 다문화청소년은 주변에 이주민이 없는 집단의 다문화수용성보다 높은 수준이었다. 관계별 다문화수용성 지수는 '선생님 74.92점 > 친척 73.62점 > 친구 73.49점 > 같은 학교 학생 73.28점 > 이웃 72.51점 > 없다 70.05점' 순으로 나타났다.

〈표 12-9〉 이주민과의 관계유형

구분	친척	친구	같은학교 학생	이웃	선생님	기타	주변에 없음
청소년(%)	8.8	17.0	12.3	6.8	6.1	1.7	58.9

③ 다문화교육 및 활동 경험자들의 다문화수용성

다문화교육 및 활동 참여자의 수용성 점수(청소년 72.55점)가 미참여자(청소년 70.58점)보다 높아, 2015년과 같은 경향이 나타났다. 다문화교육·활동 참여가 수용성을 높이는 데 기여하고 있었기 때문이다. 또한 다문화행사, 이주민 대상 자원봉사 활동, 이주민과 함께하는 동호회활동 등 다문화 학생과 같이 활동한 경험이 있는 청소년은 6.8%로 2015년 4.6%와 비교하여 다소 증가하였다.

〈표 12-10〉 다문화교육 및 활동 참여자의 수용성 점수

구 분	교육 활동 참여	교육 활동 미참여
청소년(점)	72.55	70.58

(2) 다문화 수용성에 관한 다양한 연구

청소년의 다문화 수용성에 관한 영향요인을 정리해 보면, 성별과 학년의 영향력은

일관성 있게 도출되었는데 남학생보다 여학생이, 학년이 높을수록 다문화 수용성이 높게 나타났으며, 긍정적 요인으로는 청소년의 다문화경험, 이웃의 관계, 다문화에 대한 부모의 인식 및 태도, 교우관계, 교사관계, 청소년활동 경험과 국제교류경험, 학생 1인당 장서 수 와 학교 동아리 수, 다문화관심, 자기존중감, 사회적지지, 자아효능감, 문화민족정체성, 종속정체성, 국내외국인교류, 이념성향 등은 긍정적인 영향을 미치는 것으로 보고하고 있다.(양계민, 2009; 윤인진 · 송영호, 2007; 박영주 · 이주은, 2013; 박순희 · 유지형, 2017; 이온유 · 심미영, 2016; 이혜정, 2019).

자아개념과 공동체의식이 다문화수용성과의 관계를 파악한 연구에서 학년이 올라감에 따라 자아개념의 증가율은 공동체의식과 다문화수용성의 증가율과 정적 관계를 나타내었다. 즉, 자신에 대해 긍정적인 지각과 인식을 가질수록 자신이 속해 있는 타인과 공동체를 더 이해하고 소속감을 지각하는 것이다. 다문화수용성은 다문화사회에 대한 지식, 이해, 태도, 실천적 행동 등을 모두 포괄한다는 측면에서 사회 통합에 중요하다. 그렇다면 다문화수용성을 향상하기 위해서는 청소년 시기부터 교육이 이루어질 필요가 있다는 것을 강조하였다(양명희 · 권선아, 2020).

4. 청소년을 위한 다문화수용성 증진 방안

현재 한국사회는 빠르게 다문화사회로 진행되고 있다. 증가하고 있는 다문화가정 자녀의 학교진입과 다문화가정 자녀와 함께 생활해야 하는 일반청소년의 다문화수용성 증진도 미래 다문화사회를 위한 과제로 대두되었다. 우리에게 성큼 다가선 다문화사회에 대한 대책으로 기관과 연구자들이 제시한 다문화수용성을 키울 수 있는 방안을 정리해 보고자 한다.

1) 참여와 공존의 열린 다문화사회

2018년부터 시작해서 2022년까지 시행되는 여성가족부(2019)의 '제3차 다문화가족 정책 기본계획'에서는 '모두가 존중받는 차별 없는 다문화 사회 구현', '다문화가족의 사회·경제적 참여 확대', '다문화가족 자녀의 건강한 성장 도모'라는 목표를 두고, 5대 영역, 70개 세부과제를 정책과제로 삼았다. 5대 영역 중에서 청소년의 다문화수용성 증진과 연관되어 있는 과제에 대해 소개하고자 한다.

(1) 상호존중에 기반한 다문화수용성 제고

5대 영역 중 하나인 '상호존중에 기반한 다문화수용성 제고' 과제에서는 다문화 감수성 함양을 위해 분야별 환경조성 및 인식개선을 추진한다. 다문화이해교육을 확대하고(국방부, 보건복지부, 여성가족부, 행정안전부), 수용성 제고를 위한 미디어 환경 조성을 위해 미디어 등 일상적인 다문화청소년 차별, 비하 등 부정적 사례를 모니터링 하고 시정·개선 권고, 추진한다. 또한 지역 환경 조성 및 참여·교류 프로그램을 활성화하기 위해서 다문화가족과 지역 주민 간의 문화 격차 해소 및 지식정보 공유를 위한 도서관 서비스를 개선·확대하고자 한다(문화체육관광부, 2018).

또한 행정안전부(제18차 다문화가족정책위원회, 2020)에서는 언론매체, 인터넷 등에서 다문화가족 차별·편견 사례가 없는지 모니터링하고, 인종 차별 방송프로그램에 대한 심의를 강화하는 한편, 방송영상콘텐츠 다문화수용성 제고 안내서를 배포하고, 예비 교원 교직과목에 '다문화 교육'을 포함하고, 초중고 학생들의 다양한 문화에 대한 이해를 높이기 위해 교육부와 문화체육관광부가 협업하여 교과서도 개발·보급할 계획이다. 전국 도서관에도 문화다양성 이해 교육 프로그램을 운영하고, 지자체 '다문화가족 서포터즈' 운영 등 지역사회의 다문화수용성도 증진해 나간다(행정안전부 보도자료: 제18차 다문화가족정책위원회, 2020.6.26.).

(2) 다문화가족 자녀의 안정적 성장 지원과 역량 강화

5대 영역 중 하나인 '다문화가족 자녀의 안정적 성장 지원과 역량 강화' 과제에서는 증가추세에 있는 다문화가족 청소년의 안정적 성장을 위한 다문화가족 자녀의 역량강화 및 위기관리 지원 확대이다. 안정적 성장을 위한 환경조성으로 다문화가족 자녀 성장 지원 프로그램(다재다능) 등을 확대하며, 학업 및 글로벌 역량 강화를 위해 이중 언어 환경조성 사업을 확대한다. 진로준비 및 사회진출 지원을 위해 부처 간 정보연계를 통한 중도입국자녀, 난민・미등록아동의 공교육 진입을 지원하여 교육기회 보장을 위해 교육부가 힘쓰고 있다. 또한 중도입국자녀들의 맞춤형 지원으로 중도입국 등 이주배경청소년의 대상 상담 및 사례관리를 통한 심리・정서적 어려움을 해소하기 위해 여성가족부에서 지속적으로 추진하고 있다.

2) 다문화가족 자녀의 또래관계 지원

청소년의 다문화 수용성에 관한 긍정적 영향요인을 살펴보면 교우관계, 즉 또래관계가 중요함을 알 수 있다. 또래관계는 다문화가족 자녀가 한국에서 학교를 다니다 그만두거나 학교에 잘 적응하지 못하는 주된 이유 중의 하나로 작용하는 것으로 나타난다. 이는 또래집단을 통해 사회와 소통하는 경험을 축적하고 또래 문화와 가치를 공유하는 청소년기에 다문화가족 자녀가 또래관계 맺기에 어려움을 겪고 있음을 보여 주는 것이다. 실제로 차별을 경험한 다문화가족 자녀들의 경우 친구들로부터 차별을 경험한 비율이 가장 높은 것으로 나타났다[6]. 이 같은 현실의 다문화가족 자녀의 또래관계 개선을 위해서는 다문화가족 자녀와 청소년 일반과의 관계 맺기를 비롯해 다문화가족에 대한 인식 개선 등 보다 청소년들의 다문화수용성 향상 차원의 근본적인 접근이 필요함을 보여 준다.

6) 2. 3). (1) 다문화가족 청소년의 차별 경험에서 '친구로부터 받는 경우(64.0%)가 가장 많았다'.

3) 연령별 다문화교육 개입 및 활동 프로그램 확대

청소년의 다문화교육 및 활동 경험자들의 다문화수용성이 높았으며[7], 청소년의 다문화수용성에 관한 긍정적 영향요인 중에서 청소년의 다문화경험, 이웃의 관계, 동아리 수, 청소년활동 경험과 국제교류경험도 포함되어 있다.

특히 박영주와 이주은(2013)의 연구를 살펴보면, 다문화학생들의 다문화수용성 지수가 학년이 높을수록, 외국방문경험과 외국친구가 있는 경우 높게 나타났다. 향후 다문화관련 교육이나 프로그램에서는 초등학생에 대한 개입과 중・고등학생에 대한 개입이 차별화 되어야 하며, 외국친구 초청 및 외국거주경험 이주배경 청소년을 통해 간접적으로 외국문화를 체험하게 하는 시간을 가지는 것도 다문화수용성을 향상시키는 데 의미가 있을 것이며, 객관적인 정보제공을 통해 외국인에 대한 막연한 불안감이나 선입견이 없도록 고려되어야 할 것이다. 또한 다문화수용성에 가장 큰 영향을 미치는 요인이 단일민족정체성이었다. 향후 다문화수용성을 향상시키기 위한 개입에서는 우선적으로 우리문화 및 우리민족의 정체성을 높이는 것이 효과성이 클 것으로 연구결과는 말하고 있다. 이렇게 이주민과의 관계, 다문화교육・활동 경험 등에 따라 다문화수용성의 수준이 달라지므로, 대상별・연령별 눈높이와 상황에 맞는 콘텐츠 개발 등 다문화 이해교육의 질적 제고와 이주민과의 다양한 교류 활성화를 통해 상호 이해와 존중의 기회를 확대할 필요성이 있다.

현재 한국인은 다문화사회로의 진입을 어느 정도 체감하고 있다. 이제 우리사회는 다양성 존중의 사회가 바람직하다는 문제적 시각과 사회적 규범을 유지할 필요가 있는 다문화사회의 시작이 되었다. 다양성을 포괄하는 국민정체성을 갖는 가치관 형성도 필요하다. 법과 제도 변화의 필요성, 외국인 이주자 지원정책의 필요성 등도 인정하고 있다. 하지만 한국사회는 다문화로 인한 소수집단에 대해 고정적이며, 관념적,

7) 3. 2). (1). ③ 다문화교육 및 활동 참여자의 수용성 점수(청소년 72.55점)가 미참여자(청소년 70.58점)보다 높았다.

차별적 태도가 잔재해 있으며, 이러한 태도가 아직 확고한 가치관을 정립하지 못한 청소년들에게 가정, 학교, 미디어 등 다양한 경로를 통하여 명백하게 또는 암묵적으로 전달될 수 있다. 또한 한국사회의 고유하면서도 독자적인 환경과, 특수하면서도 독특한 역사적 경험에 대한 문화적 성찰 없이 외국의 다문화주의에 대한 맹목적인 답습이나 모방, 무비판적인 수용에 주의를 요할 수 있어야 한다.

따라서 한국사회가 다문화사회를 맞이하여 어떠한 태도를 취해야 하는지, 또는 현재 한국사회에서 나타나고 있는 다문화현상이 어떤 의미를 지니는지 등에 대한 사회적 논의가 진행되어야 한다. 보다 넓은 세계, 다양한 문화, 다양한 인종을 포괄하는 다문화사회가 강조되어야 할 필요성이 있다.

[사진 12-1] 대전다문화한마당 2019

Plus Point

[다문화가족지원법 주요 내용(2008 제정)]

1. 제1조(목적) 이 법은 다문화가족 구성원이 안정적인 가족생활을 영위하고 사회구성원으로서의 역할과 책임을 다할 수 있도록 함으로써 이들의 삶의 질 향상과 사회통합에 이바지함을 목적으로 한다.
2. 제3조의4 (다문화가족정책위원회의 설치)
   - 다문화가족의 삶의 질 향상과 사회통합에 관한 중요 사항을 심의 · 조정
   - 다문화가족과 관련된 각종 조사, 연구 및 정책의 분석 · 평가
   - 각종 다문화가족 지원 관련 사업의 조정 및 협력
   - 다문화가족정책에 관한 기본계획의 수립 및 추진
   - 다문화가족정책과 관련된 국가 간 협력
3. 제4조(실태조사 등) 여성가족부장관은 다문화가족의 현황 및 실태를 파악하고 다문화가족 지원을 위한 정책수립에 활용하기 위하여 3년마다 다문화가족에 대한 실태조사를 실시하고 그 결과를 공표하여야 한다.

youth culture theory **연습문제**

01 외국에서 태어나 성장과정에 한국으로 이주한 중도입국 청소년이 겪는 어려움이 아닌 것은?

① 선입견이나 편견으로 인한 적응의 어려움
② 차별과 학교폭력 피해를 경험
③ 정체성 형성의 혼란
④ 다문화 수용성 증가
⑤ 문화적 차이에 따른 생활의 어려움

02 청소년기 다문화수용성 계발을 위한 방안으로 옳지 않은 것은?

① 집단 내에는 다양한 개인이 존재한다는 것을 이해하도록 한다.
② 문화적 배경 등이 서로 다른 사람들을 자주 접촉하게 한다.
③ 홈스테이, 해외문화체험 등의 경험을 확대시킨다.
④ 빈곤, 기아, 인권 등 글로벌 문제에 대한 관심을 가지게 한다.
⑤ 한국문화에 순응하고 원활한 한국어 사용을 기대한다.

03 다음은 「다문화가족지원법」 상 다문화가족 구성원을 위해 수행하는 기구이다. 맞는 것은?

- 다문화가족의 삶의 질 향상과 사회통합에 관한 중요 사항을 심의 · 조정
- 다문화가족과 관련된 각종 조사, 연구 및 정책의 분석 · 평가
- 각종 다문화가족 지원 관련 사업의 조정 및 협력
- 다문화가족정책에 관한 기본계획의 수립 및 추진

① 다문화가족복지위원회
② 다문화가족정책위원회
③ 다문화가족지원위원회
④ 다문화가족평가위원회
⑤ 다문화가족상담위원회

정답 | 1. ④ 2. ⑤ 3. ②

youth culture theory | chapter

13

청소년문화의 발전과제와 전망

1. 청소년문화에 대한 새로운 이해
2. 21세기가 요구하는 바람직한 청소년문화상
3. 청소년문화 정책의 과제
4. 새로운 청소년문화 조성을 위한 제안

youth culture theory | chapter 13

청소년문화의 발전과제와 전망

1. 청소년문화에 대한 새로운 이해

청소년문화를 제대로 이해하는 것은 쉬운 일이 아니다. 청소년문화의 개념은 다양한 방식으로 정의될 수 있고 청소년문화를 구성하는 요소들도 매우 많기 때문이다. 청소년문화와 개별 청소년들의 삶을 제대로 이해하기 위해서는 일반적인 청소년문화의 특성을 염두에 두고 현실적으로 다양한 모습들이 존재하고 있다는 관점을 유지하는 것이 필요하다. 청소년문화를 올바로 이해하기 위한 관점을 제시하면 다음과 같다(권이종 외, 2014; 박진규 외, 2019; 신성철 외, 2018; 정재민, 2007).

1) 청소년문화를 이해하기 위해서는 문화상대주의적 관점이 필요하다.

청소년이 아닌 세대가 청소년문화를 이해하기 위해서는 청소년들의 입장에서 청소년문화를 이해하려는 태도를 갖고 있어야 한다. 즉, 성인중심적인 시각으로 청소년문화를 비판하거나 문제시하기 보다는, 청소년문화가 청소년들 사이에서 왜 유행하게 되었는지, 그리고 어떻게 수용되고 있는지에 대해 청소년의 입장에서 파악하려는 노력이 필요하다. 이처럼, 자문화중심주의적인 태도를 버리고, 문화의 다양성을 인정하면서, 청소년의 입장에서 그들의 문화를 이해하려는 문화상대주의적 관점(cultural relativism)은 청소년문화를 이해하기 위한 출발점이라 할 수 있다.

2) 청소년문화를 생활영역별로 구분하여 그 문화적 특성이 파악되어야 한다.

청소년들의 소비 및 문화생활 측면에서 지금까지의 기성세대들에 의한 의존적 문화에서 독립적 문화로 형성해 가는 과정이므로 기성문화와 연계 또는 주도하여 이끌어 가고 있는 한편, 경제생활, 직업 및 가정생활 등에서는 여전히 의존적인 특성을 탈피하지 못한 채 청소년기를 맞이하게 되는 경우가 있다. 문화 면에서는 청소년들이 주도권을 가지고 새로운 삶을 시도해 보거나 리더십을 발휘하는 경우가 있다. 이제 청소년문화가 사회를 주도해 갈 수 있는 역동적이고 주도적 잠재력을 지니고 있음을 인정할 필요가 있다.

3) 청소년문화의 현상을 다원화하고, 분화된 시각에서 접근하는 것이 필요하다.

청소년들은 다양한 문화들과의 관계 속에서 나름대로의 문화를 생산하고 있다는 시각을 갖고 있어야 한다. 학교생활에서 공부를 통해 형성되는 문화 속에서는 규율과 질서, 예절과 준법 등의 가치가 중요시되지만 학교 밖에서의 생활은 또래집단, 종교활동, 동아리 활동, 봉사활동, 자기계발 활동 등의 비공식적 활동 등이 중요하다. 모든 면에서 기성세대와는 다른 공간에서 성장하고 있다. 가치관, 생각, 표현 등의 어떤 면에서는 한국청소년들이 각기 다른 개성과 특성을 지니고 있다고 보아도 좋다. 이러한 청소년들의 문화를 기성세대들은 이해하지 못하고 있다. 청소년들이 가지고 있는 문화의 다양성과 독특성이 무한정하다고 볼 때 기성세대들은 청소년문화를 활성화시키고 양질의 자생적 문화를 꽃피우기 위해서 적극 지원해 주어야 한다. 따라서 청소년문화는 지나치게 비행문화, 이탈문화 중심으로 바라보거나 또는 이분법적 가치체계를 탈피하여 가치중립적인 문화의 관점으로 정립되어야 한다.

4) 청소년들을 바라보는 시각을 바꿔야 한다.

청소년이 자신의 권리를 주체적으로 행사할 수 있는 능력을 지닌 자율적 존재임을 인정하는 시각이다. 청소년은 독립적 인격체일 뿐 아니라 스스로 판단하고 자신의 행위에 책임을 지며 권리를 주장할 수 있는 존재이므로, 단순한 보호 차원을 넘어 청소년의 인권과 주체성을 존중해 주어야 한다(청소년정책연구원, 2015).

청소년문화를 문제로 바라보기보다는 청소년들도 독립된 인격체로 동반자적 시각에서 바라보아야 한다. 우리나라의 기성세대들은 그들을 바라보는 시각이 성인들의 종속적 그리고 추종적 관계로 바라보는 데 문제가 있다. 과거와 같이 기성세대가 무조건적인 청소년들의 모델이 될 수 없고 청소년들의 문화를 전수시키는 시대는 이미 지나갔다. 문화적 면에서는 청소년들이 주도권을 가지고 새로운 삶을 시도해 보거나 앞서가는 경우도 많다.

5) 청소년들의 구제, 해방에 대한 관점의 전환이 필요하다.

한국청소년문화 발전의 근본적인 저해요인은 청소년들의 존재를 총체적으로 무시하거나 학대하고 그들의 욕구를 억압하며 사회로부터 격리, 소외시키는 데에 있다. 한국 청소년 문제를 해결하고 청소년문화를 활성화하기 위해서는 다음과 같은 과제가 해결되어야 한다.

(1) 사회적 약자인 청소년 그룹을 육성, 보호해 줄 책임을 수행해야 한다.

청소년들을 기아, 공포, 학대 및 착취, 유해환경으로부터 보호해 주는 일, 교육, 직업훈련 등 청소년기에 필요한 경험과 기회를 균등하게 제공하는 일 등을 의미한다.

(2) 억압으로부터의 청소년들을 해방시키는 방법이다.

청소년들을 놀고 즐기고 표현하며 성취하고 자아실현 하고자 하는 욕구의 억압으로부터 해방시켜 줘야 한다. 그들 욕구를 인정해 주고 욕구충족의 기회를 제공해 주어야 한다.

(3) 사회 참여방법이다.

청소년들이 사회발전과 사회문제 해결에 능동적으로 참여할 수 있는 기회를 제공해 주어야 한다. 예를 들면, 청소년정책기관의 참여, 청소년문화정책의 집행, 평가 등 각 단계마다 청소년들의 의견이 반영될 수 있는 장치를 마련해야 한다. 청소년들에게 투표권 등 정치적 권한도 부여하는 일, 유해환경 감시활동이나 환경보호활동 등 사회문제 해결에 적극 참여시키는 방안이 모색되어야 한다.

2. 21세기가 요구하는 바람직한 청소년문화상

이상적인 새 시대의 바람직한 청소년상 확립에 대하여 언급하는 것은 매우 어려운 일이다. 미래사회의 핵심 역량은 자기 관리 능력과, 바람직한 대인 관계능력, 고차적 인지 능력 등을 요구하고 있으며, 이러한 복합적 능력을 총체적으로 함양하고 있는 바람직한 인재상을 우리는 '미래인재'라고 정의 내릴 수 있을 것이다. 미래인재란, 자신의 미래를 주체적이고 능동적으로 계획하여 이러한 계획을 실행에 옮길 수 있는 인재상을 말한다고 할 수 있다(김동일, 2013). 미래의 올바른 청소년문화상은 매우 다양하겠지만 청소년의 이해와 육성, 지도라는 관점에서 제시한 청소년문화상 주제를 중심으로 기술한다(권이종 외, 2014; 배규한, 2014; 신성철 외, 2018; 오윤선・황인숙, 2020).

1) 자신을 긍정적으로 보는 청소년문화상이 요구된다.

신체적・정신적 변화가 가장 많은 청소년기에 청소년이 자신을 긍정적 또는 부정적으로 보는 가치관은 자기개발 및 성장 그리고 행복과 불행, 자신의 성공과 실패와 밀접한 관계가 있다.

2) 공동사회건설의 주도자가 되는 청소년문화상이 요구된다.

개인주의와 이기주의로 인해 공동체가 깨어지며 파탄에 이른 현 사회의 대안은 세계가 함께 더불어 사는 공동체를 건설하는 것이다.

3) 민주주의 실현을 위한 청소년문화상이 요구된다.

이는 인간의 개성, 존엄성과 가치, 기본적인 자유와 평등을 존중하는 세계관이다. 타인의 의견을 존중하고 다수의 의견을 따르며 소수의 의견을 최대한 고려하는 일상 생활의 원리이다.

4) 늘 연구하고 학문하는 자세의 청소년문화상이 요구된다.

과학기술의 끊임없는 발전과 직업세계의 변화로 인한 평생학습의 중요성이 강조되고 있다.

5) 땀 흘려 성실하게 일하는 청소년문화상이 요구된다.

근면, 성실과 땀 흘려 일하는 것은 인간이 갖춰야 할 기본 성품이다. 청소년은 성실성에 대한 확고한 가치관을 형성해야 한다. 이는 좋은 것과 싫은 것, 옳은 것과 그른 것을 판단할 수 있는 성실성, 물질적인 가치보다 정신적인 가치를 높이 평가하는 성실성인 것이다.

6) 민족의 뿌리를 찾고 나라를 사랑하는 자랑스런 청소년문화상이 요구된다.

한국인은 한국인으로서 살아갈 때 가장 행복하다는 사실을 인식하면서 항상 국가와 민족 그리고 사회의 좋은 전통과 문화를 찾아가면서 살아가는 긍정적인 혜안을 가져야 한다.

7) 자랑스런 우리 국력에 대한 긍지와 자부심을 갖는 청소년문화상이 요구된다.

훌륭한 전통 및 유산을 가진 한국의 젊은이들은 이를 토대로 보다 위대한 미래를 창조할 수 있는 자부심과 긍지를 가져야 한다.

8) 세계화 국제화 정보화 시대를 주도하는 청소년문화상이 요구된다.

사이버 공간에는 국경선이 없으며 명백한 주인도 없다. 따라서 정보화 세계화 시대에 사이버 공간을 지배하고 주도하는 것은 자라나는 청소년들의 몫이다.

9) 종교생활, 자원봉사활동 등을 통한 건전하고 건강한 삶을 영위하는 청소년문화상이 요구된다.

건강한 삶은 자기 자신의 삶도 중요하지만 국가 사회적으로도 중요한 일이다. 종교생활이나 자원봉사활동 등은 자라나는 청소년들에게 건강한 정신문화와 건전한 의식을 형성하는 데 결정적인 요인이 된다.

3. 청소년문화 정책의 과제

청소년문화를 개선하기 위해서는 정책적인 차원에서 접근해야 하기 때문에 객관적이고 법률적인 개념 확립이 중요하다. 이에 따라 청소년이라는 용어의 법률적 정의를 살펴볼 필요가 있다. '청소년'이라는 개념이 심리학적으로나 사회학적으로는 다양하게 정의 내려지지만, 정책적인 측면에서는 법률이 정하고 있는 "청소년이란 9세 이상의 자와 24세 이하인 자를 말한다"라는 포괄적 개념을 적용하는 이유는 일반적으로 합의된 개념의 토대 위에 정책이 수립되고 운용될 때 객관성과 호응성을 확보할 수 있기 때문이다(박진규 외, 2019).

청소년 문화정책은 시대에 따른 청소년들의 바람직한 육성을 위한 방향에서 추진되어야 한다. 청소년문화의 발전이 미래의 올바른 지도자를 양성하며 건전한 민주시민으로 육성하는 데 중요한 영향을 미치게 된다. 최근의 청소년정책은 「청소년기본법」, 「청소년활동 진흥법」, 「청소년복지 지원법」, 「청소년 보호법」 등의 개・제정과 청소년육성기금설치를 통한 국가적 차원의 청소년 활동프로그램의 개발 지원이 주요 내용이다. 청소년 시설건립과 시설개량사업 및 프로그램개발 등을 통한 청소년 문화정책에 관한 국가적인 깊은 관심을 가져야 한다(국가청소년위원회, 2006; 정하성 외, 2012).

1) 청소년문화 정책

청소년문화란 청소년이 공유하는 그들만의 특별한 삶의 양식을 말한다. 즉, 특정사회 속에서 기성문화와는 다른 청소년기에 그들만이 가질 수 있는 능동적이고 창의적인 것이다(한국청소년정책연구원, 2015).

청소년문화 정책을 위해서는 청소년을 위한 다양한 문화 프로그램을 양적으로 증대시키는 것과 함께 프로그램을 보다 잘 수용할 수 있도록 문화감수성 교육을 실시하는 일이 필요하다. 청소년문화 정책은 청소년문화를 현재 청소년이 즐기는 문화에 국한시켜서는 안된다. 청소년이 문화의 주체로서 자신을 표현할 수 있는 여러 가지 수단을 체득할 수 있도록 도와주는 것이다. 또한 자신과 다른 문화적 취향과 문화적 정체성에 대하여 이해하고 비판할 수 있도록 해 주는 것이 중요하다. 자신의 문화에 대한 자긍심을 잃지 않고 자신감을 가지며 미래지향적인 차원에서 문화를 발전시켜 갈 수 있는 정책을 펼쳐 가야 한다(노자은 외, 2019; 신성철 외, 2018).

2) 청소년문화의 창조적 문화 창출을 위한 전제

청소년문화, 그것이 창조적인 문화로 유지되기 위해서는 몇 가지의 전제조건이 충족되어야 한다(국가청소년위원회, 2006; 박진규 외, 2019).

(1) 청소년문화 창출을 위해서는 최소한의 인프라의 확보가 전제되어야 한다.

문화가 사회 구성원 간에 동조성과 영향력을 나눠 갖기 위해서는 표현되어야 하고, 표현의 수단으로 공간과 시설, 의도된 구성물 등을 필요로 한다. 올바로 표현된 문화만이 진정한 문화라 주장하는 사람들이 일리가 있다고 여겨지는 이유이다. 또한 청소년문화가 더욱 창조적인 것으로 표현되고 구현되기 위해서는 인프라로서 청소년시설과 청소년활동 공간이 확보되어야 한다. 우리나라에서 청소년활동을 위한 시설로서 '청소년수련관, 청소년수련원, 청소년문화의 집' 등이 확보되어 있으나 서방 선진국에 비해 부족한 실정이다.

(2) 창조적 청소년문화의 창출은 특정 청소년 행동에 대한 가치와 목적 그리고 그 행동의 내용에 어느 정도의 의도성과 계획성이 전제되어야 한다.

청소년활동은 청소년 육성영역에서, 즉 의도한 행동의 목적, 미리 구성된 행동의 내용, 지도의 전문성 등이 구체적으로 적시되어야 한다. 이를 청소년 육성 영역에서는 청소년활동이라 한다. 창조적 청소년문화는 청소년활동을 통해 쉽게 실현된다. 청소년활동이란 교과 성적과 관련된 학교수업과 보습학원을 제외한 학교와 지역사회에서 실시하는 청소년활동으로서, 청소년 스스로 목표를 가지고, 동아리(소모임) 형태의 프로그램에 참여하는 청소년활동 그리고 시설이나 단체, 학교 등의 지도자에 의해 제공되는 조직적 · 체계적 프로그램에 참여하는 청소년활동을 의미한다(임지연 외, 2009). 창조적 청소년문화는 청소년활동을 통해 더 바람직하게 창출될 수 있다.

(3) 창조적 문화 창출은 문화 주체들 간의 자율성과 독립성이 전제되어야 이룰 수 있다.

생활의 형태로서 어떤 상황에서든지 문화는 나타날 수 있지만 사고와 경험의 통합, 삶의 진실성 등은 영혼과 신체의 전적인 자유가 전제되어야 창출될 수가 있고, 그 자유로움의 결과가 바로 한층 더 높은 문화로 나타나게 된다. 청소년의 학교생활은 자율적인 삶이라기보다는 만들어진 틀 속에서, 반은 수용하고 반은 반항하면서 사는 형태에 가깝기 때문이다. 하지만 방과 후에 자발적으로 모일 공간이 없어 지하철역 복도에 이동식 거울을 세워 놓고 비보잉 동아리 활동을 열심히 해내는 청소년의 삶은 그들만의 순수 문화 활동인 것이다(박진규 외, 2019).

(4) 산업화와 상업화 논리에 이끌린 청소년문화 · 문화정책 담론의 신화를 경계해야 한다.

경제적 논리는 청소년문화의 잠재력을 극대화시켜 긍정적 자리매김에 큰 기여를 했지만, 그것의 위협에 대해서는 상대적으로 둔감하다. 앞으로의 청소년 정책은 기존의 '보호주의'는 물론이고 '청소년문화'의 신화에 대해서도 경각심을 잃지 말아야 한다.

3) 청소년 문화교육 활성화를 위한 방안

청소년들이 다양한 문화체험을 할 수 있도록 교육시설과 프로그램을 포함한 시스템을 구비하여야 한다. 청소년들이 저렴한 가격으로 각종 문화시설과 기자재를 사용할 수 있도록 개발되어야 한다. 이를 위한 지역사회시설과 '영상미디어센터, 청소년 문화의 집' 등에 질 높은 문화교육을 위한 방안을 제시하고 있다(노자은 외, 2019; 박진규 외, 2019; 서울시정개발연구원, 2004).

(1) 청소년 관련 시설의 문화활용도 증대

청소년 관련 각종 활동시설과 공간을 활용하여 지역사회 청소년들이 건전한 문화활동을 전개할 수 있도록 국가와 지방자치단체가 공동으로 지원하여야 한다. 전국적으로 건립되어 있는 '청소년수련관과 청소년문화의 집'이 청소년들의 문화적 욕구를 제대로 충족시킬 수 있는 활용도 높은 시설로 변화되어야 한다. 이를 위해서 다양한 프로그램과 안전하고 만족스러운 시설확충 및 지도자 배치가 우선이다. 청소년 프로그램들은 다양한 개발과 더불어 청소년 문화체험 기회를 더욱 확대하고 청소년 관련 문화자치활동을 위한 대안을 준비하여야 한다. 이를 위해서는 청소년 문화산업에 대한 개념의 재정립과 함께 청소년 문화시설의 확충방안의 모색이 필요하다.

(2) 청소년 문화활동 참여기회 확대

청소년들이 사회의 구성원으로 행복을 추구하며 21세기를 창의적으로 주도할 수 있도록 문화 여건을 조성해 주어야 한다. 그러기 위해서 청소년시설의 확충 및 활성화를 위한 지역단위의 청소년 문화지구를 형성하여 문화 여건을 확보해 간다. 즉, 필요시설 및 공간확보 등을 점진적으로 확대하기 위해서 노력한다. 문화적인 거점이 될 수 있는 시설물, 공간을 연계하여 운영하고 주말에는 상설체험형 프로그램으로 정착하도록 한다. 주 5일제 수업에 따라서 청소년들이 쉽게 접근할 수 있다. 문화적, 역사적, 지역사회에서 의미 있는 요소들을 네트워킹(net-working)하여 청소년 문화활동 및 여가선용 기회를 주어야 한다. 모든 청소년들이 참여할 수 있는 프로그램의 운영과 함께 청소년 단체 간의 컨소시엄을 구성하여 청소년의 문화체험활동의 참여 기회를 확대한다.

(3) 청소년 문화적 권리와 문화활동 지원

청소년들의 문화환경이 자율과 참여 그리고 분권의 가치를 기반으로 문화 패러다임정책을 전면 개편할 필요가 있다. 청소년들의 창의력과 정책참여, 청소년 경제직

자립능력 등을 지원하는 청소년 문화정책의 비전을 수립해야 한다. 이를 위해서는 지역사회가 연계한 청소년 문화정책이 개발되어야 할 것이다(정하성 외, 2012).

[사진 13-1] 2019 청소년문화예술지원사업: 상상학교공모전(한국청소년활동진흥원, 2019)

4. 새로운 청소년문화 조성을 위한 제안

문화는 개인의 자아개발, 정서발전, 창의적 표현의 발전, 지식발전, 사회문제에 대한 창의적 해결방안 모색과 강력한 책임의식을 향상시킨다(정진옥, 2018). 청소년들의 문화여건을 개선하기 위한 노력은 꾸준하게 이행되어 왔으나 아직도 청소년들이 체감하는 문화인식은 다소 낮은 것으로 보인다. 청소년의 문화활동 활성화의 방안과 청소년문화 주체로서의 청소년문화정책을 제안하면 다음과 같다(권일남, 2017; 노자은 외, 2019; 박진규 외, 2019).

1) 청소년에게 적합한 우리의 문화를 다양하게 제공하여 청소년의 문화 접촉 경험을 늘려 주어야 한다.

단순히 청소년의 문화 공간을 확충하여 시설로서 '여기 있다'라고 제시하는 것이 아니라 청소년을 위한 다양한 문화 환경을 구성하여 가까이에서 즐길 수 있는 다양한 기회를 많이 제공하자는 것이다. 이를 위해서는 지방자치단체 단위의 지역 문화제에서 청소년 동아리 축제나 청소년을 위한 소축제 등을 지원하여 청소년이 직접 참가하거나 공연을 관람할 수 있는 기회를 제공해야 한다.

2) 자유학기제의 도입을 기해서 청소년의 문화활동을 활성화시킬 구체적 프로그램을 더욱 확대하여야 한다.

지금까지 청소년이 다양한 문화활동을 못하는 이유로 시간의 부족을 들었다. 하지만 자유학기제의 도입과 주말시간의 여가활동 등 청소년이 체험과 문화활동을 할 수 있는 시간은 점차 늘고 있다. 입시 위주 교육제도에서 청소년에게 문화생활을 요구하는 것은 초인적인 활동을 기대하는 것과 같다. 주 5일제 수업에 이어서 자유학기제 도입을 통하여 청소년이 문화활동을 더할 수 있도록 시간과 공간의 여건을 확보해 주어야 할 것이다.

3) 청소년들의 문화비용에 대한 지원이 필요하다고 보여진다.

청소년 스스로가 문화 활동을 하려 해도 비용문제로 어려움을 겪는 사례가 자주 발생한다. 따라서 문화카드나 문화비용의 보전과 같은 기회가 필요해 보인다. 청소년은 대부분 음악회나 뮤지컬과 같은 고급스러운 문화활동을 즐길 경제적 여유가 많지 않다. 최근에 세종문화회관에서 자원봉사활동을 한 청소년에게 공연물을 무료로 관람할 수 있게 하는 것은 이러한 지원의 한 모형이 될 수 있다.

4) 청소년에 대한 이해를 기반으로 한 문화예술교육 프로그램 정책이 필요하다.

청소년 대상 문화예술교육 프로그램을 기획하고 운영하는 데 있어 당사자인 청소년의 의견과 생활양식에 대한 고려가 저조한 것으로 지적되고 있다. 기술의 발달과 확산으로 정보의 공유와 표현의 도구가 온라인 공간으로 확장되고, 자율성이 확보된 환경에서 참여의 기회가 주어지기를 바라는 청소년의 필요나 의견은 아직까지 청소년문화정책에 적극적으로 반영되고 있지 않다고 볼 수 있다. 따라서 행정 중심, 통제 위주, 정체된 소재의 활용을 극복할 수 있는 문화예술교육 프로그램 환경과 내용을 만들어야 한다(정경은 외, 2018).

5) 문화민주주의 관점에서의 청소년문화정책을 전개해야 한다.

청소년문화는 언어문화, 자기표현문화, 소비문화, 여가 문화, 참여문화 등 청소년들이 살아가는 생활방식의 특성을 지칭하는 용어로 사용된다. 때문에 문화의 범위가 매우 포괄적이다. 따라서 문화의 민주화에서 문화의 다양성을 추구하는 문화민주주의 관점으로 나아가야 한다. 청소년이 능동적이고 관용적인 문화역량을 갖추도록 다양한 문화가 공존하는 사회를 조성해야 한다. 더 나아가 문화의 영향력에 대해 정확히 인식하고 정책에 반영하는 것이 중요하다(한국청소년정책연구원, 2015).

youth culture theory

연습문제

01 4차 산업혁명시대에 있어서 새로운 청소년문화 창출을 위한 방안이 아닌 것은?

① 문화결핍 해소를 위한 청소년 문화 활동 지원 강화
② 수요자 중심의 청소년문화 인프라확보
③ 청소년의 자율적인 문화 활동 진작을 위한 청소년문화정책 도입
④ 인공지능(AI)만을 중심으로 한 문화예술프로그램 개발
⑤ 창의성을 기반으로 한 문화예술교육협력 네트워크 확장

02 「청소년활동 진흥법」 상 '청소년문화활동의 지원'에 명시되어 있는 내용이 아닌 것은?

① 전통문화의 계승
② 청소년문화시설 이용료 감면
③ 청소년축제의 발굴지원
④ 청소년동아리활동의 활성화
⑤ 청소년 자원봉사활동의 활성화

03 「청소년활동 진흥법」 상 청소년문화와 관련된 내용으로 옳지 않은 것은?

① 시 · 도지사 및 시장 · 군수 · 구청장은 읍 · 면 · 동에 청소년문화의 집을 1개소 이상 설치 · 운영하여야 한다.
② 국가 및 지방자치단체는 다양한 영역에서 청소년문화활동이 활성화될 수 있도록 기반을 구축하여야 한다.
③ 문화예술 관련 단체 등 각종 지역사회의 문화기관은 청소년문화활동의 기반구축을 위하여 적극 협력하여야 한다.
④ 청소년문화활동이란 청소년이 예술활동, 스포츠활동, 동아리활동, 봉사활동 등을 통하여 문화적 감성과 더불어 살아가는 능력을 함양하는 체험활동을 말한다.
⑤ 청소년문화의 집은 직업체험, 문화예술 등 특정 목적의 청소년활동을 전문적으로 실시할 수 있는 시설과 설비를 갖춘 수련시설이다.

정답 | 1. ④ 2. ② 3. ⑤

참고문헌

가득이심리상담센터(2020). 청소년과 또래관계, 또래집단의 형성.

강나연(2015). 스마트폰 과다사용이 중학생의 사이버불링에 미치는 영향: 공감과 부모감독. 건국대학교 교육대학원 석사학위논문.

강석기(2003). 청소년의 태도가 자아존중감 및 사회관계에 미치는 영향요인 분석. 청소년학연구, 10(3), 155-180.

강영배(2018). 급식체를 통해 본 청소년의 언어문화. 청소년문화포럼, 1, 201-206.

강옥미(2018). 야민정음과 급식체의 해체주의 표현연구. 인문학연구, 56, 325-349.

강재태 · 이효우(1998). 또래집단 구성원 간 상호작용에 대한 문화기술적 분석. 중등교육연구, 10, 236-238.

강준만(2013). 대중문화의 겉과 속. 서울: 인물과사상사.

_____(2017). 소통의 무기. 서울: 개마고원.

강태중(2016). 공교육 위기에 대한 바른 이해. 경제교육논단, 84-85.

강현두(1998). 현대사회와 대중문화. 서울: 나남.

경향신문(2020). http://news.khan.co.kr.

고미나(2015). 청소년의 온라인 게임중독과 비행 간의 관계-우울과 불안의 조절효과검증. 수산해양교육연구, 27(3), 644-655.

공유식(1995). 세계화와 한국문화. 계간 사상 봄호. 193-215.

곽금주(2013). 현대 청소년의 이성교제 문화. 서울: 한국청소년상담복지개발원.

_____(2014). 2014년 2차 학교폭력 실태조사 분석결과 발표 보도자료.

_____(2019). 교육기본통계 주요내용.

_____(2020). 2020년 다문화교육 지원계획.

_____(2020). 행복한교육. 탁틴내일 이현숙(https://happyedu.moe.go.kr).

교육부 · 보건복지부 · 질병관리본부(2020). 제15차(2019) 청소년건강행태온라인조사 통계.

구재선 · 김의철(2006). 한, 중 대학생의 정신건강과 주관적 행복감에 대한 비교연구. 아시아교육연구, 10(1), 55-71.

구창모(1998). 여가제약의 연구 동향. 한국스포츠사회학회보, 11, 2-7.

국가청소년위원회(2006). 2020 미래사회와 청소년연구 I(문화 · 여가분야) 청소년 문화 · 여가 트렌드와 정책 과제, 국가청소년위원회 연구보고서.

국가청소년위원회 · 한국청소년정책연구원(2007). 2007 한국청소년 가치관 조사 연구.

국립국어원(1999). 표준국어대사전. 서울: 두산동아.

국민대통합위원회(2015). 청소년언어실태조사.

국회다문화가족정책연구포럼(2011). 중도입국 청소년 현황 및 과제 진단 토론회 자료집.

권민혁(2012). 청소년의 가족여가활동 참여와 가족 기능의 관계. 한국사회체육학회지, 제 47(상), 519-526.

권순용(2010). 청소년기 건전한 여가의 가치와 역할. NYPI youth report, 9, 한국청소년정책연구원.

권이종 · 김천기 · 이상오(2014). 청소년문화론. 경기: 공동체.

권일남(2017). 청소년의 문화활동 인식수준과 활성화방안 연구. 청소년시설환경. 52, 171-178.

권주모(1999). 국내외 집단따돌림 연구방법의 개관. 경희대학교 교육문제연구소 논문집, 15, 45-46.

권희린(2013). 왜 비속어를 쓰면 안 돼요?. 우리교육, 110-117.

권희정 · 신수진(2020). 청소년의 성 미디어리터러시, 성 허용성이 성인지 감수성에 미치는 영향. 한국보건간호학회지, 34(1), 22-34.

금지헌 · 김동심 · 정수인(2016). 남자 청소년의 컴퓨터 사용시간, 스마트폰 의존도, 음란물 중독, 학습활동, 교우관계의 관계규명. 청소년학연구, 23(4), 219-241.

길은배(2014). 청소년의 비속어, 은어 사용에 관한 연구. 청소년학연구, 21(2), 469-489.

김민(2000). 청소년복지실현을 위한 학교문화의 과제. 충북교육학연구, 3(1), 89-112.

김경은 · 윤혜미(2012). 사이버폭력에 관련된 생태체계변인의 영향. 청소년복지연구, 14(1), 213-223.

김국환(1993). 기독교교육사역론. 서울: 서울대한기독교교육협회, 64.

김기헌 · 장근영 · 조광수 · 박현준(2010). 청소년 핵심역량 개발 및 추진방안 연구 III. 한국청소년정책연구원 연구보고, 10-R17.

김동배 · 권중돈(2005). 인간행동이론과 사회복지실천. 서울: 학지사.

김동일(2008). 사회적 실천으로서의 양식: 부르디외의 관점에서 본 양식의 사회학적 접근 가능성. 社會科學硏究, 16(1), 266-311.

_____(2013). 3기 청소년보호위원회 발전을 위한 성찰과 전망. 청소년보호위원회 발표 자료.

김만기(2010). 한국적 거주집단의 문화 간 커뮤니케이션 문화연구: 부르디외(P. Bourdieu)의 구별짓기와 베블렌(T. Veblen)의 베블렌효과 유사성과 연계하여. 커뮤니케이션학연구. 18(3), 193-216.

김명자 · 최유선 · 손은령(2017). 초기 청소년의 또래애착과 삶의 만족도의 관계. 청소년학연구. 24(9), 205-222.

김문수(2014). 청소년의 공동체 의식이 다문화 수용성에 미치는 영향에 관한 연구: 또래애착의 매개효과를 중심으로. 현대사회와 다문화, 4(2), 36-64.

김문조(2018). 현대사회, 어떻게 연구할 것인가?. 한국사회역사학회. 담론201, 21(3). 7-34.

김미윤(2003). 사이버공간 경험의 의미와 청소년문화. 청소년학연구, 19(4), 211-232.

김미정(2012).청소년의 인터넷 쇼핑몰을 통한 이복구매행동과 의복쇼핑성향에 관한 연구. 공주대학교 대학원 석사학위논문.

김민성 · 신택수 · 허유성(2012). 중고등학교시기교사-학생관계, 교우관계의 종단적 변화가 자기결정성에 미치는 영향. 교육심리연구, 26(2), 429-459.

김민정(2003). 청소년 문화복지 실태 및 만족도와 요구분석 연구, 청소년학연구, 10(1), 45-87.

김민정 · 손정희 · 김현주(2013). 근거 이론(Grounded theory)에 따른 청소년 언어 특성의 고찰. 청소년문화포럼, 34, 7-25.

김보름(2018). 예술 장에서의 아마추어 예술가: 일상의 예술실천과 상징투쟁, 이화여자대학교 대학원 박사학위논문.

김상미 · 남진열(2011). 청소년의 또래애착과 학교생활적응이 공동체의식에 미치는 영향: 삶의 만족도의 조절효과를 중심으로. 미래청소년학회지, 8(4), 225-242.

김상진 · 이진화 · 김서영(2019). 청소년의 또래관계에서 오는 부정적 감정이 의복과시소비행동에 미치는 영향. 한국의류산업학회지, 50(2), 564-573.

김선희(2000). 학령기 아동의 행동문제 유형에 따른 위험요인과 보호요인의 인과모형 탐색. 부산대학교 대학원 박사학위논문.

김성애(2014). 기독교 청소년 교육. 서울: 비전북하우스.

김수아(2010). 소녀 이미지의 볼거리화와 소비 방식의 구성: 소녀 그룹의 삼촌 팬 담론 구성. 미디어, 젠더 & 문화: 여성, 15, 79-281.

김수진 · 백지숙(2015). 중학생의 여가활동참여와 학교생활적응의 관계: 스트레스해소의 매개효과를 중심으로. 청소년시설환경, 13(1). 95-108.

김연지 · 정순희(2014). 부유층여성의 소비문화 특성연구. 소비문화연구, 17(2), 25-39.

김영란 · 김민(2008). 청소년 UCC 문화현상 분석: 포스트모더니즘을 중심으로. 청소년복지연구, 10(4), 41-61.

김영아(2008). 1990년대 이후 한국 대중음악계의 변화에 관한 연구. 인문콘텐츠, 12, 159-175.

김영찬(1994). 생활 · 문화 · 교육. 서울: 교육과학사.

김영훈(2007). 청소년의 여가활동참여가 학교생활만족에 미치는 영향에 관한 연구. 안양대학교대학원 미간행 박사학위논문.

김옥순(2013). 청소년문화 연구의 영역과 방향. 청소년문화포럼, 33, 213-223.

김용석(2001). 한국적 문화와 문화적 다양성. 청소년문화포럼, 3, 13-21.

김원홍 · 이인숙 · 권희완(2003). 오늘의 여성학. 서울: 건국대학교 출판부.

김유현 · 최은정 · 김청송(2020). 미디어 리터러시를 활용한 성교육 프로그램이 중학생의 성지식과 성태도에 미치는 영향. 청소년학연구, 27(7), 237-256.

김은경(1997). 대중문화의 선정성이 청소년 성범죄에 미치는 영향. 형사정책연구원 연구총서, 13-242.

김은경 · 김홍숙 · 김순규(2013). 청소년의 또래애착에 영향을 미치는 요인에 관한 연구. 청소년학연구, 20(8), 303-324.

김이선 · 황정미 · 이진영(2007). 다민족다문화사회로의 이행을 위한 정책 패러다임 구축(1). 한국여성정책연구원 연구보고서, 19(1), 2-225.

김인설(2016). 청소년문화연구와 실행연구의 적용. 청소년문화포럼, 47, 143-148,

김인설 · 정득 · 이종석(2014). 문화예술 활동이 청소년 정서에 미치는 영향-생태학적 관점에서의 실증연구. 한국문화정책논총, 28(1). 225-250.

김재원 · 박종섭(2019). 청소년문화론. 경기: 양성원.

김정선 · 이필영 · 김태경 · 이삼형 · 장경희 · 전은진(2011). 청소년 입말에 나타난 비속어 · 유행어 · 은어 사용 실태. 한국언어문학, 77, 285-324.

김정옥(2001). 청년성교육. 시울: 앙서원.

김정희 · 안귀여루(2013). 지각된 부모양육태도가 중학생의 학교적응에 미치는 영향: 자기조절능력을 매개변인으로, 한국심리학회지: 건강, 18(4), 823-836.

김제한(1999). 청소년의 이성교제 태도에 관한 연구. 학생지도연구, 25, 35-56.

김주연 · 도현심 · 김민정 · 신나나(2012). 부모의 양육행동과 청소년의 외로움: 또래관계의 질의 매개효과. 아동학회지, 33(1), 111-131.

김준호 · 안호용 · 김선애 · 김선업(2002). 가족의 구조 · 기능과 청소년비행. 한국청소년연구, 13(1), 225-267.

김지선 · 이근모 · 김준(2011). 여성 스포츠 유니폼 트렌드와 성 상품화 현상의 관계 탐색. 한국여성체육학회지, 25(3), 23-34.

김지예 · 신혜원(2012) 서울지역 중. 고등학생의 친환경적 의복 소비행동. 한국가정과교육학회지, 24(1), 37-48.

김지혜 · 윤정혜(2019).대졸 청년구직자의 소비행동유형과 소비자교육방안에 대한 탐색적 연구: 비합리적 소비행동을 중심으로. 消費者問題硏究, 16(1), 189-212.

김진화(2002). 청소년문제 행동론. 서울: 학지사.

김창남(2012). 대중문화의 이해. 서울: 한울.

김태길(1982). 한국인의 가치관 연구. 서울: 문음사.

김학린(2012). 청소년 또래조정활동 효과분석. 분쟁해결연구, 10(3), 175-202.

김혜영(2002). 학교중도탈락의 사회적 맥락에 관한 연구. 청소년학연구, 9(3), 213-242.

김혜원(2013). 청소년 학교폭력: 이해 · 예방 · 개입을 위한 지침서. 서울: 학지사.

김효선(2015). 결혼이주여성의 다문화교육에 대한 인식과 발전 방향 모색. 미래교육연구, 5(12), 1-15.

김효순(2009). 청소년기 인터넷 연구 중독의 영향 요인에 관한연구-생태체계 요인의 조절 효과를 중심으로. 조선대학교 대학원 박사학위논문.

김희화(2014). 초기 청소년의 욕설에 대한 감각추구, 또래동조성, 규범적 문제행동, 친구 및 성인 욕설의 영향. 청소년시설환경, 12(1), 33-42.

나재은(2017). 초기청소년의 팬덤활동이 삶만족도에 미치는 영향: 자아존중감의 조절효과. 한국콘텐츠학회, 17(8), 396-405.

남미애 · 홍봉선(2012). 청소년의 인터넷 음란물 접촉과 일탈적 성행동과의 관계: 인지적 요인의 매개효과를 중심으로. 청소년학연구, 19(9), 93-124.

남상우(2018). 문화의 이해. 우리체육, 19, 35-39.

남준희(2009). 집단따돌림으로 인한 학생의 자살과 교사 등의 책임. 法學硏究, 28, 125-146.

노병일 · 노대겸(2017). 가족정책론. 경기: 정민사.

____________(2019). 청소년복지론. 경기: 양성원.

노자은 · 김정민 · 조영미(2019). 청소년문화. 서울: 학지사.

노혁(2009). 청소년복지론. 서울: 교육과학사.

대한민국경찰청(2019). https://www.police.go.kr.

도종수(2003). 정보화시대의 청소년문화 실태와 발전방향. 지성과 창조, 6, 167-189.

류희선 · 진소연(2012). 국내 아이돌음악에 대한 청소년 인식 연구. 방송과 커뮤니케이션, 13(4), 167-202.

문은식(2015). 중학생의 또래애착, 자아정체감 및 진로정체감과 학교생활 적응의 관계. 인간발달연구, 22, 21-35.

문인철(2017). 사이버공간의 특성과 안보화 문제. 국가안보전략연구원, 17(4), 155-190.

문화관광부 · 한국청소년개발원(2001). 청소년가치관 정립 및 가치의식 함양 방안 연구. 3.

문화체육관광부(2018.04.30.). (보도자료)세계 속 한국문화 확산 위해 11개 유관 기관 힘 모은다. 해외문화홍보원, '한국문화의 글로벌 확산 전략' 발표.

민병곤 · 박현정 · 정혜승 · 정현선 · 김정자 · 권은선 · 이종원 · 이병하 · 임해랑(2016). 청소년 언어문화 실태 연구. 서울: 국립국어원.

민영순(1982). 발달 심리학. 서울: 교육출판사.

박경윤(2000). 환경 친화적 소비자 행동에 관한 이론적 연구. 경주대학교논문집, 13 295-309.

박동근(2001). 통신 언어의 유형에 따른 언어학적 기능 연구. 상명대학교 어문학연구소, 11, 0-16.

박명국 · 윤영선(2012). 수상레저스포츠 참여자의 신분의식이 여가태도 및 여가기능에 미치는 영향. 한국여가레크리에이션학회지, 36(3), 59-714.

박미향 · 박재암(2014). 여성 청소년의 자기통제력, 운동참여수준, 인터넷 중독, 사이버윤리의식 및 사이버비행의 관계. 한국산학기술학회논문지, 15(12), 7101-7109.

박민영(2014). 청소년의 욕, 욕, 욕. 인물과사상, 158-170.

박성미(2007). 사회문화적 관점에 근거한 청소년문제의 이해. 한국청소년연구, 18(3), 103-126.

박성미 · 정봉희 · 김소영(2015). 청소년문화. 서울: 동문사.

박성희(1992). 청소년문화에 대한 인류학적 접근. 한국청소년연구, 10, 53-76.

박순희 · 유지형(2017). 청소년의 다문화경험이 공감능력에 미치는 영향: 다문화수용성과 문화적 공감의 매개효과를 중심으로. 디지털융복합연구, 15(4), 499-510.

박아청(1996). 한국형 자아-정체감 검사개발에 관한 연구. 한국심리학연구, 15(1), 140-162.

박연호・이종호・임영제(2014). 현대인간관계론. 서울: 박영사.

박영신・김의철(2008). 한국 청소년의 삶의 질과 인간관계. 교육심리연구, 22(4), 801-836.

박영주・이주은(2013). 청소년의 다문화수용성에 영향을 미치는 요인. 학교사회복지, 24, 285-310.

박은하(2016). 한국과 네들란드 청소년의 성의식 및 성행동에 관한 비교연구. 청소년학연구, 23(4), 345-366.

박정희・김민(2007). 청소년의 변형문법 (외계어) 현상에 관한 연구. 청소년복지연구, 9(1), 85-100.

박종구(2012). 여가프로그램이 비행청소년의 공격성과 사회재적응에 미치는 영향. 관광연구논총, 24(2), 3-24.

박종효(2013). 학교 환경과 학교 적응의 구조적 관계 탐색. 열린교육연구, 21(1), 101-128.

박진규(2000). 청소년 집단 따돌림(왕따) 현상에 대한 사회・문화적 일 고찰. 청소년학연구, 7(2), 39-71.

_____(2007). 청소년문화에 대한 포스트모더니즘 접근: 이해의 지평을 넘어서. 한국청소년 시설환경학회 학술대회, 16-24.

박진규・윤여승・최용환・최희선・하중래(2019). 청소년문화. 서울: 학지사.

박철(1993). 청소년의 광고수용과 물질주의 가치관에 관한 연구. 한국청소년연구, 14, 45-63.

박충선・정영숙(2004). 대학생의 광고에 반영된 성상품화에 대한 사회적 인식과 소비주의 성향과의 관계. 대한가정학회지, 42(3), 79-90.

박희훈・오성배(2014). 다문화가정 자녀의 학교급별 학교생활 적응에 관한 탐색. 한국교육문제연구, 32(2), 35-57.

박희훈・이유정(2019). 다문화가정 중학생의 가정 내 사회적 자본과 학교생활적응간의 관계에서 다문화정체성 인식의 매개효과. 교육문화연구, 25(1), 725-743.

배규한(2014). 미래 청소년보호의 바람직한 방향. 한국청소년연구, 25(4), 112-126.

배상률・고은혜(2015). 청소년문화 활성화를 위한 소셜 미디어 활용 연구. 한국청소년정책연구원 연구보고서, 1-336.

배상률・김형주・성은모(2013). 2013 청소년 매체 이용 실태 조사. 여성가족부.

배영미(1998). 가정과 교육에서의 청소년문제 예방교육을 위한 기초연구(Ⅰ). 한국가정과교육학회지, 10(1), 123-136.

배정원(2010). 성을 어떻게 이야기할 것인가-3H SEX(Sexual Health, Sexual Harmony, Sexual Happiness)를 지향하며. 가정의학회지, 31(11), 239-245.

법무부(2019). 출입국외국인정책본부 통계월보. 12월호.

법제처(2020). 2019년 12월 10일 검색. http://www.moleg.go.kr.

변윤언(2006). 청소년문화의 정체성과 지향성에 관한 연구. 청소년문화포럼, 13, 1-22.

변윤언 · 이광호(2004). 청소년의 인터넷상 언어 사용에 나타난 문화특성에 관한 연구. 청소년복지연구, 6(2), 25-37.

변화순 · 백경진 · 이채금 · 임미영 · 전남숙 · 정체유(2004). 성매매 예방교육 프로그램 및 지도모형 개발 연구. 서울: 교육인적자원부.

부정민(2007). 청소년의 온라인 게임 몰입 및 중독에 영향을 미치는 생태체계 변인. 숙명여자대학교 대학원 박사학위논문.

서울시정개발연구원(2004). 서울시 청소년문화활동 활성화 방안. 서울시정개발연구원, 정책토론회 자료집.

서정기(2011). 학교폭력에 따른 갈등경험과 해결과정에 대한 질적 사례연구. 연세대학교 박사학위논문.

설동훈 · 고재훈(2015). 외국인근로자 고용허가제 만족도 조사 연구. 한국조사연구학회, 한국산업인력공단 외국인력국.

성열준 · 우상용 · 강세현 · 김정일 · 이복희 · 김종찬 · 김재원(2016). 청소년지도방법론. 경기: 양성원.

성윤숙 · 박한우 · 박상희(2006). 청소년의 뉴미디어 이용현황과 문제점 및 대응방안: 모바일을 중심으로. 한국청소년정책연구원 연구보고서.

성윤숙 · 손병덕 · 노재은(2014). 스마트시대 대중매체를 통한 청소년의 성 상품화 대응방안연구. 한국청소년정책연구원 연구보고서.

소영원(2006). 초등학생의 사회적 지지와 스트레스 및 스트레스 대처 행동과의 관계. 홍익대학교 대학원 박사학위논문.

소재희(2011). 청소년의 욕설사용과 자아개념 및 충동성 분석. 청소년문화포럼, 26, 91-122.

손선옥 · 이봉주(2015). 청소년기 사회적 관계의 영향요인. 청소년학연구, 22(10), 1–26.

손승영(2001). 청소년의 일상과 가족. 서울: 생각의 나무.

손진희 · 이영수 · 최유진(2013). 청소년의 욕설사용에 대한 질적연구. 청소년문화포럼, 33, 146-173.

송준(2013). 세계화와 대응전략과 지역문화의 중요성. 한국민속학, 58, 203-234.

송미경 · 배주미(2006). 청소년의 비행행동에 영향을 미치는 요인 - 개인, 가정, 학교변인에 관한 연구. 제1회 한국교육종단연구 학술대회 논문집, 193-211.

송봉규(2020). 아동 · 청소년 대상 랜덤채팅–조건만남 온라인 그루밍 아동 성착취 아동성적학대 대지털 성범죄 대상이 되는 한국판 스위티 채팅 조사. 서울: 박영사

송선희 · 김문섭 · 김정일 김진숙 · 박진규 · 이미애 · 주은지 · 최선일 · 황정훈(2018). 청소년교육론. 경기: 양서원.

송영혜(2007). 또래관계–진단과 치료. 서울: 집문당.

송주영(2013). 청소년의 집단 따돌림에 영향을 미치는 요인. 한양법학, 42, 221-246.

신국원(2001). 문화란 무엇인가?. 신학지남, 68(3), 342-371.

신규리(2015). 중학생의 스트레스와 공격성의 관계: 여가참가 유형의 조절효과 검증. 여가학연구, 13, 109-123.

신선인(2006). 사회적 아동학대에 관한 탐색적 연구: 아동을 성 (性) 상품화한 대중매체물 사례를 중심으로. 한국아동복지학, 21, 287-319.

신성철 · 신종우 · 정희정 · 김윤진 · 이동성 · 조민식(2018). 청소년문화론. 경기: 정민사.

신승환(2003). 포스트모더니즘에 대한 성찰. 서울: 살림.

신윤정 · 양미선 · 최혜리 외 16인(2018). 인구 변화 대응을 위한 포용적 다문화 정책 방안: 이주 배경 아동의 발생 · 성장 환경 분석. 경제 · 인문사회연구회 협동연구총서 정책 보고서.

신효정(2002). 현대 여성의 아름다운 외모에 대한 질적 연구: 화장, 헤어스타일, 신체이미지, 성형수술, 의복 중심으로, 건국대학교 대학원 박사학위논문.

심우섭(2012). 고등학생의 외모만족도와 행복감 관계에서 스트레스에 대한 적극적 대처의 매개효과. 한국교원대학교 교육연구원, 28(2), 101-121.

심재웅 · 조의진(2009). 다매체다체널 미디어 환경에서 바람직한 청소년 보호 방안에 관한 연구: 청소년의 성콘텐츠 이용과 성에 대한 인식을 중심으로. 방송과 커뮤니케이션, 10(1), 79-118.

심재웅 · 황재원(2016). 청소년의 연예인에 대한 관심과 섭식장애: 연예인 숭배 개념을 중심으로. 한국언론학보, 60(4), 328-349.

심준섭(2007). 쟝 보드리야르(Jean Baudrillard,1929 ~)이론과 소비문화의 관점을 통한 미술비평. 기초조형학연구, 18(2), 271-284.

심홍진 · 한은영 · 박병선 · 박남기(2014). 청소년의 사이버폭력 동기와 통제 요인에 관한 연구: 모바일 인스턴트 메신저를 중심으로. 정보통신정책연구원.

안도희 · 박귀화 · 정재우(2008). 자율성지지, 기본적 욕구 및 심리적 안녕감 간의 관계. 청소년학연구, 15(5), 315-338.

안동수 · 하민아 · 윤영선(2014). 가족단위 수상레저스포츠 참여자의 여가기능이 가족응집력 및 여가몰입에 미치는 영향. 한국사회체육학회지, 58(1), 535-544.

안상수 · 민무숙 · 김이선 · 김금미 · 류정아 · 조영기(2010). 한국형 다문화수용성 진단도구 개발연구. 서울: 한국여성정책연구원.

안은미 · 김소희 · 전선율 · 진성미 · 정익중(2012). 팬덤활동 참여가 청소년의 학교적응에 미치는 영향. 사회과학연구, 28(2), 421-446.

안중환(2019). 제4차 산업혁명시대의 교육방향 탐색. 학습자중심교과교육연구, 19(4), 1197-1218.

양계민(2009). 한민족정체성과 자민족중심주의가 청소년의 다문화수용성에 미치는 영향. 한국청소년연구, 55, 387-422.

양계민 · 장윤선 · 정윤미(2019). 다문화청소년종단연구. 한국청소년정책연구원 연구보고서, 1-544.

양명희 · 강희숙(2011). 초중고 학생들의 욕설 사용 실태와 태도에 대한 연구. **한국어문학회어문학**, 111, 57-87.

양명희 · 권선아(2020). 한국 중학생의 다문화수용성 발달에 관한 종단분석: 자아개념과 공동체의식 변인과의 관계를 중심으로. **평생학습사회**, 16(1), 79-100.

양미진 · 고홍월 · 김영화 · 이동훈(2012). 중도입국 다문화가정 청소년의 이주 후 적응에 관한 질적 연구. **청소년상담연구**, 20(2), 87-113.

여성가족부(2017). 청소년 매체이용 및 유해환경 실태조사.

_________(2019a). 2018년 국민다문화수용성조사 결과 보도자료.

_________(2019b). 2018년 전국 다문화가족 실태조사 연구.

_________(2019c). 2019년 성매매 실태조사.

_________(2019d). 2019년 청소년 매체이용 및 유해환경 실태조사.

_________(2019e). 2019년 청소년 인터넷게임이용 실태조사.

_________(2019f). 제3차 다문화가족정책 기본계획.

_________(2020). (보도자료, 5.12.)성매매 피해청소년 구조에서 사회복귀까지 전담 지원.

연세대학교사회발전연구소(2010). 한국 어린이-청소년 행복지수의 구축과 국제 비교연구 조사결과보고서.

염유식 · 김경미 · 이미란(2014). 2014년도 한국 어린이-청소년 행복지수 국제 비교연구 조사결과보고서. 연세대학교 사회발전연구소.

오민정 · 황윤용(2015). 사회적 배제를 지각한 사람들의 과시적 소비 관계 연구. **소비문화연구**, 18(2), 147-167.

오상아 · 한유경 · 양영은(2017). 초 · 중등학생의 다문화수용성에 미치는 영향 분석. **한국교육행정학회**, 35(4), 1-22.

오성배(2005). 코시안 아동의 성장과 환경에 관한 사례 연구. **한국교육**, 32(3), 61-83.

오성배 · 김경미 · 김재우 · 서덕희 · 오정은(2013). 중도입국청소년 지역별 지원실태에 대한 분석. IOM이민정책연구원 연구보고서, 13.

오윤선 · 황인숙(2020). **청소년문화론**. 경기: 양서원.

오지원(2013). 학급 공동체 의식이 집단 따돌림 관여 행동에 미치는 영향: 주변인 유형(방관자, 가해동조자, 피해자 방어자)을 중심으로. 서울대학교 석사학위청구논문.

외교부(2019). CERD 국가보고서 최종견해 발표.

유미란 · 구혜경(2018). 2015 개정 교육과정에 따른 중학교 기술 과정1 교과서 분석. **소비자정책교육**, 14(3), 51-84.

유상미(2009). 폭력 영상매체 노출에 따른 청소년 비행연구-사회학습 이론과 둔감화 이론을 중심으로.

청소년문화포럼, 23, 41-71.
유석호 · 이완복(2014). 여가 문화 활동으로서 게임의 사회적 기능. 한국디지털정책학회, 10(7), 245-251.
유하숙(2009). 청소년의 소비행동 특성이 브랜드 이미지 및 브랜드 애호도에 미치는 영향. 청소년문화포럼, 22, 40-70.
윤경원(2004). 청소년 연구에서 민족지학의 활용: 문화연구에서 경향을 중심으로. 청소년학연구, 11(2). 261-278.
윤기헌 · 정규하 · 최인수(2015). 웹툰 통계 분석을 통한 한국 웹툰의 특징, 만화애니메이션연구, 38, 177-194.
윤덕진 · 남정모 · 박종연 · 조효길 · 홍순철 · 고정자 · 임성룡 · 전승조 · 홍창호 · 차윤근(1994). 청소년의 가치관 형성과 비행. 한국어린이재단, 91, 5-22.
윤인진(2008). 한국적 다문화주의의 전개와 특성. 한국사회학, 42(2), 72-103.
윤인진 · 송영호(2007). 한국인의 소수자 및 다문화관련 태도의 비교분석. 한국사회학회 사회학대회논문집, 857-868.
__________(2011). 한국인의 국민정체성에 대한 인식과 다문화수용성. 통일문제연구, 23(1), 143-189.
윤정숙(2020). 그루밍 성범죄의 특성 및 처벌. 젠더법학, 12(1), 1-22.
_____(2020). n번방 방지법- ① 주요 내용과 의미. 한국인터넷자율정책기구, 40, 10-13.
윤태영 · 노지연 · 고애란(2014). 현대 소비사회의 이해를 통한 패스트 패션 현상 고찰. 한국소비자학회 춘계학술대회논문집 제5호.
윤홍식 · 송다영 · 김인숙(2011). 가족정책: 복지국가의 새로운 전망. 경기: 공동체.
은지용(2002). 청소년문화 연구의 대안적 접근. 시민교육연구, 34(2), 149-176.
이철(2014). 우리나라 청소년 욕설 현상의 일탈이론적 검증. 한국사회학회 사회학대회 논문집, 321-322.
이경기(1995). 재미있는 영화이야기. 서울: 삼호미디어.
이관규(2017). 인터넷과 일상 대화를 통해 본 청소년 언어문화의 특징. 문법 교육, 30, 165-187.
이규미 · 구자경 · 김은정 · 이시형(2001). 외톨이 청소년의 심리사회적 특성에 관한 연구. 한국심리학회, 13(1), 147-162.
이기춘(2004). 소비자교육의 이론과 실제. 경기: 교문사.
이나영(1999). 포르노섹슈얼리티 그리고 페미니즘. 서울: 양서원.
이동민(2012). 청소년 욕설 사용 실태와 개선 방안. 화법연구, 20, 171-204.
이명우(2004). 지역청소년상담실 활성화 연구: 청소년상담실 활성화 영역과 정책적 방향. 한국청소년상담원.
이미애 · 정희옥(2004). 아동이 지각한 사회적 지지와 자아존중감간의 관계. 목포대학교교육연구소,

16(17), 123-136.

이미은 · 안권순(2010). 주5일 수업제가 청소년 여가활동에 미치는 영향. 청소년학연구, 17(12), 309-341.

이민희 · 맹영임 · 정문성(1999). 청소년 대중문화 수용실태와 대책. 한국청소년정책연구원 연구보고서.

이선영(2015). 비속어와 욕설의 개념에 대하여. 어문론집, 64, 59-80.

이선옥(2003). 대중문화의 성상품화와 인권. 아시아여성연구, 42, 85-379.

이성림(2006). 소비자학 분야의 소비문화 연구에 대한 소고. 한국소비문화학회, 9(2), 127-149.

이수안(2016). 대중매체와 성형의료산업의 연동 구조 속 여성 몸 이미지 전형의 재강화 기제와 포스트 페미니즘 해석의 모순적 공존: TV 메이크오버쇼 이미지 내러티브 분석을 중심으로. 한국여성학, 32(2), 71-112.

이승형(2019). 청소년 모바일 문화의 현상학적 이해, 동아대학교 대학원 박사학위논문.

이승훈(1995). 청소년의 여가생활양식과 비행의 관계. 한국스포츠사회학회, 89-110.

이온유 · 심미영(2016). 청소년 다문화경험이 다문화수용성에 미치는 영향. 한국생활과학회 학술대회논문집, 143-143

이윤호 · 허준(2012). 청소년의 여가활동과 비행의 관계에 대한 연구. 한국범죄심리연구, 8(2), 213-240.

이은숙 · 강희순(2014). 대학생의 성별에 따른 성역할 고정관념, 성적 자기주장성, 성폭력 인식도, 성폭력 허용도 및 데이트 성폭력 경험. 동서간호학연구지, 20(1), 48-56.

이인성(2009). 21세기 세계화 체제의 이해. 서울: 아카넷.

이인재(2014). 왕따현상에 대한 종합적 이해. 노현아카데미.

이재현(2013). 디지털문화. 서울: 커뮤니케이션북스.

이정기 · 우형진(2011). 청소년의 비속어 사용의도에 관한 연구. 한국언론학보, 55(2), 356-380.

이종구 · 조형제 · 정준영 외 14인(2005). 정보사회의 이해. 서울: 미래M&B.

이지연 · 그레이스 정(2016). 다문화청소년의 차별경험이 생활만족도에 미치는 영향과 대처 전략의 조절효과. 보건사회연구, 36(3), 336-362.

이지용(2018). 새로운 인지방식의 탄생, 야민정음 현상의 의미와 가치. 한국사전학회 학술대회 발표논문집, 2, 81-87.

이진숙(2015). 청소년 언어, 청소년 문제인가? 청소년 문화인가?. 청소년문화포럼, 42, 157-161.

이향우 · 이창호 · 김종철 · 임현경 외 14인(2011). 정보사회의 이해. 서울: 미래인.

이혜정(2019). 상대적 박탈감이 청소년의 다문화수용성에 미치는 영향에 대한 탐색. 사회과학연구, 12(2), 105-131.

이효성(2012). 청소년과 젊은 유권자의 SNS 이용과 정치참여에 대한 고찰. 한국청소년연구원, 12-S05.

임상록(2002). 한국 청소년 문화의 현상적 특서에 대한 고찰. 단국대학교 학생생활연구소 학생생활연구, 7, 63-80.

임선아(2013). 부모의 양육태도가 학생의 자기조절능력과 자존감 및 학교적응에 미치는 구조적 관계.

초등교육연구, 26(1), 121-138.

임지연 · 김정주 · 김신영 · 김민(2009). 한국청소년지표조사 Ⅳ(아동청소년문화지표). 서울: 한국청소년개발원.

임희진 · 김지연 · 이경상(2009). 2008 청소년 가치관 국제비교 조사. 서울: 보건복지가족부.

장경희 · 이삼형 · 이필영 · 김명희 · 김태경 · 김정선 · 송수민(2011). 청소년 언어실태, 언어인식전국조사. 서울: 국립국어원.

장덕호(2018). 급변하는 교육 환경과 서울 교육의 방향. 서울교육, 권두칼럼, 61, 232.

장수한(2020). 청소년문화론. 경기: 공동체.

장연진 · 구혜영(2013). 농촌 청소년의 다문화수용성 영향요인 구조분석. 청소년복지연구, 15(3), 193-216.

장은화(2014). 청소년 동아리를 활용한 축제 현황과 개선 방안 연구. 글로컬창의문화연구, 4, 67-87.

장필화(2002). 성매수 대상 청소년 심층조사연구. 청소년보호위원회 연구보고서.

전경란(2017). 디지털 내러티브. 서울: 커뮤니케이션북스

전매희(2008). 여가스포츠참여 대학생의 여가태도와 여가기능에 관계. 한국여가레크리에이션학회지, 32(2), 129-138.

전숙경(2014). 대화를 통한 교육의 관점에서 본 청소년 언어문화의 문제. 교육의 이론과 실천, 19(3), 167-185.

전자배(2019). 집단적 맥락에서 바라본 따돌림 양상 및 개선방안. 시민교육연구, 51(1), 207-238.

정민(2017). 또래관계와 삶의 질 간의 관계에서 청소년 단체 활동의 조절효과. 인문사회 21, 8(5), 1100-1101.

정득 · 김은수 · 이종석(2017). 청소년의 문화예술 활동과 공동체의식: 자아정체성의 매개효과. 한국청소년연구 2016, 27(4), 259-289.

정부24(2020). https://www.gov.kr.

정수현 · 차성현 · 윤형한(2011). 국정후반기 교육분야의 제발굴 연구. 국가교육과학기술자문회의 자문조사연구, 2011-9.

정영애 · 김진화(2001). 청소년의 엽기문화와 교육적 함의. 창원대학교 인문과학연구소 인문논총, 8, 143-156.

정용교(2003). 학교현장에서 바라본 우리 교육현실과 청소년문화. 경기: 문음사.

정유성(1999). 청소년문화의 교육적 의미. 교육철학, 21, 143-170.

정유성 · 이광호 · 김옥순 · 전효관 · 이동연(2002). 청소년문화 어떻게 할 것인가. 청소년문화포럼, 6, 46-93.

정은경 · 임영식 · 신혜선 · 조영미(2018). 청소년 문화예술교육 현황조사 및 정책방향 연구. 서울: 한국문화예술교육진흥원.

정재민(2007). 청소년 문화의 새로운 이해. 청소년문화포럼, 15, 113-133.

정준교(2001). 학교문화유형, 학교조직몰입 및 학교중퇴의도의 관계. 연세경영연구, 38(1), 133-168.

정하성 · 유진이(2010). 新 청소년 문화론. 경기: 21세기사.

____________(2012). 청소년문화론. 경기: 양서원.

정혜승(2018). 청소년 언어문화의 특성과 향상 방안. 한글, 79(1), 135-163.

정혜승 · 민병곤 · 이선영 · 유상희 · 박나현 · 여정민 · 이현정 · 노수경 · 전종옥 · 양수연 · 최나은(2017). 청소년 언어문화 실태 심층 조사 및 향상 방안 연구. 서울: 국립국어원.

정혜욱(2018). 구술성과 문자성을 결합한 모바일 언어로서의 이모티콘의 특성. Archives of Design Research, 31(4), 125-135.

조동기(2016). 사이버공간의 문화적 특성과 '인터넷 밈'의 확산에 대한 연구. 철학 · 사상 · 문화, 0(21), 215-234.

조봉진(1989). 한국인의 가치관 분석. 경영학연구, 18(2), 365-402.

조성남 · 박선웅(2001). 청소년 하위문화와 정체성 정치. 사회과학연구논총, 7, 117-162.

조소연 · 정주원(2017). 중학생의 SNS 중독 경향성에 있어 내현적 자기애와 소외감, 자아존중감의 관계. 한국가정교육학회지, 29(3), 125-140.

조심선희(2006). 섹슈얼리티. 여성이론, 14, 227-240.

조아미 · 임영식(2009). 가족구조 유형에 따른 청소년의 심리적 특성과 지위비행의 차이. 미래청소년학회지, 6(1), 137-154.

조영미 · 이주연(2020). 간호대학생들의 성지식 및 피임태도와 성인지 감수성과의 관련성에 대한 연구. 디지털융복합연구, 18(9), 221-228.

조용수(2001). 한국의 신세대 혁명. 서울: 이십일세기북스새날.

조용환(2000). '교실 붕괴'의 교육인류학적 분석: 학교문화와 청소년문화의 갈등을 중심으로. 교육인류학연구, 3(2), 43-66.

조진만 · 홍성인 · 구본승 · 이병규(2011). 청소년들의 삶의 만족도의 결정요인 분석 - 가족구조와 친구 관계의 상호작용을 중심으로. 제2회 전국사회학과대학원생학술대회, 2.

조혜영(2016). 청소년문화 연구 동향 분석과 발전과제. 청소년문화포럼, 47, 109-142. 347-367.

조희원(2010). 한국의 다문화주의와 결혼이주여성. 유라시아연구, 7(3), 259-274.

주수언(2016). 지속가능발전교육(ESD)을 위한 중학교 기술 · 가정 교과서 가정생활 영역 분석연구- 청소년의 소비 생활 단원을 중심으로. 한국가정과교육학회지, 28(2), 79-92.

주은지(2011). 성별과 학년에 따른 청소년의 부모애착, 또래애착과 낭만애착. 청소년학연구, 18(4), 141-171.

지연정 · 김병주(2018). 고등학생의 일상생활에서 경험하는 적응과 일탈의 의미에 대한 질적 연구. 한국청소년연구, 29(3), 159-183.

진재현 · 고혜연(2013). OECD 국가와 비교한 한국의 인구 집단별 자살률 동향과 정책 제언. 보건복지

포럼, 195, 141-154.

차동혁 · 옥선화(2014). 청소년의 여가문화 활동이 자기조절능력, 학업성취도 및 자아존중감에 미치는 영향: 부의 학력에 따른 차이를 중심으로. 보건사회연구, 34(1), 353-378.

차하순(2002). 문화를 통해 본 세계. 계간 사상 봄호. 74-94.

최성희 · 전영자(2016). 청소년이 지각한 가족여가 인식이 가족관계 만족에 미치는 영향: 부모자녀 간 의사소통의 매개효과를 중심으로. 한국과학생활학회지, 25(1), 17-37.

최우신 · 김영희(1999). 청소년의 연예인 우상화 현상의 특성. 한국청소년연구, 30, 171-192.

최원기 · 김창남 · 전경숙(2000). 청소년 문화감수성 함양을 위한 정책적 대안 연구. 한국청소년정책연구원, 7, 3-224.

최윤진(1998). 청소년문화연구의 동향과 과제. 청소년학연구, 5(2), 63-80.

_____(2002). 사회변화와 청소년 문화 탐구. 청소년문화포럼, 6, 15-30.

최은영(2008). 청소년의 애착과 성취욕구가 휴대폰 중독에 미치는 영향. 이화여자대학교대학원 석사학위논문.

최정임 · 정동훈(2016). 성태도, 대인관계, 스마트폰 이용이 청소년들의 성행동에 미치는 영향. 정보사회와 미디어, 17(2), 1-34.

최한윤(2017). 현대 소비문화에 대한 기독교 윤리학적 연구: 베블런의 유한계급론을 중심으로. 장로회신학대학교 석사학위논문.

최형임 · 문영경(2013). 청소년의 공동체의식이 학교생활적응에 미치는 영향: 삶의 만족도의 매개효과를 중심으로. 한국지역사회복지학, 45, 189-209.

최흥국 · 平林進(1999). 한 · 일 대학생의 가치관 비교 연구. 한국청소년연구, 10(1), 103-122.

탁틴내일(2019). 아동청소년을 노리는 위험한 손길 온라인 그루밍 성범죄. 서울: 한울림.

탈북청소년교육지원센터(2019). 탈북청소년 교육현황. http://www.hub4u.or.kr.

통계청(2018. 04. 25.). 2018 청소년 통계.

통계청 · 여성가족부(2019). 2019 청소년 통계.

하정화 · 박금식 · 허두진(2012). 주5일 수업제와 청소년친화 여가문화 조성 연구, (재)부산여성가족개발원, 2012-2.

한국 청소년 가치관 조사연구(2007). 국가청소년위원회 한국청소년정책연구원. 연구보고 07-R44.

한국교육개발원(2013). 한국교육개발원 교육여론조사.

한국교육개발원, 전남대학교(2015). 소통과 협력의 학교문화 조성 지원을 통한 즐거운 교실, 행복한학교 만들기.

한국교육학술정보원(2014). 내 손 안의 사이버학습 알맹e 중학교 사회1, 공공저작물, 2014-01-15, 1084.

한국양성평등교육진흥원(2016). 성인권 중학교 교육자료. 서울: 한국양성평등교육진흥원.

한국여성의전화(2020). http://www.hotline.or.kr.

한국여성정책연구원(2012). 성인지적 관점에서의 청소년 건강실태와 정책과제. 서울: 한국여성정책연구원.

한국인터넷진흥원(2019). 2018년 인터넷이용실태조사.

한국청소년개발원(2005). 청소년복지론. 서울: 교육과학사.

______________(2012). 청소년문화론. 경기: 교육과학사.

한국청소년정책연구원(2002). 청소년의 대중문화 소비형태와 규모조사 연구. 한국청소년정책연구원연구보고서.

__________________(2007). 청소년학개론. 서울: 교육과학사.

__________________(2014). 청소년보호의 시대적 중요성과 미래의 바람직한 방향. 연수보고(수시과제) 14-R21.

__________________(2015). 청소년문화론. 경기 교육과학사.

__________________(2018). 청소년문화론. 경기: 교육과학사.

__________________(2019). '다문화청소년 패널' 통계정보 보고서.

한국콘텐츠진흥원(2019). 2019 대중문화예술산업 실태조사. 한국콘테츠진흥원.

한덕웅 · 장은영(2003). 사회비교 동기가 분노경험, 주관안녕과 건강지각에 미치는 영향. 한국심리학회, 8(1), 85-112.

한미라(2013). 포스트모던 관점에서 본 십대문화 위기와 기독교 교육적 대안: 학업중단청소년 문제를 중심으로. 한국기독교교육정보학회, 39, 1-39.

한상복 · 이문웅 · 김광억(1985). 문화인류학개론. 서울: 서울대학교출판부.

한상철(2000). 청소년의 이성 관계에서의 갈등협상전략과 사회적 유능성과의 관계에 대한 탐색적 연구. 교육심리연구, 15(1). 25-47.

_____(2004). 청소년학. 서울: 학지사.

_____(2007). 청소년학. 서울: 학지사.

_____(2008). 청소년학-청소년 이해와 지도. 서울: 학지사.

한상철 · 김영한(2003). 청소년 가치관 조사: 인생관, 가정관, 교육관, 직업관. 교육학논총, 24(1), 55-79.

한성훈 · 임채영(2019). 데이트 폭력 예방과 보호방안에 관한 연구. 한양법학, 30(1), 115-136.

한준상 · 이춘화 · 임성택(1999). 학교 내 비폭력문화 프로그램 개발. 서울: 한국청소년개발원.

행정안전부(2019). 지방자치단체 외국인주민 현황(2018).

_________(2020). 제18차 다문화가족정책위원회.

현택수(2004). 문화의 세계화와 한국문화의 정체성. 한국학연구, 20, 175-199.

홍금희(2008). 남자 대학생의 대중매체노출도가 외모에 대한 사회문화적 태도와 외모지향성에 미치는 여향. 한국의류학회지, 32(7), 1149-1159.
홍봉선(2009). 2009 한국청소년복지학회 추계 학술대회 자료집. 신라대학교.
홍석준(2018). 현대 한국에서의 '다문화'담론에 대한 비판적 검토. 다문화와 인간, 7(1 · 2), 153-192.
홍성태(1996). 사이버공간, 사이버문화. 서울: 문화과학사.
황매향 · 선혜연 · 정애경 · 김동진 · 김영빈(2009). 성적 하락을 경험한 학업우수 학생들의 학업실패 과정과 반응. 아시아교육, 10(3), 191-212.
황성욱 · 조윤용 · 이철한(2014). 다문화수용성, 어떻게 평가할 것인가. 분쟁해결연구, 12(3), 167-196.
황재연(2004). 뮤직 비즈니스. 서울: 시유시.
황정미(2010). 한국인의 다문화 수용성 분석. 아세아연구, 53(4), 152-184.
황정미 · 김이선 이명진 · 최현 · 이동주(2007). 한국사회의 다민족 · 다문화 지향성에 대한 조사연구. 한국여성정책연구원 연구보고서.

Allen, R. C. (1994). 텔레비전과 현대비평. [Television and contemporary criticism](김훈순 역). 서울: 나남(원서출판: 1992년).
American Psychoanalytic Association(2002). 정신분석용어사전. [Psychoanalytic terms & concepts] (이재훈 외 역). 서울: 한국심리치료연구소(원저출판: 1994년).
Baldwin, E. Longhurst B. Mocracken, S. Ogbom, M. Smith, G. (2008). 문화코드, 어떻게 읽을 것인가? [Introducing cultural studies] (조애리, 강문순, 김진옥, 박종성, 유정화, 윤교찬, 최인환, 한애경 역). 서울: 한울아카데미(원저출판: 2008년).
Barker, C. (2009). 문화연구사전. [Sage dictionary of cultural studies](이경숙, 정영희 역). 서울: 커뮤니케이션북스(원저출판: 2004년).
Baudrillard, Jean(1991). 소비의 사회: 그 신화와 구조. [Société de consommation ses mythes ses structures] (이상률 역). 서울: 문예출판사(원저출판: 1970년).
Bemdt, J. T. & K. Keefe(1995). Friends' influence on adolescents' adjustment to school. *Journal of Child developmnt, 66*(5): 1312-1329.
Bonvillain, N. (2019). Language, culture, and communication: The meaning of messages. Lanham, MD: Rowman & Littlefield.
Booth, P. (2010). *Digital Fandom, New Media Studies.* New York: Peter Lang.
Brown, J., Steele, J. R. & Walsh-Childers, K. (2002). Sexual teens, sexual media: Investigating media's influence on adolescents' moral judgements. In D. Zillman, J. Brynat & A. C. Huston(eds.), *Media, Children and the family: Social scientific psychodynamic and clinical perspectives*(pp. 183~195). Mahwah, NJ: Lawrence Erlbaum Associates.

Coleman, J. C., Hendry, L. B. (2006). 청소년과 사회. [Nature of adolescence] (강영배, 김기현, 이은주 역). 경기: 성안당(원저출판: 1999년).

Corsaro, W. A., & Eder, D. (1995). Development and socialization of children and adolescents. *Sociological perspectives on social psychology,* 421-451.

Daunic, A. P., Smith, S. W., Robinson, T. R., Miller, M. D. & Landry, K. L. (2000). School-wide conflict resolution and peer mediation programs. *Intervention in School and Clinic, 36*(2): 94-100.

Demir, M. & A. K. Urberg(2004). Friendship and adjustment among adolescents. *Journal of Experimental Child Psychology, 88*: 68-82.

Ebersole, S. (2000). Uses and gratifications of the web among students. *Journal of Computer-Mediated Communication, 6*(1), JCMC614.

Friedmam, G. Robertson, R. Bryan S. Torner et al(2000). 근대성 탈근대성 그리고 세계화. [Talcott Parsons: Theorist of Modernity] (윤민재 편역). 서울: 사회문화연구소(원저출판: 1991년).

Furlong, A. & Cartmel, F. (2008). 현대사회와 청소년. [Young people and social change : new perspectives] (강영배, 손의숙, 전명호, 정철상 역). 서울: 박학사(원저 출판: 2006년).

Giddens, A. (2011). 현대사회학. [Sociology(4th ed.)] (김미숙, 김용학, 박길성, 송호근, 신광영, 유홍준, 정성호 역). 서울: 을유문화사(원저출판: 2001년).

__________ (2000). 질주하는 세계. [Runway world: how globalisation is reshaping our lives] (박찬욱 역). 서울: 생각의 나무(원저출판: 1999년).

Hartup, W. W. (1989). Social relationship and their developmental Significance. *American Psychologist, 44*(2): 120-126.

Held D., McGrew, A., Goldblatt, D., & Perraton, J. (1999). *Global Transformations: Politics, Economics and Culture.* Stanford: CA: Stanford University Press.

Hetherington, E. M. (1993). An overview of the Virginia longitudinal study of divorce and remarriage with a focus on early adolescence. *Journal of Family Psychology, 7*(1), 39-56.

Hunter, L., & Elias M. J. (2000). Interracial friendships, multi cultural sensitivity, and social competence: How are they related?. *Journal of Applied Developmental Psychology, 20*(4): 551-573.

Innstrand, S. T., Langballe, E. M., & Falkum, E. (2012). A longitudinal study of the relationship between work engagement and symptoms of anxiety and depression. *Stress and Health, 28*(1): 1–10.

Jameson, F. (1985). Postmodernism and consumer society. In H, Foster(ed.), *Postmodern culture.*

London: Pluto.

Jenson, J. (1992). Fandom as Pathology: The Consequences of Characterization, in L. A. Lewis (ed.), *The Adoring Audience: Fan Culture and Popular Media*(9-29). New York: Routledge, pp. 9–29.

John Story(2012). 대중문화와 문화이론. [Cultural theory and popular culture : an introduction (5th ed.)] (박만준 역). 서울: 경문사(원저출판: 2009년).

Kerswill, P. (1996). Children, adolescents, and language change. *Language variation and change, 8*(2), 177-202.

Laible, D. J., Carlo, G., & Raffaelli, M. (2000). The differential relations of parent and peer attachment to adolescent adjustment. *Journal of Youth and Adolescence, 29*(1): 45–59.

Laible, D. (2007). Attachment with parents and peers in late adolescence: Links with emotional competence and social behavior. *Personality and Individual Differences, 43*(5): 1185–1197.

McLuhan, H. M., & Gordon, W. T. (2012). 미디어의 이해. [Understanding media: the extensions of man] (김상호 역). 서울: 커뮤니케이션북스(원저출판: 1964년).

OECD(2014). TALISs 2013 Results: An International Perspective on Teaching and Learning.

Parker, J. G., & Asher, S. R. (1993). Friendship and friendship quality in middle childhood: Links with peer group acceptance and feelings of loneliness and social dissatisfaction. *Developmental Psychology, 29*: 611-621.

Redhead, S. (1997). *Subculture to Club cultures: An Introduction to Popular Cultural Studies.* Oxford: Blackwell.

Ronald, I., & Baker, W. (2000). Modernization, cultural change, and the persistence of traditional values. *American Socialogical Review, 65*(1): 19-51.

Sensen, O. (2009). Kant's conception of human dignity. *Kant-Studien, 100*(3): 309-331.

Stiglitz, J. E. (2008). 인간의 얼굴을 한 세계화. [Making globalization work] (홍민경 역). 경기: 21세기북스(원저출판: 2006년).

Stuart, Hall et al. (1996). 현대성과 현대문화. [Formation of modernity] (전효관, 박병영, 김수진 역). 서울: 현실문화연구(원저출판: 1992년).

_____________ (2000). 모더니티의 미래. [Modernity and its futures] (전효관, 김수진 역). 서울: 현실문화(원저출판: 원저출판: 1992년).

Sugihartati, R. (2020). Youth fans of global popular culture: Between prosumer and free digital labourer. *Journal of Consumer Culture, 20*(3): 305-323.

UNESCO(2018). International technical guidance on sexuality education. France : UNESCO.

Ward, L. M. (2003). Understanding the role of entertainment media in the sexual socialization of American youth: A review of empirical research. *Developmental Review, 23:* 347-388.

EDUCAUSE Homepage. https://www.educause.edu/

네이버 심리학 용어사전.https://terms.naver.com/list.nhn?cid=41991&categoryId=41991

다음 어학백과사전. https://dic.daum.net

발달적 측면에서의 청소년에 대한 이해. https://sophiako.tistory.com/82, chohamuseum.net

찾아보기

(ㄹ)

(ㅁ)

(ㅂ)

(ㅅ)

(ㅇ)

(ㅈ)

(ㅎ)

(기타)

저자 소개

김 연 서

대전대학교 일반대학원 졸업(사회복지학 박사)
현 ICCA 한국학술원 겸임교수
현 대전대학교 사회복지연구소 연구위원
주요 논문) 빈곤아동의 자기결정성이 심리적 복지감에 미치는 영향.

노 미 향

대구가톨릭대학교 일반대학원 졸업(사회복지학 박사)
현 대구가톨릭대학교 사회통합연구소 연구위원
현 대구가톨릭대학교 사회복지학과 외래교수
주요 논문) 요양보호사의 직무만족 결정 요인: 자아존중감과 사회적 지지를 중심으로.

백 지 원

연세대학교 일반대학원 졸업(사회학 박사)
현 서울대학교 의과대학 의료관리학연구소 선임연구원
현 연세대학교 사회과학대학 사회학과 학문후속세대 강사
주요 논문) Sex-specific effects of social networks on the prevalence, awareness, and control of hypertension among older Korean adults.

유 현 숙

대전대학교 일반대학원 졸업(행정학 박사)
현 대전대학교 행정학과 부교수 겸 학과장
현 사회복지법인 한뜻마을 운영위원
주요 논문) 심리적 자본의 성별 비교 분석

▎이 자 리

계명대학교 교육학과 박사수료
한국상담학회·한국상담심리학회 1급 수련감독자
현 소담힐링연구소 대표
현 한국양성평등교육진흥원 위촉 전문강사
전 대구청소년성문화센터 센터장
주요논문) 성폭력 가해 초기청소년 대상 인지행동치료 프로그램의 효과 검증

▎장 혜 숙

대전대학교 일반대학원 졸업(사회복지학 박사)
현 재가노인복지센터 센터장
현 이젠에듀 원격평생교육원 교수
주요 논문) 등급외자 노인의 생활스트레스 및 우울과 심리적 복지감 사이의 관계: 사회적 지지의 조절효과를 중심으로.

▎노 병 일

미국 뉴욕주립대학교 대학원 졸업(사회학 박사)
현 대전대학교 사회복지학과 교수
현 (사)부스러기사랑나눔회 이사
주요논문) 다양한 수준에서의 사회적 지지가 시설 청소년의 학교적응에 미치는 영향

청소년문화론

1판 1쇄 인쇄 — 2021년 2월 5일
1판 1쇄 발행 — 2021년 2월 10일

저 자 - 김연서 노미향 백지원 유현숙 이자리 장혜숙 노병일
발 행 인 - 강철원
발 행 처 - 양성원
주 소 - 경기도 파주시 검산로 173번길 29-20
전 화 - 031-946-3861(代)
팩 스 - 031-946-3864
이 메 일 - tnwpub@naver.com
홈페이지 - tnwpub.co.kr
출판등록 - 2015년 8월 31일 제 2015-000211 호

ISBN 979-11-6126-339-7

정가 19,000원

※ 저자와 협의하여 인지는 생략합니다.
※ 저작권법 제136조(벌칙)에 따라 위반자는 5년 이하의 징역 또는
5천만 원 이하의 벌금에 처하거나 이를 병과할 수 있습니다.